東方琉璃藥師佛大願

上卷

【自序】

释证严

讲述《药师经》的因缘

时间能成就一切,若没有好好地把握,也会失去一切。长久以来,就有一个心愿——再次讲述《药师经》,但是一直没有足够的时间,也想过利用早上静思晨语的时间,又想到短短的二十多分钟,如何解释经文?就这样琢磨了蛮长的一段时间。其实,不论是五分钟、十分钟、二十分钟,只要把握住,即使短短的一句话,相信点滴累积,也能把一部经解释完。

为什么选择讲述《药师经》?这具有三项意义:第一、《药师经》和慈济的因缘。

记得出家之初,我有一个心愿:不做法会、不赶经忏。为什么会成立药师法会呢?当然也经过一番挣扎。基于个人对生命的规划,认为佛法是很好的教育,希望能进入佛法领域,接近佛陀的精神,学习佛陀看待人间的观点,体会佛陀用什么方法来教化众生。所以出家时,自己就立定不赶经忏,也不在文字中钻研,只期待把佛陀的教法,落实在日常生活中。

佛陀的教育,不仅可称为人类心理学,更进一步可称为天下宇宙的科学。这么贴近众生的佛法,如何把佛法推展到社会,使有信或无信的人,在有形与无形中都可以接触到佛法?

适逢因缘际会,看到人生种种的苦难,这些苦难必须凝聚许多人的爱心来付出。所以希望藉由苦难众生的形态,使大家有机会体会,并从苦难中觉悟,开启人人的爱心,因此成立了慈济功德会。

当然其遭遇许多困难,有些人为了求有感应,才愿意付出,在佛陀时代曾以此方便法门引度众生;我是从《法华经》入门,而且直接论述行菩萨道,想引度众生似乎比较困难。况且四十年前盛行西方净土法门。

那时我看到《药师经》,发现这是讲述东方药师琉璃光净土。琉璃,表示光明、清净,而且纯净得很透彻,这不就是净土吗?再看药师佛所发的十二大愿,愿愿都针对世间的苦难,也是药师佛因地修行所发的愿。

其实佛佛道同,虽然每尊佛所发的愿不同,但是共同的目标都是为了救度众生。

因为药师佛十二大愿最适合现在的众生,最适应现在人间种种的病态,所以慈济功德会从成立开始,就每月一次为发心的会员诵《药师经》,让大家觉得:一个月付出十五元,可以参与持诵《药师经》法会而感到心安。也因为慈济需要群众群策群力,为苦难的众生付出,所以开启了方便法门,成立药师法会,一直延续迄今,这就是慈济和《药师经》初步的因缘。

一九八五年,为了筹建慈济医院而到台北讲述《药师经》,慈济当初名叫"佛教克难慈济功德会";从"克难"二字可知是在非常困苦的环境中创立慈济志业。

那时看到病、死的境界,感到人生是苦,佛陀就是为了解除人生的苦难,所以出家修行而成道;成道之后,不忘众生苦,又走入人群,在印度恒河两岸为众生说法,道尽人生的苦相;既然人生是苦,因此佛陀希望能启发人人的慈悲。

四十年前的台湾社会,要成立一个慈善团体,其实很困难。尽管我有心,也看到贫病的人在生死边缘挣扎,尤其那位难产的妇人不断地萦绕在我的脑海中。当时我就思索:像这样的家庭、这样的人生,究竟还有多少?

发生在那位难产妇女身上的情境,不因事过境迁而消逝,也不是仅止一时的悲悯;这分悲悯令我内心十分挣扎,不由自己地思量：如何让人人本具的爱心发挥出来？

这个过程，在《慈济世界》的小册子里已经讲述得很清楚。在克难中要成立一个团体，必须广开方便门，因此才有日日存五毛钱的想法，呼吁人人在不影响自己的生活下，能够付出良能去帮助苦难的人。

然而一般人都会要求：我凭什么要付出？付出的同时可以得到什么？为了救度众生，不仅让贫困的人能得到物质的济助，也能使富有的人心灵能得救，我只好开方便门，这是受到《法华经》的影响。佛陀度众生也是开方便门，所以我在每个月廿四日这天，诵一部《药师经》，将所有的功德回向给大家。

只是每当我在诵这部《药师经》或读疏文时，是我最挣扎、最痛苦的时刻，因为违背了我出家的原则。然而为了救人、救心，我不去付出，谁来付出呢？

在那段期间，真的因缘成熟，很多人的病痛、很多家庭的苦难，都奇迹似地度过难关，所以人人口耳相传，爱心自然就被启发。

记得当年委员们提着菜篮走入市场中，不论是卖菜的或买菜的都在提倡五毛钱可以帮助人，在克难中，从常住几个人缝制鞋子，以及护持的在家菩萨们日日存五毛的买菜钱起，每个月为他们诵《药师经》。后来为了建设医院，也以《药师经》为缘，完成抢救生命、守护生命的磐石——在花莲建院，我抛头露面每个月到台北讲三天《药师经》筹募工程费用。

建设花莲慈济医院，当时对我们而言，实在是个很大胆的决定，没有人、没有钱，只凭着一股不忍众生病苦的心，看到花莲地区这么多人口，竟然没有充分的医疗设施，尤其是记忆中，常常不能忘记那位难产的妇女；再加上成立慈济之后，看到了很多贫穷苦难的家庭，大多数贫病交加，很多原本家庭小康，却因家中有人发生意外事故，或因病而拖累家庭的经济。

可想而知，如果家庭贫穷，人口又多，温饱都成问题，孩子的教育更没有着落。一个家庭的希望是在下一代，下一代的希望在教育。社会是由很多的家庭所组合，青少年没有受过良好的教育与训练，将来在社会上就无法顶天立地，除了欠缺能力之外，也会丧失许多发挥良能的机会。

因此，更觉得在致力慈善工作之余，必须为这个地方建设医院，让有病的人及时治疗，受伤的人及时抢救，躺在床上的人能有机会恢复健康继续打拼，更能维持自家生计，这才是真正彻底的救济。

有这么多的因素结合在一起,让我有一股冲动而做出不自量力的决定,那就是建医院。现在再仔细回忆,那段时间实在苦不堪言。不过这件事一定要做,所以我硬着头皮在外奔波;那时候,人才多数都在台北,我就从花莲到台北去网罗人才,并向大家呼吁:花莲需要一家医院。

要广招来众,讲经是一种方式,很多资深委员就是结缘于讲《药师经》时,一直到现在,这群慈济人仍恒心不懈,身心相契合,这是第二项慈济与《药师经》的因缘。

本会成立以来,每个月的法会都是持诵《药师经》,一九七五年之前,我们每年都举办一次佛七,而一九七五年是讲《药师经》,在七天的时间内,每天讲三次,总共廿一次把一部《药师经》讲完,可能早期的人都曾听过。

为了筹建慈济医院,一九八五年也讲了一回,当时每个月三天在吉林路台北分会讲《药师经》,不知究竟讲了几次,也忘记花了多久时间才完成那次《药师经》的讲解。

很感恩那时为了建院曾在台北举行义卖,在第一个联络处位于台北济南路上,虽然地方很小,但是为了义卖,少数的委员口耳相传,义卖筹备期间,招来不少有心人;小小的济南路联络处,空间真的非常拥挤,义卖办完了,想了解慈济盖医院的人士愈来愈多。其中有一位李居士,夫妻俩都是很虔诚的佛教徒，在吉林路有一间讲堂，地方空间很大，他希望可以让我们作为建院筹备处，甚至是台北联络处。

他很有诚意开车来载我去看，真的比起济南路大了好几倍，何况原本就是一个讲堂。因缘成熟，一九八五年我们就搬到那个讲堂，我也开始讲《药师经》。

记得当时来听经的人很踊跃，每个月三天可以看到满堂挨挨挤挤的人，心想：台北市的人口这么多，但是讲堂虽大，又能容纳多少人？真正能来听经的比例又是多少？觉得佛法要在世间弘扬真不容易；能听经、接受佛陀教法的机会，更是有限。

当时开讲《药师经》，现在看到这些资深的干部，可说都是讲《药师经》时，所结下根深柢固的法缘。除了为建院筹募基金而广招有缘人之外，同时也和很多建筑人才或医学界人士见面，听取他们的指导，或是去参观医院、拜访有关人士。总之，那段时间真的结了很多好缘，也成就了志业的开展。

而今医疗志业的成就有目共睹，慈济的教育也已完全化，从一九八五年开讲《药师经》迄今，这段忙碌的历程终究走过来了；感恩很多爱心人士的护持，让浩荡长的因缘可以一直绵延到现在,甚至到未来。

　　两千多年前,佛陀对世间早已忧心忡忡;那时人口稀少,人们的思想单纯,但是佛陀对世间无常的迁变,以及对众生的造业就很忧虑,何况是现在人口遽增,天灾、人祸频仍?

　　人类征服了大自然,现又互相争斗,不知未来的灾难将有多大?因此,必须讲《药师经》以调伏人心。众生共业,愈多人的心平静,世间才能祥和、安定。

目录

上卷

【自 序】

【缘 起】

【缘起分】

【正宗分】上

叙缘起 03

释经题 11

明翻译 56

叙事证信 61

当机请法 87

十二微妙上愿 107

依报正报果德 177

下卷

【正宗分】下

- 受持获福益 385
- 供养受持益 367
- 依本愿力祛病苦 342
- 善根立愿菩萨道 324
- 受持学处闻正法 302
- 离造恶起慈心 280
- 离嫉妒求胜法 255
- 离邪见得忏悔 217
- 离贪吝转布施 189

【流通分】

药叉誓护 517

不经九横 499

国之安稳 482

明延寿仪 474

说延寿法 457

信解难得 432

受持免难益 408

537

【缘起】

叙缘起

佛陀在人间为众生说法,因应众生不同的欲念与希求,而广开方便法门,令众生离苦得乐。

知"苦"是佛陀教育的根本,如果不了解"苦"的起源,就不知离苦的方法,如《法华经》中,佛陀将三界(注)譬喻为大火宅。众生迷茫,如同火宅中的孩子,看到起火只觉得很好玩、无知,而不想要脱离火宅,更不懂得避开危险脱离苦难的环境。

尽管这座火宅中,有位福德具足的父亲不断地向孩子呼唤:"赶快出来,离开这个险恶不安的地方,外面才安全!"

但是无知孩子还是无法了解父亲的苦心。做父亲的只好在门外设"三车"——羊车、鹿车、大白牛车,以吸引孩子的注意,并说:"不只是宅内好玩而已,来!外面更好玩,你们看!有羊车、鹿车、牛车,随你们挑选,任由你到任何想去的地方。"

注:三界:指众生所居之欲界、色界、无色界;此乃迷妄之有情在生灭变化中流转,依其境界而分之三种阶级。

这些火宅里的孩子看到门外的三车豪华好玩，欢喜地跑出门外而脱离火宅险境。这是《法华经》中的一段经文，表示三界导师的佛陀，来人间教导众生离苦得乐。

以佛陀的智慧，教示"恬安之乐"是永恒的，但是众生目光短浅，只追求眼前虚浮的快乐，随着私己的愚昧欲念，而产生贪、瞋、痴、慢、疑五种心态病毒。欲望小者与人对立，欲望较大的便是家庭与家庭相争，更大则是社会乃至国家、天下的相争。这都出于一念私心，以致造成人间诸多的苦难。

因此佛陀教育弟子，要安住自心，才能想得开、看得远、明了道理，以至究竟之道；但是凡夫要达到这样的境界还很遥远，所以佛陀不得不广开方便门。

学佛最重要的事：如何净化人心？在五浊恶世中，透彻明白苦、乐的对照，希望人人能离苦得乐，必须先消除自我私心、净己心灵，以平等心对待如亲缘会合，莫结怨嫌，分别情仇、爱恨，甚至将众生视为一家亲，老者如己亲，少者如己子；佛陀说"众生无边誓愿度，烦恼无尽誓愿断"，也要"法门无量誓愿学，佛道无上誓愿成"，天下众生没有不可爱的，没有不可教的，怕的是自己不发心、无愿力。

每尊佛来到人间，共同的目的就是要救度众生；因众生烦恼无量，所以开启许多方便法门引度众生。就如现在的大学开设许多课程，其中包含选修与必修；必修是根本的道理，选修则随个人的兴趣。

修学佛法也一样，尽管各个法门不尽相同，根本道理却是殊途同归。有人修净土，却认为念佛是修自己，这样观念就偏差了，其实佛陀教示的念佛法门，是要扩大我们的心胸，让我们知道念佛时会自然启发自性，以及无量的智慧、光明和寿命。

修学净土法门，除了修于内心之外，若能将"阿弥陀佛"蕴含的妙法，落实在刹那即永恒的日常生活，这就是佛心己心。

诸佛都有无量的慈悲、智慧，无不是为救度众生。修学净土法门，即是学习阿弥陀佛的精神，打开心胸关怀天下众生；不是只关怀自己往生后，阿弥陀佛、观世音菩萨、大势至菩萨是否会来接引到西方净土。

释迦牟尼佛弘扬净土法门，只是要让大家知道娑婆世界是一个苦难的世界，还有一个和苦难世界对比的西方极乐世界，这就是佛陀所开的方便法门。

西方极乐世界环境十分优美，能让人稳定安住，但是很多人却误解成：人往生时，帮他念佛，阿弥陀佛就会接引他前往。其实哪有那么简单!

《阿弥陀经》里有段经文令我印象深刻——"不可以少善根福德因缘,得生彼国"。何况佛陀曾说:"修学佛法,如是因,如是缘,如是果,如是报。"因缘果报必定要自受。

平时若没有成就自己的善根福德,如何凭借他人在临终助念而往生极乐世界?所以必须具足善根、福德,以及坚定的修持功夫,才能如愿以偿。

大家不要只是断章取义,而是要深入了解佛陀慈悲智慧的教育;除了安住这念心,集中精神念佛(心)之外,还要修植善根福德因缘,这也正是佛陀为我们开启的"西方净土"法门的意义所在(死后依归)。

不仅如此,佛陀还开启东方净土法门——药师琉璃光如来的净土。既有西方极乐世界,大家都念佛往生西方,何必再开东方净土法门? 由于众生根机不同,烦恼执著不同,所追求的也不同,因此佛陀广开无量法门。

生命是尊贵的,一般人只要一生病,就赶快祈求能延续生命,延年益寿,所以佛陀开启消灾延寿药师法门,即东方琉璃净土。

人生的苦难,除了生、老、病、死之外,还有天灾、人祸种种的灾难。如何让众生延寿与消灾免难? 为了安住众生心,佛陀告诉我们,除了娑婆世界之外,还有一个非常清净光明的东方琉璃净土。只要虔诚称念"药师佛",自然能心地清净,避开周围的灾难,使身体健康,这就是"现生乐"。

从义理上看来,东方净土的《药师经》是教人消灾免难,延年益寿,安住现世人心,众生希求的现生安乐;而西方净土的《阿弥陀经》则在教人专心念佛,将来往生西方极乐的后世乐。

由于每个人的兴趣不同,有人称念"消灾延寿药师佛",心就能安定平静,觉得一切灾难都会消除;有人称念"阿弥陀佛",以此为依怙。因为根机不同,"选修"的方向也不同,然而"必修"的课题却一样——净化人心。所以东、西方法门实为"一体两面",都是开启一道善的法门,发挥人人的智慧良能。

无论是哪一方法门,佛陀的教育理念都是相同的,只因人的根机不同而有所选择。当大家或听或诵《药师经》时,不妨深入思考:这和西方净土也是相通的。

世界有东方、西方,其实哪个地方是真正的东方?方位是没有绝对的尽头,花莲是台湾的东方吗?花莲的东方还有东方;台中是台湾的西方吗?西方的另一边还有西方。所以天地间的方向,只是一个名相,只是让我们知道方位所在。学佛,只要打开心门,不论什么法门都是殊途同归,没有差异。

由于天下灾难频仍,众生疾病丛生,因此佛陀应病施药而讲《药师经》。为什么天下这么乱?灾难这么多?为什么每个人都在叫苦?《药师经》里一一为我们分析苦难的道理,也告诉我们如何消灾解难的方法。希望大家谛听此经,净化自心,进而净化人心,然后体解大道,这是很重要的。

四十年前(一九六六年),为了贫病苦难的众生,需要爱的付出,成立"佛教克难慈济功德会",并启建药师法会,这也是一种应病施药、观机逗教的方便法门。

当年成立药师法会及开讲《药师经》,如今已事隔数十年,但是,无论时代如何变化,人生、家庭、社会的病态仍是不断延伸。

现代科学发达、人口不断地增加,全世界已有六十多亿的人口,我们应该好好评估,每增加一个人口,地球须耗损多少资源?过去人类都在大自然中生活,大地蕴育万物,地上的植物也随着四季的循环而生长,农作皆使用有机堆肥。现在为了增加农作物的产量,大都使用化学肥料,并且喷洒农药杀菌、灭虫。其实施用农药会衍生许多问题。

犹记当年,静思精舍四周都是田地。有一次我出门,看到农夫正在喷洒农药,农药罐就丢在田埂边,走近一看罐子里都是虫。当时我很惊讶,农药不是杀虫剂吗？为什么残余农药的罐里还会有虫？

经过一段时间,有机会提出这个问题,一位指导农耕的技师回答:"师父,您可知道？我们使用化学肥料与杀虫的农药,不是根本的解决办法。现在只要发现什么虫,就发明一种农药来消灭；使用久了之后,虫也会有抗药性；也就是使用的农药愈毒,它的抗体就愈强。"

听到这番话,觉得人世间经常都处于对立中——人与天地争,天地万物也与人抗争。为因应人口增加,人类运用知识,研发种种化学药剂,虽然作物产量增加,却也隐藏着化学药剂所渗透的危机。

而今连农作物也被基因改造。其实每种农作物对人体提供的养分都不同,一旦改造之后,对人体健康而言,究竟好不好？迄今仍莫衷一是；但是基因改造过的农作,已制成产品流入市面,也引起不少人的惶恐。

自一九六六年迄今,才四十年的光阴,全球即增加了三十亿人口,使人类的生活秩序造成影响；更何况改造地质、万物,将对大地的破坏是多么严重！

我常说"天灾来自于人祸",这是人破坏了大地,才造成天灾。我们从新闻媒体的报导中获悉,国际上不是水灾便是干旱,以及许多意外事故的发生。

这些现代生活中不可或缺的物资,却暗藏许多危机,人心若是再有偏差,就会致使地球发生灾难。

有一次在药师法会日,有四个家庭同时到来,其中一个家庭,妈妈已经一百零二岁,正在加护病房,将近七十岁的儿子、媳妇,与大约四十岁的孙子一同前来,希望在药师法会日,为妈妈、阿嬷祈福。

此外,也有位年轻妈妈,说儿子不听话,放荡不羁,经常与她吵架。虽然儿子令她很失望,但是她仍然为儿子祈福,但愿他能改过迁善,这就是慈母心。

还有另外两个家庭更让我感动。其中一个他本身是慈诚队也是委员,他的女儿就读大学,不幸发生车祸而往生,肇事者是一位年轻人。这位慈诚内心虽然万分伤痛,但是考虑年轻肇事者的前途,不但没有追究,还鼓励他行善;并陪这位肇事者和他的母亲来到精舍,母子都向亡者的父母表达赔偿意愿;但是这位慈诚认为生命不能用金钱衡量,不希望自己的家庭已经受到创伤,另一个家庭还要为此背负重担,所以坚持不收。

这位年轻肇事者不安心,就说:"我以你们的名义捐给慈济,好吗?"我们的慈诚却告诉他:"不用了。年轻人要自己造福,只要你将来能多关心社会就好了。"

这真是化烦恼为菩提,化纷争为积极的行善,这就是佛陀的教育。只要心念一转,任何事都能解决,人与人就能相安无事,不也就是人间净土。

佛法是治病的良方,然而佛法深广如大海,如何应病下药?慈悲智慧的释迦牟尼佛开启许多法门,因应众生的根机而观机逗教。

东方净土法门的《药师琉璃光如来本愿功德经》,这部经很适合现代人,告诉我们如何调伏人间的生理、物理、心理,如何看待世间万物一切,人与人之间如何彼此协调,如何调和自己的身、心、人我。药师法门是现代人最好的良方,应机调治现代社会人与人之间的祥和。

释经题

《药师琉璃光如来本愿功德经》是《药师经》的全名,也是这部经的经题。当佛陀讲解《药师经》将结束时,阿难请示佛陀:"这是什么法门?我们应如何受持?"佛陀说:"这部经名叫《药师琉璃光如来本愿功德》,又称《十二神将饶益有情结愿神咒》或称《拔除一切业障》。"

顾名思义,这三个经题都是佛陀宣扬药师佛的愿力德行。《十二神将饶益有情结愿神咒》是表达药师佛因地修行时,所发愿的功德,药师佛发十二大愿,每一愿都有神将护持,有愿就有威力。

《拔除一切业障》即是表达药师佛发愿救度众生,拔除一切众生的业障。

业,是造作的意思;障,即是障碍。每个人都有不好的习气或偏差的观念;观念一偏差,加上后天的熏染,就很容易有偏向的行为;心动念,一有行为动作,业就形成了。众生有十恶业、十善业无不是源自人的心念。

十恶业即身、口、意所造的十种恶业:"身",有杀、盗、淫三种恶业;"口",有恶口、妄语、绮语、两舌四种恶业;"心",有贪、瞋、痴三种恶业。业是如影随形,所以心的动念偏差,身口意的十种恶业就会发生;相对的,只要观念、方向正确,身口意业一转,就变成十善业。

不杀生:非但不杀生,还要救人、护生、放生,将伤害生灵的心念,转变为良善的行为。

不偷盗：只要心念正确，守好自己的本分，不贪取不该得之物，并且身体力行去付出；除了布施有形的物资之外，还付出力量，更进一步能够布施身体的器官。

不邪淫：不只不贪外色，还能洁身自爱、尊重别人，守好规矩。将天下人视如己亲；年龄较大者，如同自己的长辈般尊敬；年龄相仿，就如兄弟姊妹般友爱；年龄幼小者，视如己出般地疼惜。

若能在语默动静中没有丝毫偏差，就完成身的三种善业；反之，则成为身的三种恶业。

口业可分为四种：一个心地柔软的人，不但"不恶口"，还能轻声柔语；不但"不妄言"，还能用最诚恳的语言，化解许多人的纠纷与心灵的苦难；不但"不两舌"，不搬弄是非，还能以佛法深入人心，圆满人事；不但"不绮语"，不巧言令色，还能心存诚正信实，说真实语。

例如：平时动辄就说难听话的人，任何人自然不会想和他一起相处，因为他的人格品德已被恶口拖累了，即使心地再好，别人也不会对他生起欢喜心。所以，恶口不仅容易伤害别人，也会破坏自己的形象。倘若听话、传话不谨慎，四处搬弄是非，同样也会失去自己的人格，伤害彼此之间的感情。

说好听的话,但心不真实就是绮语。孔子曾说:"巧言令色,鲜矣仁。"佛陀教导我们,言谈要出于内心的诚恳。《金刚经》云:"如来是真语者、实语者、如语者、不诳语者、不异语者。"

佛陀的实语、真语、不妄语,也就是以身示教——如何开口动舌。口舌如剑,轻轻一句话,无意中却会伤害人心与感情,甚至伤害到家庭乃至所谓"一言兴邦,一言丧邦"。

因此,大家要谨言慎行特别留意莫造口业。倘若心念不端,开口动舌,无不是业,无不是罪,业与罪会如影随形地随着我们的行为而产生。由此可知口业之重,相较于身业、意业还多,不可不慎。

一般人的修养于内在,而表现于外显的行为,不论声音、脸色,所谓"身三、口四"都能看得到,但是"意"业是属于心念的造作,必须经由外在行为才看得到,因此更需留意自己的起心动念。

"意",有贪、瞋、痴三项恶业。

"贪"是贪求而不满足。为什么叫做凡夫、众生?就是因为有贪的毛病。"瞋"就是发怒、发脾气,遇到逆境无法忍受而大发雷霆,不仅伤害自己,也表现出对人的不满;有时甚至无法控制,惹生大祸端,一念瞋心而造成终身的遗憾。

"痴"就是愚钝、不明白道理,不懂辨别事理,昧于冲动。

佛陀的教法,无不是对治众生的"身三、口四、意三"等毛病,如果能依照佛陀的教示转恶为善,这就是真正服用对症下药的妙方。

现在一般都采用《药师琉璃光如来本愿功德经》为经题。"药师"二字,并非指现代的"药师";一般大众所认知的药师是会配药方、知道药名,称作"药剂师"。在佛陀时代的"药师",不但会配药,也会看病,知道病人罹患什么病,就施用什么药方。

人生最苦莫过于病痛,为众生拔除最大的苦难,就是治病;佛陀为众生疗治身心之病,所以被尊称为"大医王"或"大药师"。

众生诸多病痛中又分身病与心病。身体方面,有生、老、病、死之苦,一般人认为出生是件欢喜的事,但是佛陀却认为出生就带业而来,到人世感受人生的苦难;哪个人来到人世只有乐而无苦呢?

有一次,我到婴儿加护病房,看到一位将近两岁的孩子,从出生就没有离开过婴儿加护病房,虽然他的四肢看来健康,但是骨骼无法正常发育,全身都是软软的;他和其他孩子一样,会笑也会哭,可惜却不会吃。

虽然医师、护士很用心地照顾,但是毕竟他的生命依旧很脆弱,现在他还很小,有医护人员的照护,然而将来长远的人生,如何活下去?谁来照护他?

更何况人出生之后,不一定就能顺利长大。有些早产儿连肚皮都敞开着,不知道能不能活得下来?这么小的孩子全身插满管子,一到人间就受到业报的折磨;即使健康平安地长大,也免不了随着感受的业苦,并在人我事物中,不断地造作新业。

所谓"万般带不去,唯有业随身",来到人间,都带着烦恼种子、过去凡夫的业,所以一旦受到人间的污染就由不得自己,随着一念无明产生,而造作无数的新业。因此,人的生长过程,从幼年、青年、到壮年、老年,无不在染浊中受业与造业。

花莲慈济医学中心有个个案,一位妈妈照顾三个带有遗传疾病的孩子。原本将所有的希望都寄托在孩子身上,不料孩子罹患一种遗传疾病——脊椎僵硬;而且不只是一个,接二连三,孩子到了一定年龄就会发病。三个孩子中已经有两个发病了,她很担心老三也会如此,这么沉重的业力,发生在一家人身上,承担这分共业,多么苦!

其实人间本来就有种种的苦,有人受病痛折磨,有人受人事折磨，各有不同的苦难。生、老、病说起来只是简单的几个字，却已经包含了一生的苦难。到了死亡时，苦难是否就此结束？仍是没完没了。

今生如何造作，就会累积了种子，死后带着无量无数的业种离开；就佛法而言，这真正是生生死死难断、苦难难消的"大病"。

除此之外，还有心理的病苦。其实一切苦难皆由心理造成，心念一转就能改变人事物的观念，因而从苦难中解脱，就如小小的病痛，如果病人很惶恐，不但医师无法医治，病情也会愈来愈沉重，这是和身体有关连的。

另一种和心理有关的"心念"之苦——"贪、瞋、痴"是心理之病。内心的贪、瞋、痴，结合身体的老、病、死，造作出许多业力，以致人生苦不堪言，众生身心的病苦，再加上天地宇宙万物无常破坏的苦难，这也是人生无常危脆一大苦。

为什么世间有这么多的苦？因为四大不调。天地之间、人的身体，乃至万物一统无不是四大假合，这四大就是地、水、火、风。

四大中，只要一大不调就"百一病生"，如果四大都不调，就会"四百四病生"；人生有这么多毛病，皆出自于"不调和"。佛陀的教法无不是教导我们如何调和身心，他能因应众生种种疾病，而施设种种教法。佛佛都是"药师"，皆来调和众生身、心病苦及大冲突之苦。

药就是法，大智慧的佛陀知道众生有什么病，就用什么方法来对治；众生有八万四千种的病苦，佛陀就开启八万四千法门，来对治众生无量的烦恼。

人生有许多毛病，归纳起来只是一个"不调和"而已，如果能运用方法，调整观念，就没什么困难；人生处处都有灵方妙药，只要会运用，随手拾来都是妙法。

我们学佛，就是学习观察世间种种妙法，如何运用在众生身上，让种种的病痛得以拔除，这就是学佛的目标。能将法药运用得有效，才能教别人使用，真正将佛陀的智慧落实在日常生活中。

身病源于身体的四大不调，而心病源于心理不调，并衍生出种种人际关系的病态。例如亲子不和，子女对父母不满，而经常在外游荡、流连忘返，若问他为什么不回家？他说："父母很唠叨又爱管。"这就是亲情不调。

又如夫妻之间感情疏离，经不起外情而金屋藏娇或不耐家庭烦恼、贫困而离家出走。然而当因缘聚合时，即使生活再苦、环境再差，亲人都不会在意而甘愿欢喜相聚；一旦感情不调和，哪怕家境再富有，伴侣再优秀，仍会弃家不顾。

所以，无论亲子、夫妻感情不调，都是家庭之病；尽管如此，亲情在人生中仍占有不可或缺的重要性。

大爱电视台的八点档，播出一出"真爱父子情"的戏剧，这出戏就是叙述董寄振的故事。他原本有个美满的家庭，只因父亲一时贪赌负债，为了逃避债务而举家迁居花莲，当一切才要重新开始之际，寄振却发生严重的车祸，而成为植物人。

但是寄振与家人的亲情仍非常密切；父母亲细心地照顾他，历经一段坎坷、辛苦的过程，总算从生死边缘唤醒了他；接下来仍有一段艰辛的复健之路要走。

从手脚无法动弹，直到手脚会动；从不会说话，训练到会讲话。当他慢慢恢复身体的功能时，他的父亲却罹患癌症往生了，现在唯有母亲继续陪伴着他。

大爱台将这个故事以戏剧的方式真实呈现，许多观众都在 call in 时段，纷纷为董寄振加油。虽然许多人和他完全不认识，却从美国、加拿大、夏威夷、菲律宾及台湾各地，打电话鼓励他。

其中也有六岁、十岁的小孩打电话说："阿振哥哥，以后不要飙车了，要加油喔！"

阿振的叔叔、伯伯和姑姑、阿姨，纷纷在电话中为他打气；姑姑告诉他："虽然爸爸走了，你要更懂得孝顺妈妈，加油！"从 call in 中，感受到许多人的爱心力量，以及亲情的力量。

只要心中有爱，进而付出一分爱，对一位残障的年轻人有莫大的帮助；亲情如果能调和，即使身体有病，但还有健康的心理，家庭自然就会健康。

社会如果不调和，就是社会之病。近年来，许多人都说景气很差，国内外生意很难做，工厂的产品销不出去……

有位社会人士，将这种现象观察得很透彻，告诉我："这个社会人人只是会竞争，但大家都没有信心，所以对别人也没有信心。"这种不调和的气氛，就是社会之病。如果人人能同心，烂铁也能成金；若彼此不信任而互相争斗，社会便会危机四伏。

政治如果不调和，就是国家之病。国家是百姓的依止，倘若执政者能以民众的福利为政，以人民的安和乐利为治，国家一定强盛；反之，若只贪图个己的权势、名利而滥用霸权，将导致国家混乱不安。

人类如果不调和，就是世界之病。现在的世界，国与国之间动辄干戈相向，造成世局动乱不安。早期的战争是骑马、用枪矛，双方一对一战斗；接着发明大炮、枪弹，伤亡、破坏力更大；现代科技发达，更发展成核化武器，一旦发动战争，世界必将面临浩劫，倘若人与人之间能调和，社会、国家就能安定祥和，这才是世界之福。

倘若一切都能调和，世间就是净土。看看普天之下，哪个时候是平静的时刻？除了外在的灾难是病之外，人人本身也有一分病——不是生理便是心理，只是有些较轻微而不易觉察。

在日常生活中，不论饥、渴、冷、热，身体所不堪忍的，无不都是病。既是病就要对症治疗，佛陀来人间无非是因众生有病，经仔细观察众生病源，然后以智慧对症下药；所以我们要时时将佛陀的教法，拿来调和自己的身心。

如何调得身体健康、心理平静？这就在于如何用药（奉法）。

"世间无不是药"，只是我们不知道。从前人对药草的知识比较普及；记得以前农作除草时，长一辈的人就将土香收集起来，也能拿到药店卖钱。土香在田里会与其他的农作物争相吸收养分，因此若要农作物长得好，就必须拔除土香，被拔除的土香，也能入药治病。

甚至在夏天鸣叫的蝉，它的蝉蜕也能治病；还有令人害怕的蛇，其蛇蜕也一样可以当做药。许多动物都可以当药，何况是植物？就像米、粥、杂粮也是药的一种，不但能疗治众生的饥饿，还能补充人体所需的营养。

一般而言，每种菜对人体都有营养；若吸收过多，也会有损健康；例如糖尿病患者有许多饮食禁忌，淀粉、糖分不可吸收过量。想想，食物多半对身体有益，一旦偏食就会有碍健康。

以前有位学生跟随一位高明的大药师习医多年；大药师教他看病、用药，还教他如何采药。有一天，老师要他发挥所学，上山采药，到了山上他举目望去，触目所及的无论是树木、青草或土石等等，无一不是药。到底要采哪一种？于是就空着篮子回去了。

老师问他："你出去几天，怎么空着篮子回来？"

学生就对老师说："老师！我所看到的无论是土石或草木，全部都是药，如何采回来呢？"

老师听了觉得这个学生有见识，就说："那你去采不是药的东西回来。"

学生又背着篮子出门，同样走遍又看遍整座山后，竟然没有一种是药，于是又空着篮子回去。老师就问他："为什么空手而回？"

他回答："满山看遍，没有一种是什么病都能医治的药，因此样样都不是药了。"这位药师听了之后也默许。

可见世间无不是药,但也可说都不是药;重要的是,必须知道药性与深察病情。如果不知道药性,不了解病情,那么什么都不是药。

佛法是不定法,应众生种种病而施设。因为众生有无量无数的病,而佛陀有无量无边的智慧,所以能为众生应机解惑;如同我们生病时,医师知道病症,以医学知识对症下药。

众生除了身病之外,还有心病,也就是"贪、瞋、痴、慢、疑",这五种心病会造就许多苦,为了解除众生心病的苦,佛陀开启布施法门对治众生的贪念;以慈悲、善解方便法门对治众生瞋心;以智慧法门对治众生的痴念;开启"心中有佛,人人都是佛"的尊重法门,对治众生贡高我慢的心;开启信念法门对治猜疑的心。

故说佛法是不定法,观众生根机而应机逗教。众生有八万四千的烦恼,佛陀以智慧应病下药,开启八万四千法门,因此被譬喻为大药师、大医王。

药师法门即宣扬佛的慈悲智慧,诸佛菩萨原具慈悲智慧,不舍众生。佛陀不忍众生苦难,乘愿来人间设教施药,无非为了拔除众生身心的苦厄。学佛就要虔诚地依教奉行。佛陀教育我们,要从内心自我建设,不仅以佛陀的悲智双运为模范,更要开启自己的愿力悲行为众生付出。

人世间,不仅有生、老、病、死等人生无常,还有山河大地危脆、天灾人祸的灾难折磨,更有甚者,心灵在忧虑、惧怕、得失下,造成人与人之间仇视对立,或是情感纠缠难以解脱的苦难。

放眼天下,所见所闻,人生有许多自找麻烦或利己伤人的不幸事件,真是苦不堪言。

尽管众生有外在(身体)的病痛,也有内在(心灵)根本的毛病,上等的好医师,却能内外疾病兼顾。如同佛陀想尽办法辅导、教育我们,坦然接受过去生所带来的果报;同时希望我们造作未来的好因,这就是佛陀对众生的标本兼治。

遭受苦报时,并不是一味地拜佛、念佛就会消除,最重要的是,要身体力行——受持、实践、体悟,才是究竟之道。

药师虽能本末兼治,惟恐众生不肯承认自己有病,更不愿接受治疗,以致沉沦苦难而无法拔救。所以不但要有好医师,也要有好病人,懂得好好调养,对症下药,医病关系互动良好,自然就能恢复健康。

有些人实是心病,却总觉得自己身体有病,看了很多医师,吃了很多药还是没效,无论怎么检查就是没病,一般的医师针对这种病人,多半只能头痛医头、脚痛医脚,这叫做"治标"。

大药师则能深究病源,如果不是出自身体的病,那就是心理的疾病。心病还要心药医,将病患的病源找出来,为他好好地分析,慢慢地开解,让他产生信任而安心;一旦心开意解,身心病痛消失了,这就叫做"治本"。

佛陀留下无数妙方在人间,其中一帖最好的药方,就是"诸恶莫做,众善奉行";无论个人、家庭、社会或国家,倘若人人都能虔诚谨守"诸恶莫做,众善奉行",则一切都能健康安定。

佛陀来人间教化众生,无非是教育我们诸恶莫做。人若不造作恶业,就没有种种苦;正因为人常常造作恶因,才会招致许多苦果。

佛陀常要我们精进,"精"就是精微无杂;"进"就是进步。精微,就是很微细的小恶都不要犯,即使只是起一个坏念头都不可以;相反的,对于善行,如调身、调心、待人接物等等,即使是很微细的好事,也要积极向前进步。心时常稳定降伏,待人能从内心生起欢喜、赞叹,遇事都能培养内心的善解包容。

众生遇佛本就很不容易,得闻佛法更是困难。佛陀离世两千多年,他的灵方妙药仍留世间,许多祖师大德用心解说佛法,延续佛法慧命,但是有多少人真正了解佛法?又有多少人能从佛法中起恭敬心?进而产生正念、正知、正见的人,更是难得;有了正知正见而能身体力行者,几乎是微乎其微。

正因为有正知正见又愿意身体力行的人,真是太少了!大多数的众生都迷于种种的烦恼,沉沦于无量的病苦——心灵的病、社会的病、天下的病。一切令人烦恼、忧烦、担心及所能感触到的,都离不开这分病——"不调和"的苦。佛陀怜悯众生生活在种种不调和的苦难中,所以倒驾慈航,殷勤而苦口婆心地教化众生。众生是否能依教奉行?如果众生能敬重而依教奉行,按步精进,人生就能得救,苦难自然也能解脱。

修行要从人事物中去体验;在日常生活中体验人的心态,体悟自己、他人以及人与人之间的心理,还要体会所有生物的生理;不只人我共存,应该要和所有生物共存。

记得有一次志工早会,慈院放射科主任表示,他很钦佩捐赠器官或捐大体的大德菩萨。然而我们却忽略了一位医学生成为医师的过程,必先在动物身上做研究和实验,以取得病理知识与经验。例如抓一只健康的老鼠来研究,为什么会得高血压？为什么会中风？中风的后遗症——手脚不能动或全身瘫痪是什么原因？因此对老鼠注射药物或喂食其他食物，或是把它放在一个特定环境中生活等等。

每日观察老鼠的身体变化，以及研究种种的情况和健康时有何不同？现在人类罹患高血压，对症下药即可痊愈，这是多少小动物为人类奉献生命，供给医学研究与实验而得来的进步与成果。

癌症为什么现在有疗治的方法？因为不只用老鼠，还以兔子、狗、猪、牛等动物做实验，同样喂食特殊食物，注射药物，使被实验的动物身体与生活形态产生变化，然后检查是哪一类型的癌症，再研究用什么药物治疗；因为以动物做实验，人类的许多疾病才有药物可治疗，才有成功治愈的几率。

倘若明了"生命共同体"的内涵，在生活中用心体验人的心理、生理，以及天下宇宙万物的物理，并且好好地自我爱惜照顾身心，警惕自己不要犯了错误的行为，就能身、心无病。

当前令人闻之色变的艾滋病，截至目前并没有治疗的良方，而这种病会传给下一代幼小的孩子，这是多么可怕的事！所以常说要谨守"身三、口四、意三"，不但身业要好好地调摄,也要把心照顾好;如果能身心调摄,就身心无病。推而广之,若能家庭和谐,居家就能安康;如果国事能调和,就能国泰民安;倘若人人皆能和气共处,世界就能和平。

学佛最重要的是时时"依教奉行",佛陀的教法都是灵丹妙药,端视众生愿不愿意接受;就如医病关系一般,如果病患对医师有信心,能按照医师指示服药,身体必定能够恢复健康。

佛陀曾说:"心、佛、众生,三无差别。"佛陀做得到的,我们也做得到;因为人人本具佛性,只要能用心精进,做到"诸恶莫做,众善奉行",善念不掺杂恶念,善法不偏向恶法,我们的身心自然能得到解脱,无诸病苦。

每一尊佛成佛,都有其愿力与修行的精神理念。

药师法门,最适合现代人,能针对各种病症应病下药。药师佛的全名是"药师琉璃光如来";"琉璃"是梵语译音"薛琉璃(Vaidūrya)"的简称,琉璃也是一种无上至宝,具有光明澄清、晶莹剔透的坚实质地。

我们常将琉璃的晶莹剔透、明净光辉以喻佛德,学佛就是要去除烦恼,让清净的佛性显现,所以要照顾好自心,使其清净光明。

佛是觉悟的有情,"觉悟"就是已开启了智慧,而且超越凡夫,清净透彻。一般人所说的智慧只是知道许多常识,但是这并非真正的智慧;真正的智慧是能通彻道理,体悟天下一切的真理,而且还能时时保持那分清净、明彻的心,这才是真正的佛德现前。

这种光明无染污的觉悟,都是从凡夫地发心立愿修行而得;所谓"德者,得也",发大心、立大愿,能身体力行、亲身体悟,"德"才能显现。

在慈济世界,常听慈诚、委员或志工们付出后的心得分享,点点滴滴都是很令人感动也让人欢喜,这就是"德",也是让人认定的结果。

佛陀的清净无染污,源于三大阿僧祇劫前就开始发心立愿修行,直到佛格圆满。"以明净光辉比喻佛德",读来似是很简单,但是要达到这样的境界,必须付出长久时间,真正身心合一、身体力行才能做到。

"琉璃光"是药师佛的名号,即比喻药师佛不仅能医治天下众生的病,其本性就是明亮光辉、晶莹剔透,所以称东方净土为"琉璃世界"。

人人都欣喜迎向光明,而不喜黑暗,学佛也一样,就是追求身心清净。我常说:"身心清净,心地才能光明;人人心地光明,就是琉璃净土。"

东方净土"琉璃世界",一尊佛是否就能净化人心、救济众生?当然不够。就如一家医院,不论院长是多好的大医王、大药师,必须有很多好医师、好护士和药剂师、检验、医技人员等组成的医疗团队,才能发挥救拔众生病苦的功能。

同理,药师佛在琉璃净土,发愿将药方妙法向娑婆世界众生宣导,也需要一群菩萨辅佐。这些菩萨和药师佛一样发大心、立大愿,并志同道合,踏出光明的世界,去到污染、充满病态的娑婆世界,面对苦难众生,宣扬药师法门。

无论读哪一部经,都要了解诸佛菩萨在因地中走过来的道路,了解诸佛菩萨是用什么心态走入污浊的娑婆,创造清净无染的世界,这是我们要用心探讨和学习的。

"药师琉璃光如来"是东方净土的教主,琉璃光世界表示佛性清净,佛土光明,辅助佛宣扬正法的菩萨也一样心地光明,那就是"日光遍照"菩萨与"月光遍照"菩萨。

以日光和月光为名,就是比喻这两尊菩萨的德行。就如地球绕着太阳运转,依照时辰,阳光带给大地光亮,就可以放眼天下,观大地万事万物,对一切清楚明白,这就表示"智慧"。日光菩萨即以其智慧之德取譬为名,表示能充分发挥智慧,不仅光明自照,还能将此智慧光明,平等照耀天下一切众生。

倘若众生自我障碍,就无法接受光明照耀,如同树荫遮蔽,或是门窗紧闭,日光无法普照。因此菩萨以智慧普照众生,以慈悲教导众生,也必须众生开启心门,才能接受光明的教育,这就是佛与众生、菩萨与凡夫的对照。

月光也一样。月亮高挂在夜空中,就有一分清凉寂静、明亮无染的感觉,可以消弭众生闷热之苦;还能启发我们——人生到处有光明,即使在黑暗的夜晚,也有月光明亮的时候。

不仅如此,皎洁的月光让我们在夜晚也能看清景物,并指引我们清晰的道路;这就是月光的慈悲,以此譬喻月光菩萨之德。

太阳光给予我们热力与光亮,月光则给予我们清凉、幽静的境界;所以"日"象征着智慧光明,而"月"则是象征着慈悲与希望。在东方净琉璃世界,药师如来的国土,这两尊菩萨辅助药师佛宣扬正法,就像虚空中,日月行空遍照一切。

在地球的南、北极,因为地球的轮转,以致有半年永昼,半年永夜。众生的心若能接受佛菩萨的教法,就能均匀地接受日与月的照射;无法接受者,就像处于南、北两极,长时间看不到日光和月光。所以我们能生活在日光、月光遍照的世界,应该心存感恩。

其实人人都有趣向幸福与光明的期盼,也都知道黑暗是苦难、没有前途与希望;释迦牟尼佛开启药师法门,无非为净化人心,教育众生都能做到如同日光菩萨、月光菩萨一般具足的智慧与光明。

倘若人人都能向这两位菩萨看齐,消除心中一切烦恼,拨开无明,显现自性光明,自然就能避诸灾难。

为何世间多灾多难?正因为"众生共业",人人心中充满烦恼;如果人人能够自我觉悟,去除心灵灾难,具足大慈悲,世间就能避灾解难。

佛陀是一位觉悟的圣人,他的千经万论都在教导众生如何去除烦恼,使心境清净,进而觉悟。

学佛就是要探讨佛自证的清净法界,如何描述佛陀所觉悟的境界?对凡夫的境界而言,就像"毕竟空"、"净虚空",像抬头所见万里无云,如琉璃般清净的虚空。佛陀觉悟后的境界,就像虚空毕竟空寂,完全无污染。

所谓"心包太虚,量周沙界",就是佛的心境清净广阔,能包容天下一切众生;如琉璃光般毫无杂质、晶莹剔透,自然透露出光明,这就是佛自证的境界,是那么清净,功德圆满。

然而每尊佛要达到佛果圆满、清净功德,必须从"因地"(注)发心立愿开始修行,经历"三大阿僧祇劫"。"三大阿僧祇劫"究竟是多久的时间,也就是千生万世。这么长的时间,从因到果的修行路程中能"一心守志",累世坚持这分心愿,不断地清除内心的烦恼,以慈悲怜悯付出于世间,才能圆满佛果,这就是"福慧"也叫做"悲智";然而一般人只是从早到晚守住这念心志,就不太容易,何况在千生万世、长期累劫中悲智双运,这实在很困难,佛陀却在如此困难中完成其果德。

在经文中常看到,以菩萨因德表如来果德,因此修行学佛必须从凡夫开始起步,具足众生缘,再经过长久行菩萨道的过程,进而达到圆满佛果,功德清净之佛境。

其实佛佛道同,都是经历同样的历程。为什么东方琉璃世界的药师佛已成佛,还是不舍众生,仍然发愿前来拯救苦难世界中的众生呢?这是因为众生苦难偏多。

尤其现代这个世界病得让人感到很惶恐,从新闻中得悉美国派遣军队前往泰国,协助训练泰国军队如何缉毒,以

注:"因地"指修行佛道之阶位,或是指由因行至证果间之阶位。详见《佛光大辞典》第二二七五页。

防止俗称"疯药"的安非他命流入市面。这种毒品,人只要一吃下去,便由不得自己而疯狂。

据估计一年在金三角制造并输入泰国的"疯药",高达八亿颗,再从泰国转运到全世界,听起来很可怕。这些毒品走私出去,不知道世界将变成什么样子?不仅会让一些青少年心智颠倒、沉迷其中,甚至有些中老年人也守不住心志。

例如有位将近七十岁的老人因为吸毒,而卖掉所有的房子、田地,现在生活潦倒窘迫;他太太也六七十岁了,平时摆路边摊卖槟榔,仍不敷先生的需求,后来只好去贩毒;结果被警察缉捕,两人都要坐牢,多悲哀!

毒品不知荼毒了多少人的身心。现在又看到很多年轻人滥用药物,像时下颇为流行的"摇头丸",吃后整个身体都会摇晃,如果染上毒瘾,不吃就会非常痛苦。

有位年轻人因为吃摇头丸,忽然血压降低而昏迷,送到医院时已回天乏术。毒品,并非吃下时飘飘欲仙,时间过后就会回复正常,而是会夺人性命的。现代的人总有种种借口,譬如学生想纾解读书的压力,因而对毒品产生好奇,却不料一旦沾上,就难以自救。

毒品不只损伤身体,更甚的是损害心理。民众的心理不健康,就是社会的大病;一旦社会潜藏危机,国家安全将不堪设想。现在制造药品的机器很发达,每天可以生产数百万颗药品;走私的方法也很多,无论从海空、陆地,可谓是无孔不入,未来将造成什么后果?真是不堪设想!目前唯一可挽救的方法,就是赶紧从心灵建设着手,让人人能做好防备的工作,不要让毒品侵犯心灵的健康。

佛陀与诸佛菩萨来到人间,无非为了教育我们——如何保持身心健康,以及守好清净的本性。所以我们一定要虚心求教,若因颠倒,对佛菩萨的教育不肯受教,就像医师再好,病人如果不肯接受,也是徒呼无奈!

倘若人人都能将自己的心地视为一个世界,显现与药师佛一样清净的佛性,将芸芸众生当成拯救的对象并予以照顾,相信内心的污染就会慢慢地去除,烦恼会渐渐地减轻;只要心地清净,就能像日光、月光菩萨一样,普遍慈照众生。

除了东方琉璃世界之外,娑婆世界的释迦牟尼佛,也有两尊菩萨辅助佛来教化众生,常见"华严三圣"——位于中间的是释迦牟尼佛,左边则是文殊师利菩萨,右边是普贤菩萨。

文殊师利菩萨的德号,译称"妙吉祥",彰显佛陀的"智、慧、证"；普贤菩萨则彰显佛陀的"理、定、行"，共同诠释教主释迦牟尼佛理智、定慧、行证圆满的德行。

娑婆世界众生多有贪、瞋、痴"三毒"。"贪"就是欲念，也是最大的毛病，有了欲念就容易失去理智，释迦牟尼佛以"理智合一"教育娑婆世界众生，而文殊、普贤二大菩萨，即表彰佛陀的大智与大行。

每尊佛都因看到世间众生的苦难，所以在修行得果后，一样不舍众生，前来娑婆救度众生，就如西方极乐世界的阿弥陀佛，发四十八大愿，来世间度化愚痴、多欲、多烦恼的众生，而观世音及大势至二位菩萨，即辅助阿弥陀佛度化众生。

娑婆世界芸芸苦难众生，每逢灾难、苦恼，就称念观世音菩萨名号，可见阿弥陀佛、观世音菩萨、大势至菩萨，虽然名为"西方三圣"，所关怀的还是娑婆世界众生，即使身处西方极乐世界，仍经常倒驾慈航救度娑婆。

《观无量寿经》中云："以智慧光普照一切，令离三途得无上力。"这是叙述大势至菩萨具足智慧光明普照一切，可以使众生解脱无明烦恼，脱离三途——地狱、饿鬼、畜生。

人间三途，都源于人心的无明。大势至菩萨有强盛威力，能令三途众生得无上力，因此名为"大势至"，所到之处，均能施展智慧光明的力量。

观世音菩萨与娑婆众生特别有缘,一称其名即感到无比亲切,如同人间慈母,时时以慈悲护佑众生,闻声救苦,拔除众生的灾难与苦闷,常以法、理教育众生;遇到刚强难调伏者,则刚柔并济,如世间严父,以刚强势力调伏之。

所谓的"四大菩萨"即观音、文殊、地藏、普贤菩萨,他们分别表彰佛的悲、智、愿、行。

正因众生刚强难调伏,所以佛菩萨皆须具足"悲、智、愿、行"。悲,就是慈悲、悲悯,不忍众生受苦受难;怜悯众生愚昧不懂道理、迷茫造业而不舍众生。

悲悯、不舍,继之发挥智慧、身体力行,体悟宇宙万物真理,才能设法调教刚强苦难众生。因此救人、度人,只有慈悲不够,必须理解众生病态,再应病下药,这就是智慧。

修行一定要发愿,倘若没有愿,就不会采取行动,即使心地柔软,不忍众生受苦难,却没有行动仍然无用处;当然有心救度,也采取行动,方法错误还是不行。唯有慈悲与智慧运用得法,一方面救助、解除众生一时苦难,一方面运用智慧牵引,走上正确、幸福的道路,不但使众生解脱烦恼,又能离开错误的方向,这才是慈悲、智慧平行。

"大悲"观世音菩萨,慈航倒驾来回娑婆不停。"大智"

文殊师利菩萨,因为娑婆世界众生愚痴,他以不同的方法开启众生智慧。"大行"普贤菩萨,娑婆世界众生知而不行,所以他来辅导众生身体力行。

而"大愿"地藏菩萨,既未成就于东方净土,也未成就于西方净土,这是因为娑婆世界众生多造恶业堕落地狱,他累世皆发大愿:"地狱未空,誓不成佛;众生度尽,方证菩提",至今仍守在地狱门前教化众生。

娑婆世界众生无不要求离苦得乐,无论辅助西方极乐世界的菩萨,或是辅助东方琉璃世界的菩萨,都是成就佛果之后,乘愿再来娑婆世界。唯独地藏菩萨,发愿在最苦难的地方度化众生,不弃不离。

四大菩萨不离娑婆世界,可见娑婆世界的众生多有福;换言之,娑婆世界众生的业有多重!但是诸佛慈悲,我们无论受持西方净土法门或发愿恒持东方净土法门,抑或奉行释迦牟尼佛的教法,只要能依教奉行,就不会堕落地狱。

总而言之,佛佛道同,每尊佛的目标都是——"众生无边誓愿度",因为众生皆有烦恼,每尊佛发愿度化人间,断除众生烦恼,以现代的话来说,就是"净化人心"。

所以诸佛菩萨成佛之前,都是"法门无量誓愿学"。法门虽不同,只要适合根机,就一门深入,能够断除烦恼成就佛道，这是诸佛的通愿，目标无非是度化众生。

无论学习哪尊菩萨，都要有志一同，将娑婆世界开辟成一方净土与道场。虽然辛苦，但愿人人都不畏苦，同心协力努力耕耘。

娑婆世界，是个充满五浊不清净的恶世，但是诸佛都在此中成就，所谓"天上无佛可成"，唯有人间是真正成佛的道场，因为人间有许多可供体悟、感受的苦难，还有苦难的众生，才能体会人生之苦，发心立愿，为救度众生而修行成佛。

例如释迦牟尼佛宣教的印度，至今天灾、人祸、贫穷、疾厄等苦难仍旧频传。位处印度与巴基斯坦交界的喀什米尔，对印度而言，是重要的军事要塞；对巴基斯坦而言，更是商业发展的重镇。为此领土问题，两国已纷扰多时。这里的居民多数信仰伊斯兰教，为了脱离印度政府寻求独立，因此依附巴基斯坦，并达成某些默契；为了追求独立而抗争，每天都有不少人丧生。

为什么同是印度人，同种族、同文化，只因为政治见解分歧，而彼此对立，甚至互相残杀？人祸不断，社会不安，造成当地贫穷、疾厄的窘况。这些贫穷、瘟疫、冲突的苦难，经常出现在媒体上，令人怵目惊心！

近年来又天灾不断，如二〇〇一年初，印度古茶拉底省发生规模七点九的地震,瞬息间屋毁人亡,真是悲惨。根据官方统计数字报告:二万余人往生,十六万余人受伤,一百多万户房舍损毁。

这波世界性的大灾难发生不到半年时间,同年六月又发生洪涝,直到七月时,水尚未消退,以致许多人丧生,家园损毁、田地损失。

自古以来,印度即天灾人祸不断,佛陀怜悯这里的百姓,在此修行、说法。可见在苦难众多、五浊炽盛的地方,能让人深刻地感受人生之苦,才有发心修行的圣人。

修行之路本就长远,世间也有"百病之苦"——众生心灵黑暗、污秽,所以十方诸佛菩萨,以慈悲照耀这个黑暗无明的世界,以智慧教导娑婆世界众生脱离苦难。

诸佛菩萨不舍众生,因此在东方琉璃世界,出现日光遍照、月光遍照二位菩萨;西方极乐世界,有大势至菩萨、观世音菩萨;娑婆世界则有"理智合一"的文殊师利菩萨与普贤菩萨。

从无量劫以来,药师佛就以那分悲心立愿,不断地来回为苦难众生付出,并"显其果德而成佛"。虽然这是长远的修行之道,但是藉由苦修、救度众生渐显其德,当佛果圆满时,所显露的即是无比清净光明的佛德。

凡夫因心地染污，而迷失本性、身心迷乱，以致起心动念无不是恶、无不是业，造作杀、盗、淫种种恶业，前途黑暗苦不堪言。

众生的习性来自于累生累世，虽然一时可以接受诸佛菩萨的教诲，也可能短暂地改过，但是否能永远不再苦恼、转烦恼成菩提？是否能不再犯错，为利益人群的事付出？恐怕很困难。

"对境生心"是凡夫刚强难调的习性；众生虽然一时得救，但是若境界再现，很快又起心动念受境界影响。

有一天，释迦牟尼佛在莲花池边，以宁静的心透视着池水，看到莲花池里，污浊的污泥中有座地狱。

佛陀油然生起悲悯心，以手指垂下一条蜘蛛丝一样细的线。这时，在地狱黑暗中受苦的人，忽然感到一线光明从上方透射下来，大家非常高兴，涌上去攀紧这条光亮的丝线，纷纷朝上爬。

大家很顺利地一直往上爬，爬在最前端的人这时却动了心念：下面这么多人同样拉着这条丝线往上爬，万一线断了怎么办？不行，我不能被这些人拖累了！这一念排除他人的私心一起，光明的丝线倏然在地狱出口前断了，所有人一起掉落地狱的深渊。

虽然这是一则公案，但是若用心思考，凡夫心不就是如此吗？一旦遭受苦难时，发现真理在面前，也知道应该离苦，力求往光明的道路走，然而私心一生起，不但毁掉自己的一线生机，也毁掉别人得救的机会。

为了救度众生，知道众生习性刚强难调伏，佛菩萨必定具备"不舍众生之愿"，发愿以长久时间一而再、再而三地教导、指引、陪伴众生，有此悲愿终究才能圆满佛果。因此愿力非常重要；我常说"有心就有福；有愿就有力"，例如：一九九九年台湾发生的"九二一"大地震，也是震惊世界的大灾难。

灾难中，慈济人如从地涌出的菩萨，从四面八方汇集到众生苦难处；灾区需要什么，就设法提供什么。除了急难援助，还协助处理善后，如抬棺材、处理遗体、助念等；有的人则伸出双手，用爱拥抱、肤慰失去家园亲属的人。

慈诚队合心协力以体力付出，从建设大爱屋到希望工程、重建学校，无不尽心尽力投入。

此外，慈青及慈济教联会的老师们，则负起肤慰灾区孩童心灵的工作，从事"安心计划"。以亲切的课业辅导与各种有趣的活动，帮助大地震冲击下的孩子，抹去惊惶畏惧的阴影，让他们知道眼前环境尽管克难，只要提起信心自立自强、认真用功,很快就能重建家园,重建社会新希望。

这群慈青和慈济大学的学生,他们设计了整套的课程,不论寒暑假,哪怕只有数天的假日,也是无休地付出,这就是在"悲、智、愿"之外,还有"行"。

如今已看见许多成果,真是"有愿有力",不但成就灾区的重建,淡化悲凄的阴霾,还提振大家的希望,这就叫"悲智愿力"。尤其希望工程,带动许多校长、老师们更深一层思考教育的使命,为培育希望的幼苗增添一股活泉。

他们坚定了教育的使命感,积极与慈济教育志业的校长们,一起计划未来的软体——教育的方向:让孩子除了得到学识、学历之外,还能得到心灵文化及生活人文的教育。身心教育平行的文化,就是未来无穷尽的希望。

可见诸佛菩萨面对芸芸众生,不能缺少"悲、智、愿、行";佛佛道同,修行学佛即是学习在人世间发挥这分悲、智、愿、行。

东方琉璃世界药师佛的名号,即是"药师琉璃光如来"。"如来"是诸佛的通名,譬如阿弥陀佛也可称为"西方弥陀如来";释迦牟尼佛也可称"娑婆世界释迦如来"。

换言之,"如来"是一种尊称,凡是证得佛果者,皆可称为如来。凡夫还有污染烦恼,菩萨是觉悟有情,虽超越凡

释经题

夫,尚未到达正等正觉,唯有佛果是无上正等正觉,即称为"如来"。"如来"梵语为"怛陀阿伽陀(tathāgata)"。其实中文佛经译自印度的巴利文,要简洁、精确地译出全部的意义,实在很困难。

如同"慈济"二字,要译成英文,若只是音译,无法让外国人了解其中含意;若是意译,可以有许多不同的译词,可能要汇总不同的译词,才能充分表达出"慈济"的意义。

此外,"如来"还有"如解"、"如说"、"如理"等译词。如来即是"乘如如理而来",如就是真,真理是亘千古而不变的道理,如每尊佛的清净本性,亘千古而不变地呈现在人间。

凡夫本具与佛相同的清净本性,只是受到污染。要恢复清净如理的本性,必须经过长时间的磨练,使清净的本性显现晶莹的光辉。

修行即是"磨"。凡夫的见解各不相同,譬如:禅师透彻了禅理,行住坐卧、挑柴运水无不是禅,一切的动作都处于如理中;然而未透彻禅理的人,常是刻意求禅,以为一味打坐即能磨练出清净本性。

有一则故事——有位禅师看到学僧执著打坐求禅,于是故意磨砖,学僧见了很好奇,便请问禅师:"您为什么要磨这块砖?"

禅师回答:"我要把这块砖磨成一面光亮的镜子。"

学僧就说:"这是白费功夫!砖只会磨损,如何能磨成一面镜子?"

禅师就问:"如果磨砖不能成为镜子,那么一味打坐求禅,就能觉悟吗?"

禅师的话,启发了学僧内心真如的本性,这叫"启理";在启理的同时,禅师的心印及学僧的心,因此学僧能接受禅师所说的禅机以及内涵的真理,这就叫做"启理印心"。

"十方三世一切诸佛",这无量无数诸佛,皆从凡夫心起于行而入理,体悟之后终究达致无上正等正觉的果位;因此学佛一定要启发自我内心的真理。

佛陀既然已趣入真理,为什么还要倒驾慈航再来人间?这是佛的悲愿,悯念众生苦,乘愿而来人间"如解"、"如说",希望能以觉悟的道理,教化众生。菩萨必须圆满悲、智功德,才能体悟究竟真理而成佛;若非藉由行菩萨道的过程,无法体证究竟的真理。这就是佛启真如而来人间,所以称名"如来"。

所谓"如解",佛有无上智慧,以真如体解天地万物,明了世出世间一切法相,且毫无颠倒错乱:无论万事、万法、万理都有其原理存在。

有形的生命皆有期限，唯有无形的慧命是永恒的。慧命随着业力来来回回，难免带着污染的业而轮回，如何能使慧命清净，进入"寂光土"的境界呢？凡夫所处的"五浊恶世"是个不清净、充满烦恼的世间，在此秽土世间来来去去，又要如何成长慧命？

只要做到每日净化自心，以面对人事物的道理，启发内心的清净，一直到生命的最后一天，自然能带着清净的慧命进入寂光土，亦即清净无污染、光明的世界，这就是出世的境界。

如来境界好像离我们很遥远，这是因为我们还是凡夫。其实凡夫与佛是一体两面，如果能真正体悟真理，守住真理，面对人间，也可以是如来。过去诸佛多如恒河沙，但是从释迦牟尼佛出世到现在已经两千五六百年了，却还没有另一尊佛成就，还要再等五十六亿七千万年，弥勒菩萨才来人间成佛。

经过这么长的时间，才有一尊佛成就，那么"恒河沙诸佛"又作何解释？以人世间而言，既然人人心中皆有与佛同等的真如本性，只要这分清净无染的本性存在，人人心中自有一尊佛。只要人人能开启自己的清净本觉，所走的、所做的、所说的都能契合真理，那么我们与如来就是一体。

学佛,就是要学如何"出世"——启发自己内心的清净本性,让慧命增长、生生不息,进而达到如来境界。

　　"本愿功德",是这部经最重要的部分。东方药师佛的本愿有十二大愿,进入经文之后会一一解释。

　　每尊佛都有其因地修行的因缘,所以每尊佛来人间,都是应众生的需求,而应病投药、应机逗教。药师佛因应当时世界、社会众生的病态而发十二大愿,作为拯救众生的方法,这是药师如来的别愿,有别于诸佛的通愿。

　　修行以发愿为先,无论做什么事情,都要先下定决心,也就是发愿,这是修行、学佛的根本条件;还要立定坚决的心,以免遇到困难或耐心不够就放弃。

　　诸佛的通愿,是"四弘誓愿"——众生无边誓愿度、烦恼无尽誓愿断、法门无量誓愿学、佛道无上誓愿成。佛是因众生而成就,因为众生多苦难,所以需要有人发心,身体力行,最终就会成佛。

　　因应世间众生需求,诸佛各发其别愿。有人认为阿弥陀佛发四十八大愿,药师佛才发十二大愿,是否阿弥陀佛的愿比较大? 其实诸佛愿力都是相同的;重要的是,使众生得救解脱、远离苦难。

　　"本愿"发自于内心,就是我平时对大家说的"信实诚正"、"信己无私,信人有爱";不论做什么事,对自己有信心,无私无求,因为没有私心,所有的付出都不是为己之私,而是利益他人,那么在人群中待人接物一定很圆满。

与人相处,要相信人人心中有爱,对人不起怀疑,即使遇到性格刚强、城府深密或烦恼杂念多的人,也要生起一分尊重,因为佛陀教育我们,人人本具清净本性,既然如此,就该相信别人同样拥有善良的爱。

《三字经》云:"人之初,性本善。"人初生时内心纯真、良善,只因浊世尘垢诱引,凡夫不由自己而受影响,熏染不好的习气;这并非本性,只是后天的习惯,所以"不要看杯子的缺角,就是圆的",不去看别人的缺点及习气,相信人人心中有善念,自然能从内心对人生起一分尊重。

要真正做到"信己无私"很不容易,因为不只是别人,自己也有习气,有贪瞋痴心念。要自我训练到凡事无私,看待世间万物不起非分之想与贪念,真不是件容易的事。所以"信己无私,信人有爱",虽然只是简单的两句话,却必须花长久的时间培养这念心。

对待他人,"宁可人负我,莫使我负人",别人若辜负我,我应该原谅他,因为"普天之下没有我不能原谅的人",如果能自我训练到决不辜负他人,就叫做觉有情;倘若能用平等的爱来对待人人,自然能从一念信心达到"无缘大慈,同体大悲",也就是"平等无私"。

期待天下众生都能平安快乐、轻安自在,过着幸福的日子,即是"无缘大慈",以平等的爱对待一切众生,能拔除诸苦,乃至原谅过失,这是"同体大悲"。有的人会因为某人行为大错特错,而批评他的为人,以及他的亲人,这并不恰当。

我常说"万般带不去,唯有业随身",众生各有别业,致使众生没有因子去除内心的烦恼、污垢而累积业力,如是因,如是缘,如是果报。

有的人会质疑:某人品性不好,为什么这一辈子发达、好运不断?而有些人行为端正、品行纯良,却遭受诸多苦难,这也是过去生所累积的因,在此生显现的果报。

无论祸福,皆有因由,佛菩萨了解众生的因缘果报,因此对众生生起悲悯心,自然感受"人伤我痛,人苦我悲",为众生拔除苦难。

我们从事慈善救济工作,并不会先考虑对象的为人如何,只要是紧急需求,还是会提供协助。因为每个人所造的因不同、所受的业报各不相同;但是,人人本具纯良的佛性,既有佛性,必定有爱,所以要坚信人人都有爱。

"信为道源功德母,长养一切诸善根",自我的信念好好的建立,然后身体力行,实践佛陀的教法,才是真正的修行与学佛。尤其心灵的恒持要立志坚定,有了坚定的信愿,才能真正勇猛精进。

"正"即是没有偏差,"差之毫厘,失之千里",心念若有一点偏差,自然邪知、邪见、邪行就会出现;若能顾好心念,则能显现八正道(注)。

"诚"是从内心发出的意念,例如自动自发去救人、行善,而非经由他人的劝导才去做。倘若出于诚意,自然不会埋怨;若是被动的,内心总想有所回报,得不到就有怨言。

慈济人不只付出无所求,同时还要感恩对方,因为对方有需要,才让我们有机会落实佛陀的教法,这就是"信、实、诚、正"。

发愿度化众生的功果圆满,称为"功德"。有人以为到寺院诵经、礼忏、做法会才是功德,其实不尽然,真正的功德是利益人群,能对己无私,对人无贪。

再深入地解释,"内能自谦,外能礼让"即为功德。何谓"自谦"？发自内心的受持功夫,就是不自大,缩小自己、礼让他人,不论别人如何对待,都能好好调适自心,即使有委

注:正见、正思惟、正语、正业、正命、正精进、正念、正定。

屈或不平衡，都能自我反省、往内观照，将一切外境化为平静，这就是内能自谦的修持功夫。

对外则是行布施、持戒、忍辱、礼佛等事。行布施要发自内心无所求地付出，一般人布施，心中仍有所求，不求名便求利；好比许多人到寺院烧香、拜拜，都会祈求神明保佑家人平安、诸事顺利等等，这就是有所求，也有人虽为利益人群而行布施，但惟恐别人不知道，期待赢得他人的赞叹与认同，这也是有所求。能克服欲念，付出不求回报，还能守持原则，这才是真正的布施。

许多慈济人秉持着：做慈济是自己的使命，也是一生的志业，自己发心立愿，无所谓人知与否；这种付出不求回报，同时感恩别人，守持心念与正规，这就是待人接物的规则，也是持戒。

忍辱，"忍"字是"一把刀插在心上"，可见"忍"并非那么容易；但是学佛乃是大丈夫事，既然学佛，就要像个勇者，即使困难重重也毫不畏惧，坚持自我的意志和愿力。

行忍辱功夫便能"拨开万难，勇者无惧"，世间有很多事物令人不平、惊惶，一定要具备勇者的毅力面对万难；若无毅力，就无法拨开重重艰困。无惧者，即是勇者、仁者；具有勇者、仁者的坚定，就是忍。学佛修行，要能以持戒、忍辱的心,服务人群、利益社会,这就是大布施。

除了"拨开万难,勇者无惧"之外,还要"虔诚戒慎,守志奉道"。凡事必定要虔诚以对,无论上殿礼佛或日常生活的待人接物,佛教徒本来就应该虔诚恭敬;戒慎,就是事事谨慎,守持戒规、信条。最重要的是"守志奉道",每个人的意志一定要很坚定,守住初发心的愿,若能守志如初,则成佛有余。

《四十二章经》云:"守志奉道,其道甚大。"人人在日常生活中,无论举止动作、待人应物都要守好心志;布施、持戒、忍辱,也决不离开守志奉道。

发自内心虔诚礼佛,不仅在形象上谨慎,更要时时生起一念敬重的心。敬重佛陀的品德,敬重佛陀如何发心成佛,以何种志节修行;佛陀的智慧、教法,无不是我们礼敬的对象。

不仅对释迦牟尼佛礼敬,对任何人都要礼让敬重,这就是守志奉道。敬佛、礼佛的心志就是修行的道场,所以无处不道场;能体认事事皆道场,人人即是佛,修行就能有所成就。

一个人若能坚定志愿不变,并且身体力行,这就是内修的功夫,也就是"内能自谦即是功"。"外能礼让即是德",内在有谦卑的修养功夫,表现在外的自然就是德,必能"怀仁立德,至诚待人,立德修行"。仁就是慈;德就是德行。德者得也,我们内心常存仁德,以至诚的心待人,自然就能得人心。

常说"未成佛前,先结好人缘",人缘就是以至诚之心付出的结果;能够得到别人的欢喜、信任与佩服的德行,所以德是建立在人的心目中。

从因地发愿修行,力行立愿,最后完成本愿,在他人心目中建立贤德,这就是功果圆缘、佛果完成,称为"本愿功德"。

修行最重要就是一念心,守持初发心而不变动,能身体力行,待天地万物一同,待人对己一如,就叫做"真如",就是如来,乘如如的真理而来人间施行教化。因此佛的愿,对修行者及每个人心灵的净化,是非常重要的。

《药师琉璃光如来本愿功德经》最重要的是,让我们知道如何开启心门,转黑暗为光明;如何发现内心的垢秽。倘若没有打开心门,根本无法看到内心的污秽,所以必须先打开心门,才能让光明内照。

我们若能常自我反省、观照,就会生起忏悔心。忏悔,就是清除污秽,也就是洗罪;若能将内心罪业一一忏悔,就能去除心垢得清净。人心覆藏着许多垢秽,如何让心地净

释经题

如琉璃，没有一点瑕秽污浊，这就是探讨这部经的原因。

这部经的意涵，都是在教人如何清除内心的垢秽。第一个步骤，就是要将心地洗涤干净，使之清净光明。佛陀当时是随机说法、应机逗教，弟子们也要用心体悟，深入思惟，由此"开示悟入"，才能打开众生佛的知见。

佛世时，科学并不发达，工具不如现在方便。但是"经"——佛陀所说的教法，仍须宣扬、流传。如何才能做到？端赖弟子们将佛陀所说的教法结集，然后贯穿成一部经，以流传后世。

"经"梵语为"修多罗（Sūtra）"，含有"贯串"、"摄持"等义（注）。就如念珠有一百零八颗，也有二十一颗，但是不论几颗，总是靠那条线贯连才能成为一串念珠；又像身上所穿的衣服，是由布所制成的，布也需丝线经纬编织，才能成为一块布，所以"经"就有编织、贯穿之意，也有摄持之意。

佛陀在世时，随机说法，弟子为之结集贯串而成经典，如线串珠，不只像线绳穿珠，也像将一朵朵花串接起来，读经时，我们常看到"天女散花"的文字，就是用花表达尊重和

注：据注维摩诘经卷一、大般涅槃经集解卷一、无量寿经疏卷上所举其义。

供养。印度对贵宾表示尊重最大的礼节，就是献花；而现在迎接贵宾时，我们也常看到用花串成花圈，作为欢迎的献礼。花圈不仅表达欢迎的敬意，还可作为装饰之用。

"经"字在中文的解释，是指"有特殊价值，被尊为典范的著作，能历千古而不变，遍十方而常新"。

佛经是圣人的言教，释迦牟尼佛距今两千五百多年，科学愈发达，人类知识愈高，愈能体会佛陀是真语者、实语者、不诳语者，佛陀在述说过去、预言未来时所说的法，有许多已由科学证实。

佛陀在印度说法，上自国王，下至贱民，都是敬重奉行，直到两千多年后的现在，佛陀所说的法，还是和我们息息相关。过去以此法药疗治众生，现在还是一样，是历千古而不变，遍十方而常新，因此我们必须用心研讨。

佛所说的叫做"经"，也是表示尊敬、珍重佛所说法。我们一定要心生尊重，把经当作治疗心病的法药，成长慧命的甘露；现在众生的慧命就像干旱的大地，最需要法语甘露的滋养。

感恩当初编辑经典的人用心结集，才能让我们现在有经可读、可看，所以看经、读经时，应该时时用心尊重。

明翻译

《药师琉璃光如来本愿功德经》,这部经的名字很长。"药师"是一种譬喻,以喻佛的大慈悲药是用来对治病,因为有病的众生很痛苦,药师能应病施药,解除众生的病痛。

"琉璃光"是显示佛的大智慧。药师佛是一位自觉、觉他、觉行圆满的大智慧者,他的智慧光明如琉璃光。琉璃是最透彻晶莹的,药师佛的本性光明就像琉璃一样,能透露出大智慧之光,不只能医治众生的身病,更重要的是能医治众生的心病;心病要以心药医,众生的心病是愚痴,一定要以大智慧对治。以"药师琉璃光如来"为佛号,就是表示大慈悲、大智慧。

佛所说的圣教通称为经,但是每部经的名称不同,例如这部经是以"药师琉璃光"为别名,我们称之为《药师经》,有别于《阿弥陀经》及其他经典。

这部经是释迦牟尼佛为众生开启的一个法门;这位东方净土的教主,名为"琉璃光如来",他很慈悲,在因地修行所发的愿,正适合现在的末法众生,真可说是应病下药,是一个最好的法门。

现在所有的佛经,差不多都译自印度的梵文或巴利文。佛教东传至中国后,这部《药师经》因为重视仁爱人伦道德以及人与人之间的关系,与中国文化非常契合,因此数代的皇帝都认为对国家人民极为重要,而下旨翻译这部经,总共翻译过五次。

第一译是在东晋时代,由帛尸梨密多罗三藏翻译,《佛说灌顶拔除过罪生死得度经》共十二卷,《药师经》是最后一卷。

由名称上来看有"灌顶"二字,是属于密部法典。内容主要在"拔除过罪",众生的罪业深重必须拔除,尤其人生的苦就在生死之中,佛教重视的不只度生,也要度亡。

第二译是南北朝刘宋时代慧简法师所译,名为《药师琉璃光经》,这部译本现已失传。

第三译是隋炀帝时达摩笈多法师所译,称作《佛说药师如来本愿经》,经本现存。

第四译即现今普遍流传的版本,是唐朝玄奘三藏(西元六〇〇—六六四年)所译的《药师琉璃光如来本愿功德经》。

第五译是在唐朝武则天时代的一位义净法师(西元六三五—七一三年)所译,名为《佛说药师琉璃光七佛如来本愿功德经》,较玄奘法师的译本晚了二三十年。此译本最与众不同的是,前四译本只有一佛药师如来,而此译本却有"七佛如来",这部经现在比较少用。

玄奘法师为探求圆满的佛法而离开中国,到印度留学十七年;他从丝路出发,途经百余国家,方负经归国。

记得一九九八年,慈济援助阿富汗难民,救难人员搭乘直升机降落,踏上阿富汗土地的时候,抬头一看十分震惊,原来那里的山都是石头,石山中雕刻着佛像,其中有一尊世界最大的佛像,雕刻在五十多米高的山壁中。

原来阿富汗也是玄奘法师西行取经时,曾历经的一个国家;当然也经过巴基斯坦,甚至周游印度。

所谓"行万里路,胜读万卷书",玄奘法师是一位非常了不起的思想家、哲学家、科学家、宗教家,尤其令人非常敬佩的是,他也是语言及文字的智慧者。十七年的时间并不短,这位遍学大小乘经典的大师,不但学得甚多佛法,并运回可观的经典,我们今天才有经典可以研读。

玄奘法师也被称为玄奘三藏;"三藏"是指经、律、论,玄奘法师能通达三藏教典,因而被尊为"三藏法师"。"法师"一词是非常尊贵的称呼,如果经、律、论没有完全通达,不能称为法师;所以要当一位真正的法师,应该立志学习古贤人,用心透彻道理,学佛的心一片清净,则天下无事不透彻。

缘起分

叙事证信

如是我闻：一时薄伽梵游化诸国，至广严城，住乐音树下。

《大智度论》云："佛法大海，信为能入，智为能度，如是义者，即是信。"信心是入法的基础，有信，才能起解；如果无信，就无法行解，不能兴起探讨佛法的意念，更不能进入佛法的大门，进而了解佛法、实行佛法，所以"信"是学佛者的根本；有"信"，才能够深入探讨佛法，进而信解实行。

为什么要修行？因为"众生如隐"，众生身处于黑暗，长年累月难得见到光明，因此无法看到人世的真理，在不明事理之下，容易犯错而沉沦三界难以自拔。

若想追求真理，一定要有"信"；人生有"信"就需要"如"。如就是真，真如本性就是清净、光明，万物一统的真理法则就是"如"。

佛陀或古圣先贤所说的道理无不是"如"，也就是"如真理而说法"，所以诸佛、圣人显现出真理而说法；所谓"信者称如是"，确实相信者即"如是"。

"我闻",就是我亲耳听到佛陀所说的教法。这个"我"字,可以分成"四种我"——第一是"凡夫遍计我",因为凡夫都是我看到、听到,我认为、我所拥有、这是我要的……很多很多的"我",有了这种遍计的"我"存在,什么都以"我"为中心而计较、争取。

到底"我"是什么?人生无常,人命在呼吸间,有呼吸时,身体可以动、可以思考,这时还有"我";没有呼吸时,身体无法动、没有思想,"我"又在哪里?有的病患虽然身体还在,但是头脑已无法思想;也有的是头脑还清楚,身体却不能行动,这时"我"在哪里?倘若突然一口气不来,"我"又在哪里?

回想桃芝台风袭台时,瞬息间隆隆大水从山上倾泄而下,明知危险也来不及逃避,灾区有很多人因此失踪,始终找不到,许多家属痴痴地等待,孝顺的子孙不忍离去。那一望无际的石头废墟,房子、田园都荡然无存,死去的人在何处?连叫一声"我在这里"的机会都没有。

人生,有一口气在时,就是以"我"为中心,这就是"凡夫遍计"的我;这种遍计的我就是烦恼,这种烦恼有时说不出,只能放在心上。

桃芝灾后,我曾前往凤林荣民医院,看到许多悲伤的家属守在棺木旁边,其中有位十多岁的少女在烧冥纸,那里地方狭窄，火烧得很旺，加上天气炎热，实在令人热得受不了，只见她一边烧一边哭，原来她的父母、兄妹全部罹难。她因离家到花莲市读书才逃过此劫，现在全家只留下她一个人，到底她的亲人在哪里？看她烧着冥纸，哀伤的神情，真的很心痛。

忽然来一位女人，向我跪了下来，吱吱啊啊的，双手一直比画，我赶紧先扶她起来、安抚她，一旁的志工告诉我她是聋哑人士，无法说话。我赶紧轻抚她的胸口："你安心，有这么多人在关心你。"

她就一直点头，自己也抚着胸口。她手上戴着一只手镯，一旁的志工解释，那只手镯是姊姊的随身之物，也是靠着它，才找出姊姊的遗体。接着她又从袋子中拿出全家福的相片，一直跟我比着：这是大姊，这是老二……

看她说不出"我"，烦恼也有口难言，无法表达出内心的痛；她还是有"我"的存在，因为她有"我"的姊姊，以及"我"的姊姊和家人都没了，只是她的"我"说不出口。

谁没有"我"所爱的人？谁没有"我"所失去之后的悲恸？在这种苦难偏多的世界，真是苦啊！偏偏凡夫心，在黑暗中看不到真理，尽管已经显现出国土危脆的现象，人们并没有觉醒，这就是"凡夫遍计我"，在隐晦的地方无法显如，无法见到真理，实在是凡夫之苦！

叙事证信

第二种是"外道神我"。外道是以神的旨意支配自我,他们的信仰就是"神怎么说,我都相信",这到底是不是真理?当初的印度有很多外道教,将万物视为神:树有树神,水有水神,火有火神,修行就是以神为主,所以印度有很多外道苦行者。

这些苦行者,相信各种无奇不有的方式、执著修苦行,他们只相信神,而所信的神又非常复杂,所以是"神我",在我以外,还有一个神;而且各人所信的神都不一样,这叫做"外道神我"。

第三种是"二乘假我",无论是小乘声闻或大乘菩萨的修行者,能接受佛陀的教法,体会出四大假合或五蕴无我;能信仰佛陀的教法,去除我执,体解真理,就叫做"二乘假我"。

第四种是"法身真我",这种"我"已经超越大、小二乘,与真如体合,即诸佛的境界,叫做"真如"。这种法身真如的"我",能将光明、清净的本性显露出来。

现在说的"如是我闻"的"我"字,应该是随世流布、我蕴的假我,也就是二乘的假我,应该是指阿难自己说:"我亲自听到佛陀这么说。"

阿难已透彻真理,不是凡夫遍计的我,也不是外道的神我,应该是二乘假我;为了流传佛陀的教法,利用五蕴假合的"我"与大众说话。所以结集经典,通用"如是我闻"为证,证明"这本经是我——阿难实实在在从佛陀口中听来的"。

"假我"既是无常,我们就更应在分秒中把握时间用心体会,将真理的教法落实于日常生活中,这就是化无常为永恒,也就是恒持刹那。

"如是我闻",另有典故——佛陀将入灭时,内心最痛苦难受的是阿难,因为阿难随侍佛陀身边已有二三十年,眼见佛陀将要入灭,心中悲痛难抑,然而周围的弟子皆寂静地注视着佛陀,并无任何人哭泣,唯有阿难忍不住悲伤,就跑到外面的一棵大树下,放声大哭。

佛陀的弟子之一——阿那律尊者听闻佛陀即将入灭,就从远方赶回来。他看到阿难哭得十分悲伤,说:"阿难,佛陀即将入灭,我们将要失去教主,你应好好把握时间,趁佛陀尚未离去时,赶快请示重要的教法,不要浪费时间哭泣!"

阿难就问:"尊者,我真的很难过,现在我还能为佛陀做什么事?"

阿那律尊者就说:"佛陀的法身慧命必须永存人间,如何流传后世、长久不灭?此刻就要看你了。现在你要做的事情更重要,这是一种使命!"

阿难听到阿那律尊者如此说,他如梦初醒,心想:这分责任很重大,佛陀即将入灭,我必须把握时间请法。然而却无从问起,他又赶紧请教阿那律尊者:"我现在心乱如麻,想问的事情很多,却不知从何问起。"

阿那律尊者说:"你可以请示四件事:一、佛陀入灭之后,如何使人相信结集的经典是佛陀所说的教法?二、佛陀在世时,我们都以佛为师;佛陀离开世间之后,我们要以何为师?三、对于恶性比丘,要如何应对?四、佛陀在世时,我们都依佛而住,以后我们要依谁而住?"

阿难听了,立刻赶回佛陀身边,请示以上四项事情。佛陀看到阿难能为佛法流传后世而用心请教,欢喜地说:"阿难,我四十九年来所说的法,你都已经听过了,我入灭后,你是弘扬佛法的传承者,要负责结集经典,就以'如是我闻'四字为首以取信于人,也说明是你听我亲口说的法所结集而成的。"

此外,因为外道教的开经句是"阿优",阿优翻成白话就是"有无",意思是说万法不离有与无。佛教则以"如是我闻",意谓真理确实如此,由佛口出,从阿难耳入,再由阿难口中说出。

佛法是圆融的,真理是千古不变的,佛陀以其智慧,将天地宇宙万物加以整合。佛陀透彻世间的生死道理,说出"三理四相"的真理,不仅分析人有"生、老、病、死"的现象,还透彻众生的心理有"生、住、异、灭"的道理,世间万物有

"成、住、坏、空",这就是佛陀教法的真谛。不像外道笼统地论述,世间万物不是有就是无。因此一看到"如是我闻",就知道这是释迦牟尼佛的教法,不是外道的教法。

阿难又问:"佛陀灭度后,我们将尊谁为师?"

佛陀回答:"当以'戒'为师。"

佛教中的戒律,是佛陀所制定,戒律若在,佛法就昌盛,佛教徒应该依法不依人。不能因为弘法的人年纪轻就不尊敬,只要能实行佛陀慈悲救世的精神,具足法宝,并且能以佛法引导人,大家就要以恭敬心相待。这就是佛陀所制定的"以戒为师",也就是"以法为师"。

阿难再问:"佛陀灭度后,对于劣质比丘不受规戒,我们要如何应对?"佛陀回答:"默摈之。"对于不守规戒的比丘,应发慈悲心劝教,若已尽心尽力,仍不肯受教,只能无奈地"默摈"。

最后阿难再问:"佛陀灭度后,我们要依何而住呢?"佛陀回答:"依'四念处'(注)而住。"阿难说:"佛陀,我明白了;

注:四念处,指集中心念于一处,防止杂念妄生,以得真理之四种方法。
(一)身念处,观此身皆是不净。
(二)受念处,观苦乐等感受悉皆是苦。
(三)心念处,观心念生灭,更无常住。
(四)法念处,观诸法依因缘而生,并无自性。

我会将您的遗嘱谨记在心,依教奉行。"

佛陀入涅槃后,许多弟子都很伤心,各自分散四处闭门自修。迦叶尊者认为佛陀入灭后,佛法倘若没有结集记录,将来这些人年老、一一圆寂后,未来的经典要由谁结集?迦叶尊者号召所有常随佛陀身边的大德长老,在七叶窟集会,向大家宣布编辑佛陀的教法。

大家均有同感:这是佛陀的法身慧命,必须延续下去,也要选一位能将佛陀教法一一重述的人,才能结集。于是众人公推阿难,理由是阿难日夜跟随佛陀,再加上阿难记忆力很好,被大家视为最佳人选。

迦叶尊者先看看在座众人,再用慧眼来看阿难,然后走过去把阿难拉起来,严厉地说:"阿难,虽然大家公推你重述佛陀所说的教法,但是你尚未证得罗汉果位,心念未澄净,烦恼也未尽除,还不够资格结集经典,最好出去好好反省!"随即将阿难请出门外,将门关起来。

阿难在众目睽睽下,被迦叶尊者赶出去,当时非但没有一点埋怨和生气,反而很彻底地自省:是啊!从佛陀入灭到现在,我心中的烦恼都没有消除,这分情牵绊着我,真是很惭愧、很忏悔!

当夜他不断地自我反省、思惟:为什么同在佛陀的领导下受教，大家都能很快超脱，内心清净无烦恼，而我仍经常被感情束缚？

他彻底地反省、忏悔，忽然间他把一切都放下了，再也不受情感的束缚，内心轻安自在无比，好像有道光明进入他的心中，从此再也没有烦恼，于是他回到七叶窟敲门。

迦叶尊者就问："是谁？"

阿难回答："是我，阿难。我已经烦恼尽除，现在回来负起结集佛典的责任。"

迦叶尊者说："既然烦恼去除，已证得罗汉果位，就可以自己想办法进来。"

阿难当下显了神通，七叶窟的门没开，他就进去了，来到迦叶尊者面前恭敬地顶礼，感恩迦叶尊者成就他，将微细的烦恼都断除。

迦叶尊者欢喜地扶他起来，说："阿难，恭喜你将内心微细的烦恼都断除了。先前我对你严厉的态度，请不要见怪！希望能手画虚空，画过即无痕。"

阿难回答："我现在的心境就如手画虚空，画过无痕，感恩！"在欢喜的气氛中，大家请阿难上台，重述佛陀所说法。

阿难一上讲台，现出庄严的形象。原本阿难与佛陀就长得很相像，佛有三十二相，阿难有三十相。很多人看到阿难庄严的形象，不禁议论纷纷："阿难是否成佛了？"也有人说："是不是佛陀又回来了？"甚至有人说："是不是他方佛来了？"

看到大家心中起疑，阿难开口就说"如是我闻"，这时大家的心才平静，知道阿难还是阿难，不是他方佛到来，也不是佛陀复活。阿难说"如是我闻"，是为了让大家了解：这些法是我听闻佛陀所说的，不是我阿难自己说的，所以大家要信受奉行，这就是"息诤论"。

因此"如是我闻"有三大因缘：第一、遵佛遗教。第二、异外道。第三、息诤论。

另一个典故——阿难出世那天，正是释迦牟尼佛成道之日。有人会认为：佛陀成道时阿难才出生，阿难二十岁出家后，在僧团中非常杰出，形态庄严，很有智慧，最重要的是记忆力很好，所以大家公推阿难做佛陀的侍者。

当时舍利弗、目犍连、迦叶尊者等长老说服阿难当佛陀的侍者，阿难考虑了许久，后来提出三个条件：第一、我不穿佛陀淘汰的衣服，并非我慢贡高，而是避免受人议论我得到佛陀特别疼爱；第二、我不随佛陀单独受供，以免让人误解我在僧团中地位特殊；第三、佛陀前二十年所说的法我没有听到，恳请佛陀再为我重说一次。佛陀很欢喜地答应这三个条件。

第三个条件,让阿难毫无遗漏地听闻佛陀所有教法,前两个条件则是防范是非议论;从中我们可看出,佛陀在世时的僧团形态。佛陀为凡夫而来人间,也由凡夫进入僧团,所以出家与一般的团体生活并无太大的差别。

因此佛陀要大家"以戒为师",就是要警惕大家:出家乃大丈夫事,能毅然辞亲割爱,放弃一切名利,就应该身心清净、一心一志随顺僧团的规矩,就不应再有其他物欲的挂碍与私情亲爱,这是出家的毅力与勇气。

然而凡夫的习气难调难断,犯规逾矩者依然有之,因此佛陀入灭时,留下教诲大众的遗教——以戒为师;要守好自己的本分,谨守戒律规矩。

"以戒为师"很重要,就像有人问我:"全世界上有这么多慈济人,师父又从来不出国,如何管理? 用什么制度管理?"我都回答:"以戒为制度,以爱为管理。"看看全球慈济人谨守"慈济十戒",不就是以"戒"为制度吗? 大家合心、和气、互爱、协力,不就是以"爱"为管理吗?

所谓管理,重要的是"自我管理",假若自我管理得不好就会脱轨。修行也是如此,戒不是规范别人,而是规范自己不要逾矩;四正勤——"未生恶令不生,已生恶令速断,未生善令速生,已生善令增长"。自己若生起恶念,要赶快自我制伏；看到别人殷勤精进用功，要生起赞叹心，自己也要见贤思齐发心精进；既然已生善，就要令其增长，这就是以爱来自我管理、用爱来关怀他人。

舍弃小爱出家修行，无非是为了投入大爱——爱普天下一切众生，这是佛陀来人间的目的。从"如是我闻"的因缘和典故，我们可以体会佛陀将入灭时的心境，以及对世间的挂虑。更要感恩阿难尊者，能以智慧分明是非，勇于承担责任，佛法才得以流传至今。

"一时"，所指的是何年何月何日？既然阿难是从佛所闻，为什么不说明年、月、日？

这是当初阿难、迦叶尊者，以及所有参与结集经典的大德比丘们所做的决定：以"一时"表示佛陀说法的时间。因为佛陀说法，各界均来听法，要明确记录时间，要以何处为标准，这就可能会有困难，更何况还有未来。

佛陀的教法，将流传于众生世界——只要有生命的地方，就需要佛法。但是众生界的时差不同，光是人间的时差，问题就很大了。

譬如：台湾的时间就比美国早了十多个小时，应该算是台湾当天的早上，还是美国前一天的下午呢？

犹记萨尔瓦多震灾时，美国和台湾的慈济人前往赈灾，每天一早六七点出门时,打电话回来向我报告前一天的工作情形,以及当天的行程。那时必定是台湾晚上九点左右,我们正要休息,他们则要出门工作。

由此可见,同在地球上,时间就相差这么多;既然无法确定什么时间,便统称为"一时"。况且佛陀的教法不只度化人间的众生,也度化天堂和地狱的众生;例如:地藏菩萨在地狱教化众生,佛陀在忉利天为母演说《地藏经》。但是人间、天堂、地狱的时间差别何其大?

佛经里若提及时间,差不多都以"劫"计算,劫又叫"劫波",就是长时间的意思。若以人寿解释,应该从"劫初"即人寿最初的八万四千岁开始算起,每过一百年减一岁,一直减到人寿十岁,这就是"一减劫"的时间。

现在人的平均年龄约七八十岁,因为现在正在减劫中,人寿会愈见短促,所以难得百岁。

有些人会认为:现在人的寿命长多了。其实现在天灾、人祸、意外伤亡不断,人类平均年龄确实在减少中,尤其减劫时期正是恶世末法时,大、小三灾不断发生。回顾这几年,无论萨尔瓦多、印度或其他国家的地震,夺走不少人命;又如非洲的贫穷国家,因干旱饿死不少人;侵袭台湾的桃芝台风,瞬息间带走多少生命?南非、印尼、菲律宾、大陆等地,也都传出水灾……

将这些国际灾难汇整,每天在地球上发生的灾难实在很可观。虽然现在人口不断地增加,但因天灾、人祸损失的人命很可观;所以,人命是在减劫中。

当世间面临毁灭时,不只无情的器世间被破坏,甚至有情的心灵世界也遭到破坏;心灵世界,就是道德世界,道德伦理败坏殆尽,人的善良本性日渐沦丧。

末法时期,人心会偏往恶的方向,污染的恶念便不断地产生。世间不只国与国之间会发生战争,以及仇恨的伤害,有时甚至连好朋友也会反目成仇互相伤害。到了人寿减到最末端,即人寿十岁时,那就是战祸连连了。

我觉得现在的生活就已经充满危机,例如有不少农作物都喷洒农药,不知情的人经过闻到农药味,或是农药的药效还没过就采收农作物食用,都是很危险的事。尤其现在科学发达,致命的物质愈来愈多;土地受到化学废弃物的污染,收成的稻米含有镉的成分,人吃了会中毒。在无形中人类制造了许多的人祸,损坏生命的方法更不计其数,这也是人寿不断减少的原因之一。

总之,当人心最恶浊、天下最乱、道德完全毁灭时,就是大灾难现前的时刻。如何保障健康的人生?必须每个人生起大忏悔心,启发人心的道德观念,重新建立伦理秩序,这样才开始每经过一百年增加一岁,如此一直增加,生命才愈来愈有保障。当人寿增加到八万四千岁时,这段时间叫做"一增劫",而一增一减经过同样长的时间,这就称为"一小劫";累积二十个小劫是一中劫,四个中劫就是一大劫。

"劫"所代表的时间太长了,佛陀来人间,不是以年月计算,而是以"劫"计算。修行学佛也须如此,要抱着长久、恒持的心,从分秒中不断地累积道业,才能有所成就。

佛陀的教法,是为了度化众生,必须适应有情众生界不同的生活时间。所以,佛经里以"一时"表示时间最适当,可以含括每个世界、每个境域。

"薄伽梵(bhagavat)"是梵文译音。因为含义很广,所以只译音不译意,这是对佛陀的尊称;佛陀有十个称号,其中一个称号即"薄伽梵",意指"说法主"——释迦牟尼佛。

除了尊称之外,还具有多种意义,包含吉祥、端严、炽盛等意义;凡是修行觉悟成佛的,都是吉祥者,故知佛是"大吉祥者"。

佛陀具足三十二相,八十随形好,端庄而威严;"薄伽梵"也表达对佛陀端严形象尊敬的意义,学佛就是在生活中,学习行住坐卧的端庄威严,这是学德的形态,因此说"端严"。

"炽盛",即天地宇宙之间一切学问、智慧非常饱满,所有吉祥形貌皆无缺,也就是尊仰佛陀法相德行的圆满。

薄伽梵的另一重意义是"巧分别",意指佛陀的智慧通达宇宙万物的真理,并将之一一分析。从原本万物皆"空",到万物形"成"的阶段,再分析到经历时间、无常的摧毁破"坏",最后又归于"空",进而了解万物都是"地、水、火、风"四大假合而成,既然如此,当然空、有无碍,这就是佛陀的智慧。

科学愈发达,愈能让人体会佛陀的智慧高超。现代的教育,科系分类细微,每个科系都花费很长的时间,借重精细仪器研究,最后才将研究所得分析归纳。

佛陀在两千多年前,就已经将宇宙万物的道理,无论是物理、心理、生理,以他亲证的智慧,从道理的源头,清楚地向弟子演说了。

记得以前在戒场受戒时,戒师发的钵中有一个滤水囊,现在则是一块白布。在佛陀时代,每位出家人出门,除了带钵之外,还带一个用白布缝制的袋子,每次喝水前,都先将水用白布袋过滤后才喝。因为两千多年前佛陀就以智慧观照说:"每一滴水,都含有无数无量的生命。"以现在的名词而言,就是指细菌。

这则"佛观一钵水,八万四千虫"的典故,来自于有一天佛陀与阿难行走在树林间,佛陀觉得口渴,就向阿难说:"你到溪边取一钵水给我。"阿难就到溪边,舀了一钵水来供养佛陀。

佛陀将水接过来,用佛眼透视这钵水后说:"阿难,你看这钵水中有八万四千虫。"

阿难仔细地看:"佛陀,水这么清澈,哪里有虫?"

佛陀说:"有!里面有很多细微、用肉眼看不到的生命。"

阿难请问佛陀:"那要怎么办?"

佛陀告诉他:"用白布过滤。"

我们可以将古老的经文与现在的科学对照;现代的科学,能将污染的水变成干净的水。譬如几年前委内瑞拉因洪水泛滥而死伤惨重,环境也遭受严重破坏,我们去帮助他们,首先就运送一部净水机过去,可以将海水变成淡水;也能把脏污的溪水过滤成干净的水,每天制造的净水能供应五万人使用。

两千多年前,佛陀观看一钵水,就知道有细菌必须过滤成净水才能喝,这种卫生观念的智慧,不正是"巧分别"?佛陀透彻世间万事万物的真理,对世间的一切相、非相无不了了明达,这就是佛陀的智慧。

薄伽梵还有"能破"的意义，破除众生的烦恼无明。其实了了明达的智慧众生皆有，只因被无始以来层层叠叠的无明烦恼所束缚，以致无法彰显。唯有佛陀——大觉悟者，才有办法破除众生无明的束缚。

我们有幸得闻佛法，可以将烦恼层层祛除；还有很多人没有因缘会遇佛法，而无法舍掉烦恼。有幸者应该珍惜这分会遇佛法的因缘，要深信佛陀的教法，"信为道源功德母，长养一切诸善根"，心中若有疑惑，信念就会消失，因为疑也是烦恼之一，是精进的障碍；对佛法不要起疑心，才能解开无明束缚。

能深信了解佛陀教法，行走菩萨道；才能知道面对芸芸烦恼众生，如何转恶缘为善缘、转烦恼为菩提？这都需要磨练，才能在菩萨道上勇猛精进，到达佛的境界。

"游化诸国"，释迦牟尼佛成道后，要将他的智慧及宇宙真理向世间人宣达，于是"游化诸国"。

当初古印度是以城为国，一个城就有一个国王。这些国家大都分布于恒河两岸。恒河流域广阔，佛经中时常提到恒河，恒河的起点有多远？当时的印度人无法测量，因此称之"从天来"。现在已知印度恒河的源头在喜马拉雅山，也就是古印度所称的须弥山，有八千多米高。

佛陀成道之后，在恒河两岸游化。"游化"二字令人觉得非常逍遥自在，现在的出家人则是"教化一方"，像我出门行脚，应该和游化的意思差不多。佛陀当时领着弟子们以徒步而行，是真正的行脚，一村、一镇、一城，慢慢地向前进；因缘成熟了，就与人说法结缘，众生接受教化后，得以心开意解，这就是佛陀游化人间的方式。

现代人都是与人约好时间，出门赴会就搭公车、坐火车，甚至搭飞机。以我个人的这一天行程为例，早上志工早会结束后，匆匆忙忙地赶到慈济中小学，参与全美文化交流会。会上看到很多从国外回来的孩子，他们有些因为父母移民，有的则因为学业而前往美国。共同的特色，都不太会讲中国话，也不知道中国文化，却有心回来学习。

听孩子们使用不同的语言心得分享，不禁感慨：在世界上，同为人类，为什么会有这么多种不同的文化、语言，生活和教育方式也完全不同？

如何净化人心？如何将人人的志愿、观念、思想调和得有志一同？如何使人生方向正确而无偏差？实在不容易。我常说有心就不难，果然十多天的时间，孩子们学了不少中国功夫与文化；甚至还学会如何惜福，以美的心境观看天下，以枯枝干叶作成精美艺术品。如此不也是启发他们的智慧与思考吗？

天地万物含有教育的意涵，只要用心观察、体会就不困难。有位读小学五年级的孩子，国语说得很流利，他的家庭成员都是慈济人；心得分享时，他说回来学了很多，了解了什么是爱，甚至还说："请师公保重，您一定要等我长大，我长大之后一定要学师公！"

看到这么可爱的孩子，心灵那么纯真，所见所闻都很美，善与爱打动了他的心，只要他发菩萨心，将来也会成为大菩萨。

之后，我到静思堂与东部委员做桃芝风灾赈灾之汇整检讨，听他们心得报告，也给他们一个方向。结束后，再与数百位教联会的年轻老师们见面，除了鼓励之外，也与他们谈谈人生的方向，并且提醒他们：当自己发愿要当老师时，刹那的愿要把握至永恒。

这一天的行程结束了。从精舍到慈济中小学或到静思堂，无不以车代步；无法像佛陀时代，带领几个人从精舍步行到中小学、静思堂、再回精舍，因为把时间都花在步行上，就无法再做其他的事。

由于时代不同，修行方式也不同。佛陀带着僧伽靠着双脚游化恒河两岸诸国，真的很了不起。

"至广严城",广严城是佛说《药师经》的地点,平常阅读佛经时,看到梵语音译"毗舍离",就是广严城。广严城是一个很大的都市,土地辽阔,文化、教育水准很高,而且物阜民丰,聚居众多人口。

佛陀准备对当地民众施以教化,因此"住乐音树下"为道场。佛陀在世时,说法的地方都不一定,有时是国王大臣邀请在华厦殿堂说法,而大多数都在凉爽的树林处席地讲演。此处的乐音树,不是一棵或两棵树,是广严城郊外一座很茂盛的树林。

树林中微风一吹,枝叶相互摩擦,就像音乐一样。我们每日的晨课,如果静心聆听,树上鸟儿的鸣叫或风吹树梢的声音,都是很美的境界。尤其心静意专,听佛说法时,除了佛陀说法的声音,还有大自然的鸟声、风声、树声微微地配合,自然一切美妙如同乐音一般。

在乐音树下的场地很好,也召来很多听众,到底有多少人前来听闻佛法?

与大苾刍众八千人俱,菩萨摩诃萨三万六千,及国王、大臣、婆罗门、居士、天、龙八部,人非人等,无量大众,恭敬围绕,而为说法。

"大苾刍",就是平时所说的比丘。这部经中只译音不译意,因为比丘有"乞士"、"破恶"、"怖魔"三种意义,所以义多者不翻译;"大"并非指年龄的大小,而是能精勤修学,业已断尽一切烦恼,证得无学阿罗汉的圣者。

比丘发心修行,听闻佛法,了解众生之所以轮回六道、堕落三途,无不因众生心中垢秽所成。心灵的垢秽即贪、瞋、痴、慢、疑;学佛最重要的,就是学习如何去除贪、瞋、痴以及净化自己的心。

众生因为"贪"字而被私爱、私欲染著,争夺私我利益,只爱自己所偏爱的至亲,这都是偏私的贪爱。万恶不都是从贪开始吗?这就是恶。比丘"辞亲割爱",离开家庭,心不受私爱所染著,就是"破恶"。

佛陀在世时,比丘单一法门就是"随佛、学佛",佛怎么说就怎么学。不过即使佛陀在世,也有难以调教、不守规则、教戒的六群比丘、比丘尼;更何况佛陀入灭后,要以谁为师呢?佛陀遗教说"以戒为师"。

僧团之所以有戒律,多源自僧者越轨、犯规,招致社会大众对僧团的不谅解,佛陀才一一制戒,只要有人犯了过失,佛陀就制定一条戒律;无非是要弟子断除恶念,好好净化己心。

"破恶",意即恶念产生立即断除;恶念未生,则照顾好自心,不让恶念产生。所以破恶不但破除贪、瞋、痴等恶念;也是尊重自己。既然选择修行,就要"守志奉道",才能"其道甚大";倘若只想"博闻爱道",则"道必难会"。

当初自己发心,就应该要坚心立志、恒持刹那;否则时时起心动念,对过去杂想或妄想未来,对身心都是有害无益。

因此学佛,必须好好遵守本分,要有勇气断除恶念,破除内心的动念。贪、瞋、痴恶念会伤害慧命;修行就要开启自己的智慧,如果一时执著自己,往往会受到自我心魔困扰。

其次,比丘具有"乞士"的精神。佛陀在世时,要比丘少欲知足,净化内心,破除一切烦恼执著,过着简单自然的修行生活;为了顾及身体健康,比丘也需要向在家人"乞食"以滋养生命;现在出家人多能自力更生,不需要向大众乞食;然而"众生即道场",大家也可以在众生中学到很多"世间法"。所谓"三人行必有我师焉",看到错误的人生,我们要警惕用什么方法断恶修善。最重要的是向佛陀"乞法",求得"出世间法",以长养慧命。这就是"上求下化"——求得佛的智慧纠正众生的错误。

三是"怖魔"。心中的魔比外境的魔更厉害,佛经解释的是"三界之魔",一个人如果能清净自心,就不受三界魔王所控制,最重要的是,不受自己的心魔所牵绊;倘若自己有所执著,就是着魔,心魔缠绕,心就无法开阔,不能放下烦恼。发心修行,就要开启自己的智慧,不要执著只有自己,以免魔困自心。

三界魔王最怕有人出家,一旦有人出家,魔宫就会震动。其实魔宫就在我们的内心,如果心存邪恶之念,就是处于魔宫;学佛,就是要寻找一条正确的道路净化自心,才不会受到心魔所缚。

经文中说,佛陀的四众弟子——比丘、比丘尼、沙弥、沙弥尼,有八千人俱,还有菩萨摩诃萨三万六千,及国王、大臣、婆罗门、居士、天龙八部、人非人等,无量大众恭敬围绕,而为说法。

"菩萨"是上求佛道、下化众生者,遵从佛陀的教法,以其慈悲、不舍苦难众生而投入人间,并不断地向佛求法,以开启智慧。

在此所提到的菩萨都是"摩诃萨";摩诃萨就是大菩萨,也就是与佛境界相近者。例如:观世音菩萨、大势至菩萨,虽是在西方极乐世界辅助阿弥陀佛,却不忍世间苦难众生,同样投入娑婆世界救度众生。

娑婆世界中有文殊师利菩萨、普贤菩萨辅助释迦牟尼佛。文殊、普贤皆是大士菩萨，贤劫早已成佛；如文殊师利菩萨是七佛之师，曾教导过七尊佛，待成佛之后，又现菩萨身，在娑婆世界辅助释迦牟尼佛，故称大菩萨。

东方琉璃世界中，有日光遍照菩萨、月光遍照菩萨辅助药师佛，一样不忍众生受苦，因此来到人间救度众生。这些"摩诃萨"大多是过去已成就的大菩萨。

释迦牟尼佛说法时，有十方诸菩萨前来听法。在乐音树下，释迦牟尼佛宣讲《药师经》的法会中，有三万六千大菩萨前来参与法会，此外还有国王、大臣、婆罗门、居士等，可想而知法会的盛况。

释迦牟尼佛以贵族身份出现人间而修行。他贵为一国王子，倘若在家将成为国王，为贵族中的贵族。所以当他修行成道后，在恒河两岸游化，普受各国国王、大臣、婆罗门等所尊重。

不只因为他的贵族身份受到敬重，而是他已证得正等正觉，通彻宇宙万物的真理，堪为人间的师表，不论到哪个国家，上至国王，下至人民都非常敬重他。因此佛陀讲经说法，少不了"国王、大臣、婆罗门"这些印度贵族。

当然还有一般社会民众——"居士",因为佛陀提倡平等,不分种族、地位、贫富、贵贱,一律平等,他出家就是为了打破不平等的观念。所以一般民众,即使是贱民、奴隶或乞丐,都可以列席听佛说法。

还有非人类的"天龙八部";天龙八部,在古印度的宗教观念中最受尊重,因为天龙能使气候变化,让各国的国土,该下雨时下雨,该晴天时晴天,大地万物才能正常成长,深刻地影响人民的生活。所以虽然肉眼看不到天龙八部,但是却在人民的心灵上有所畏惧与尊重。

这些人及非人等,无法以人间的计数衡量,故称"无量大众"。无论菩萨、大菩萨或国王、大臣或天龙八部,人与非人等来此都是恭敬围绕。

印度的礼仪,在作礼之前,先在四周绕三圈,然后再恭敬作礼;一方面也表示听法的人多,不只是坐在佛陀的面前,前后左右都围绕着,大家都怀着恭敬心,这就叫"恭敬围绕"。"而为说法",表示此时佛陀开始准备说法,因为说法的因缘具足。

"如是",是信成就;"我闻",是闻成就;"一时"是时成就;"薄伽梵"即佛,是说法主,即主成就;"至广严城,住乐音树下",是处成就;"与大比丘众八千人俱……无量大众",是众成就。

佛陀说法,不仅时间恰当,大家有信心,还要有处所、场地和听法的人,一切因缘全都具足,才开始说法。因此每部经开讲前,必须有"六成就"——信成就、闻成就、时成就、主成就、处成就、众成就,缺一不可。

如同现在讲解《药师经》,也要选择恰当时间。每天大家都很忙,各人有各人的职务,即使对这部《药师经》都有信心,知道是针对现在社会的需要而宣讲,但是若没有适当的时间,也无法聚集大众听讲。具足信心,又有大众听讲,也要有场所,因此不论做任何事情,都必须因缘具足。

当机请法

尔时,曼殊室利法王子,承佛威神,从座而起,偏袒一肩,右膝着地,向薄伽梵,曲躬合掌。

"尔时"即是在乐音树下,大众围绕佛的周围,众缘具足的时刻,大家静下心来,准备听佛说法。

佛陀说法,除了无问自说之外,还必须有当机者。因为听法的人众多,到底大家想听佛陀讲演什么法?佛陀要为这些人说什么法?都必须有人先行请法;而请法者必须有高超的智慧,懂得先思考:如何消除众生心中的烦恼?

在《药师经》中,首先的当机者就是"曼殊室利法王子"。曼殊室利,一般经典多数音译为"文殊师利",意译为"妙吉祥"或称"妙智慧"、"妙德"、"妙首",意即具足超然微妙的智慧。其实是同一个人。

文殊师利菩萨早已成佛,名号"龙种上智尊王佛",是古来佛。成佛之后,又倒驾慈航在人间以超然的智慧,时时说法度化众生。只要有人发心,根机契合,他就发挥智慧教导对方,前后有七位接受他的教法而成佛,故为七佛之师。

所谓"般若是诸佛之母",文殊师利菩萨既是菩萨中智慧之首,因此也能称之为诸佛之母。每个人学佛,无非是为启发自我的智慧;智慧成,佛德才会成,智慧是成佛之本。

佛陀曾说,众生与佛的智慧平等,在佛不增,在凡不减,只是凡夫迷失,智慧受到烦恼覆盖,诸佛菩萨前来人间,即为我们扫除烦恼、开启智慧。

众生本具智慧,只因被烦恼遮蔽,以致苦恼难断,在生死中起心动念;佛陀的教法,就是要启发众生心中本具的智慧,指示、教导众生消除烦恼的方法。

天地万物所有真理,都蕴藏在佛陀的心境中,所以佛陀能统领大众,启发大众无明之心,令一切众生知法妙理,故称佛陀为"三界导师"、"众生之父",也因此称为"法王"。

为何文殊师利菩萨称为"法王子"?就像古代的国王往生,由王子继承一样;佛圆寂之后,就由文殊师利菩萨继承法王的位置。这表示文殊师利菩萨能体会佛陀的教理,智慧与佛同等,才能作为《药师经》的"当机者",在法会上对听法大众的心灵有所启发。

大家是否疑惑他既是七佛之师,为何又成为佛陀的继承者?因为菩萨是超越的,能彼此不断轮替,互相成就。文殊师利菩萨虽已成佛,为了度化众生,慈航倒驾再来娑婆。

虽然释迦牟尼佛曾受教于文殊师利菩萨,但是文殊师利菩萨仍前来娑婆世界,辅助释迦牟尼佛,这种亦师亦徒的轮替精神,正显示佛法与大自然法则是同样的道理。

"承佛威神,从座而起",文殊师利菩萨并未因过去已经成佛为傲,他仍以弟子之礼恭敬启请佛陀说法;这种虔诚与敬重,正是佛弟子的模范。

"承佛威神",意即承蒙释迦牟尼佛的威神德行,所以有如此众多的菩萨、比丘,及国王、大臣、婆罗门、平民等,甚至天龙八部都聚集来此参与法会。

文殊师利菩萨不但具有"妙智慧",只要有他在的地方,就是一片祥和,所以也称为"妙吉祥",他能缩小自己、尊重佛陀,以"承佛威神"一词形容,即可看出他对佛陀的敬重。

"从座而起,偏袒一肩",便是以很恭敬的态度从座位起身,还整理身上的服饰。衣服代表礼节,穿得整齐、干净与人见面,这表示尊重。如果穿着邋遢,不仅表示不尊重对方,也代表自己的人格邋遢。在人间都必须注重穿着,何况是在佛的面前?所以文殊师利菩萨起身时先把服装整理好。

印度的穿着是以"偏袒一肩"表达尊敬。如出家人课诵礼佛时,穿着海青之外还有袈裟,袈裟是偏袒右肩,这是传承印度当时的穿法。中国人与印度人的服装虽然不同,但为表示我们是佛弟子,所以穿着袈裟,即表示恭敬的礼节。

"右膝着地,向薄伽梵曲躬合掌","薄伽梵"即世尊释迦牟尼佛。这段经文表示文殊师利菩萨右膝着地恭敬地跪下,向释迦牟尼佛弯腰、双手虔诚合掌致敬,表示最恭敬的礼节,礼拜佛陀。

白言:"世尊!惟愿演说如是相类诸佛名号,及本大愿殊胜功德,令诸闻者业障消除,为欲利乐像法转时诸有情故。"

文殊师利菩萨既已成佛,也是七佛之师,怎会不知道过去诸佛的名号及其本愿;但是在礼仪上,娑婆世界的教主是释迦牟尼佛,文殊师利菩萨既退居菩萨位阶,当然要依礼恳请佛陀为娑婆众生说法。

以文殊师利菩萨的智慧,不但能观察众生的根机,以及当时社会背景的需要,甚至还考虑到未来的众生能否接受。因为未来的众生,如果一直处于污浊秽土中,就会想追求清净的世界而受持"念佛净土法门",期待将来往生净土。

众生的根机普遍接受西方净土,当然也能接受其他净土。因此文殊师利菩萨希望佛陀能借此时机,再开启一扇净土法门,因此礼请佛陀解说诸佛名号及其本愿。

由此可知,文殊师利菩萨已说出当时众生心灵所追求的。他向世尊禀告"惟愿演说如是相类诸佛名号",也就是他的内心有一个愿望:请佛为大众解释,来人间教化众生的诸佛菩萨,他们的名称及教法。

"本大愿殊胜功德",即每尊佛来人间都有愿力,其修行的过程都有殊胜的功德。诸佛的愿力、功德都是启发众生的模范,因此礼请佛陀讲说诸佛之德。

"令诸闻者业障消除,为欲利乐像法转时诸有情故",就是让参与法会的人,听闻佛法之后能够比照学习,生起忏悔心,消除自己的业障。

从这段经文可以了解,以佛法而言,在像法之末,末法之始的时代,众生烦恼很多,社会形态紊乱,非常需要佛陀对机说法。文殊师利为像法、末法时期众生作当机者,向佛陀乞请,也正是佛陀讲演这部经的缘起。

"为欲利乐像法转时诸有情故",除了让当场听法的人可以心开意解、去恶从善、消除业障之外,还顾及未来众生的利益,祈使众生拔除苦难,得到快乐。

佛法有三个时期:第一、正法时期,也就是佛陀住世时。佛陀证得正等正觉,以其智慧及愿力,在印度恒河两岸游化诸国,所到之处普受国王、大臣的尊重。

以前行脚全靠双脚,一乡一镇、一城一市不断地游化,由佛陀亲自面对面说法,教化众生;大家相信佛、尊重佛,不但接受佛陀的教法,也能依教奉行,这是正法时期。

正法时期能听闻佛陀说法,信受奉行,心无疑问,证果就很快。常在佛经上看到"一闻即证",即闻法后心一转,就能证得果位,这是彻底的信仰,心中的疑问尽除,能深入体会佛法的奥妙。

倘若听法时很欢喜,转身就忘了,或者听闻之后行为和习气还是无法改变,抑或听时欢喜也能记住,却无法落实在日常生活中，这都是信得不彻底，心中的疑惑没有完全扫除，对佛法的理解还是模糊不清。

正法时期众生业力轻，烦恼垢少，接触佛法之人大都信而无疑，因此能一闻即得开解，扫除一切烦恼而证果。尤其佛陀正面授教，所以得度、解脱的人众多，这叫做"正授时期"，即"正法"时期。

"正法"住世只有五百年，有的认为一千年。无论如何，正法时期过后，佛法在人们的心目中，逐渐似有似无又似是而非，众生的烦恼日渐复杂，对佛陀的正法也日益曲解。

每个人对佛法的了解不尽相同，以自我的见解说法；听法者也将佛法断章取义，以致凡事好像都很贴切，这叫做"像法"。

"像法"住世则是千年。大陆敦煌有很多佛窟，在阿富汗也发现千年历史的佛窟和大佛。在佛陀入灭后，佛弟子思慕佛陀，想将佛陀的形象留在人间，因此就开山挖洞，雕刻出想象中的佛陀形象和菩萨世界。后人则相信雕刻佛像具有功德，许多佛教徒抱持"虔诚恭敬佛即在"之心，而雕刻佛像礼拜。

佛灭度后，佛法传至中国，丛林林立，很多名山都有佛教的道场。寺院也从深山普及城市，大家看到佛像就恭敬礼拜,这是像法时期,信仰大都专注在形象上,虽然佛已经灭度,但是由于人人心中有信,才能对佛像生起恭敬心。然而对佛法就易于产生疑惑,要接触佛法的机会也比较少,因为正法已渐趋式微。

佛陀在世时,面对面地对人说法,才是最真实的。佛陀灭度之后,不论如何雕画佛像,没有一尊是佛陀真实的形象;佛陀真正的法身,就是佛陀的理念。我们能随着时代运用佛陀的理念度化、教育众生,使众生的烦恼转成菩提,错误的见解转成正确的人生方向;那么正法就会常住人间。

倘若一味地执著于文字、自我的见解,即使佛陀在世亲自说法,也无法接受佛陀的教法,就如提婆达多虽然随佛出家,但是他的心不守正轨,和他有相同见解的人,受他的唆使,就随着他反叛佛陀,另创一个僧团。

佛陀在世时,僧团中也并非百分之百全然接受佛陀的教法;所谓"正法"就是佛陀的法身,也就是佛陀的精神和智慧。正法、像法、末法,只是表示时代中多数人的心灵比例。

佛陀灭度后,像法时期佛教更昌盛,因为此时已由印度往外传播,尤其是东传至中国,而后发扬光大。

在中国,当时有许多高僧大德冒着生命危险,辛苦到印度取经,并详细翻译,佛法始于中国兴盛和流传,然而在盛况中是否都能落实修行？接受佛法者仍有争端，进而分门别派，这些都是在像法中产生的现象。

千年之后，像法又慢慢转变为"末法"，佛经上说像法住世一千年后，开始转为末法，假设正法、像法住世一千五百年，佛陀灭度迄今已经超过两千五百年，按照时间计算，是末法时期。

我们在末法时期，也不要太过消极，只要真正落实佛陀的精神理念，人心不偏私、不执著，能够尽除烦恼，破解自私、愚昧的心态，那么还是正法时期。

佛法常住人间，若能善加利用，以"正智慧"面对一切，就如现在到处能见助人的善人，就是正法常住我心。

由于末法时期苦难偏多，为了救拔末法众生，文殊师利菩萨以慈悲、智慧祈请佛陀说法，利益像法转时的末法众生，为众生拔苦与乐。

阿弥陀佛修行成佛，为娑婆世界众生设立西方净土；药师佛也是一样度化众生，清净众生的心，最后修行成佛，成就东方净土。

净土应该是在人的心中，尤其中国人以人本道德观念为精神，人人如能接触佛法，从经文的意涵去感受，除了心中欢喜以外，同时要感恩，最重要的是依教奉行，心地就能开辟成一片净土。

尔时,世尊赞曼殊室利童子言:"善哉,善哉,曼殊室利!汝以大悲,劝请我说诸佛名号,本愿功德,为拔业障所缠有情,利益安乐像法转时诸有情故。汝今谛听,极善思惟,当为汝说。"

"尔时"就是文殊师利菩萨虔诚启请的时候。

"世尊赞曼殊室利童子",世尊释迦牟尼佛很欢喜地赞叹文殊师利菩萨。

"善哉,善哉"即是释迦牟尼佛对文殊师利菩萨的双重赞叹:第一、赞叹文殊师利的智慧,能观察未来众生的根机,了解未来人心所需要的教法。

第二、赞叹文殊师利不为自己请法,而为未来的众生请法。因为文殊师利菩萨早已通晓一切法,何必再向佛请法呢?无非希望藉由佛口来教化未来的众生。

"曼殊室利童子"前面称"法王子",为什么世尊在此又称其为"童子"?菩萨修行进入较深层阶段,有一位次称为"童子地",意谓菩萨的心很清净、活泼,毫无心机、充满智慧,有无限的爱心,如同童子一般地纯真。

文殊师利菩萨除了处于菩萨崇高的位次之外,还以特殊的身形——天真无邪,如童话般现身人间。所有的大菩萨,都应众生而以不同的身形来人间;例如观世音菩萨,多以女人身示现,而文殊师利菩萨则多以童子身形示化人间。

虚云老和尚传记中记载,虚云老和尚曾到五台山朝山拜愿,尽管寒霜雪冻,仍然没有放弃苦行,途中两次遇难,都是一位名叫文吉的人前来相救。到了五台山,有人告诉他:"你来求见文殊师利菩萨?其实你在路上就已经遇到了,那位名叫文吉的人,就是文殊师利菩萨。"这是公案之一。

另一则公案是,过去有位文喜禅师,非常仰慕文殊师利菩萨,他发心朝拜五台山,希望能见到文殊师利菩萨。然而他花了很长的时间朝遍五台山,却没有遇到文殊师利菩萨;最后他心灰意冷,自觉惭愧、业障重,才无法遇到文殊师利菩萨。

当他既惭愧又忏悔时,看到一个孩童牵着一头牛,自远处走来了。他就向牧童问路:"请问五台山文殊师利菩萨的道场在哪里?"这个孩童告诉他:"我不知道,但是我可以带你去问人。"

牧童就带他到一位老人家面前说:"你可以问他。"当文喜禅师和老人家说话时,那个孩童骑着一头青狮飘然而去,原来他就是文殊师利菩萨。这种公案很多,所以我们知道文殊菩萨多数现童子身游化人间。

释迦牟尼佛赞叹文殊师利菩萨无私、有智慧,尤其像童子一般的真纯。我们若能在佛与菩萨之间的对话上多用心,何须忧虑正法不常住世间,正法就在我们心中!

"曼殊室利!汝以大悲,劝请我说诸佛名号,本愿功德。"佛陀亲切地称呼文殊师利菩萨:"你以大悲心,为未来的众生劝请我演说诸佛的名号,以及诸佛本愿殊胜功德。"

大悲即"同体大悲"——菩萨的心与大地众生的生命是共同体,人伤我痛、人苦我悲,众生的烦恼就是菩萨的烦恼。

文殊师利菩萨知道未来的众生处于秽土,刚强难调,必须以柔软、慈悲对待。佛是最柔软、慈悲的,所以文殊师利菩萨礼请佛陀宣说诸佛名号、本愿功德,以消除众生业障,清净众生心地。

每尊佛出现世间,必定具足布施、持戒、忍辱、精进、禅定、智慧才能成就佛果,倘若欠缺六度,就无法普遍万行,这是佛佛道同的。除了爱的充分付出布施之外,也要持戒,行事合于规矩——诸恶莫做,众善奉行。还要忍辱,因为众生刚强难调,加上人、事、物的多方困扰,若不能彻底修持忍辱,无法平静地面对芸芸众生。同时必须精进修行,以坚定的禅力力行本愿,发挥圆融的智慧度化众生,这是诸佛来人间,必须具足的精神。

文殊师利菩萨劝请佛陀,宣说诸佛名号及其本愿功德,其实佛佛道同,每尊佛的本愿绝对不离救济众生,只是每尊佛出现在人间的时代不同,众生的病态也不同,众生的需求不同,所以诸佛来人间救度众生,也需要适应时机而发愿,各有其本愿及功德。

所谓"内能自谦即是功",内心的修持功力若不足,就容易受周遭的人事物影响。别人说句好话,就生起欢喜心而响应;别人若说句负面的话,就很快地受到影响,心中充满烦恼,这就表示心志不坚,不够用功。

内心的修养就是用功;能修持入心、坚定意念,就叫做"功",这是一种心灵境界。

"外能礼让即是德",倘若发心、立志坚定,对人对事所做的一切,无不是利益群生,"德"就现前。所以心志坚定、人格具足,就叫"功德"。

为什么有的人会人见人爱,或是令人一见就生起尊重?因为他能爱人也能尊重别人。人与人之间本来就是相互对待,如同照镜子,想看到镜中人笑,照镜人要先笑;同理,"功德"就是平时要净化自己的内心,在日常生活中,充分表达谦虚礼让,才能成就。

诸佛来人间都有其本愿——救度众生;同时也必须经过修行、教化的历程,这叫做"本愿功德"。为什么请佛陀宣说"诸佛名号本愿功德"？即是"为拔业障所缠有情",也就是为了救拔被业障所束缚的有情众生。

凡夫苦于"业障所缠",这是一种无形的心灵感受。外在境界是有形的,例如曾看到戴着脚镣手铐就医的人;因为他内心有烦恼,再加上外界不良风气引诱,未能守住自己的善良本性,以致作奸犯科,受到法律制裁。人生最苦是失去自由,何况异于常人地出现在公众场所,更是一种折磨,这种身心受苦,即是有形的业障所缠。

还有许多心灵业障是无形的,例如:我们能看到很多的人,却看不到人人内心所想的,到底是欢喜或是烦恼;当然别人也无法触及我的心灵世界,唯有自己才感觉得到。

修行的目的就是希望能消除业障,回向文第一句就是"愿消三障诸烦恼"。业障看不到,有时可以感觉得到;有些人说话语无伦次,就可以知道他的心念、思想紊乱,因为看不开、不能突破,而被无形的绳索束缚心灵。

在大爱台"大爱剧场"曾播出一则故事——有个美满的家庭,太太不仅勤俭持家更认真工作,有一天,忽然发现先生对她不忠,有了外遇,那种心灵的煎熬,真是苦不堪言。

后来,她放弃挣扎,用另一种方法——不正面冲突,先生终于又回心转意了。孰料人生无常,在她辛苦为事业、家庭打拼,夫妻感情好不容易才破镜重圆,正要享受美满的家庭生活之际,医师却宣布她罹患癌症,对她而言,无疑是一个非常大的打击。

全家人也从此陷入寝食难安之境,不只她生病受煎熬,爱她的先生也深感愧疚——才刚回到她的身边,正要弥补对她的亏欠,太太却患了这种病。

虽然不是先生生病,但是那种惭愧和弥补不及的遗憾,实难承受;又加上孩子觉得妈妈之所以会生病,都是因为过度劳累,以及爸爸对不起妈妈,全家的烦恼纠结在一起,这就是业障所缠。

她拜托委员回来转告我,说她现在苦不堪言,除了身病之外,心也很不甘。

我说:"心开,业消;福来,病就消了。"

只是这么简单的话,她听了却如当头棒喝:"对啊!要打开心门,生病已经很苦了,怎么还把心绑住?"本来是很不甘愿、哀怨地躺在床上,那天听了这句话,她就起身到厨房里,用心地煮了一顿中餐。

先生本来赶回来要煮饭，没想到竟然看到太太不但很有光彩、笑容灿烂，而且煮好了中餐，还对先生说："从今天开始，我要听师父的话，心开，业就消；福来，就没有病了。"

从此之后，家中阴霾烟消云散。她配合医师的治疗；还在化疗中，就回归委员的行列，哪里有人心结打不开，她都会去开导，甚至戴着假发回医院当志工。

有些癌症病人听了她的开导，就说："病的人又不是你，你当然说得很轻松！"

她就将假发拿下来，告诉他："我也和你一样，但是我配合医师做化疗，只要勇敢面对，就能心开、快乐。"

谁能为她解开心结？谁能让她解开"业障所缠"呢？只有她自己。师父说的话很多人都听到了，是否人人都解开心结？难！但是对于愿意接受的人，这么简单的一句话，就能打开心门。

心开，业障所缠就能解开，甚至能"利益安乐像法转时诸有情故"；不只是当时业障所缠的人，能在听佛说法之后心开意解，也能利益未来像法转时的一切众生，使佛灭度之后的未来众生平安、快乐。

释迦牟尼佛已答应为未来众生演说所需妙法，因此就叮咛文殊师利菩萨："汝今谛听，极善思惟，当为汝说。"也就是说"因为你来启请，所以你要用心聆听，之后还要用心思考，若能如此，我一定为你演说妙法"。

"极善思惟"就是要很用心好好思考。这段经文很重要，听经要认真听，而且专心听，如此一二句话就能体会佛陀的教法；听经若不用心听或听了之后不肯思惟，即使说得再多还是执迷不悟。

所以这个"汝"字，不专指文殊师利菩萨而言，而包含"你们大家"的意思。

曼殊室利言："唯然！愿说，我等乐闻。"

"唯然"就是绝对、肯定的。文殊师利菩萨虔诚地代大众回答佛陀：我启请佛陀说法，绝对会用心听闻，这是我唯一的希望，但愿佛陀能为大家宣说妙法；也请佛陀放心，大家会用心且欢喜地听。

每个人听闻佛法，如果能虔诚、欢喜、用心地听，说法的人就会很用心地讲，这也是与平时说话应有的礼貌道理是一样的。

当机请法

【正宗分】上

十二微妙上愿

佛告曼殊室利:"东方去此过十殑伽沙等佛土,有世界名净琉璃,佛号药师琉璃光如来、应、正等觉、明行圆满、善逝、世间解、无上士、调御丈夫、天人师、佛、薄伽梵。"

"殑伽"就是恒河,"殑伽沙"就是一般常说的恒河沙。佛陀经常以"恒河沙"譬喻无法计量的数字。

佛陀告诉文殊师利菩萨:距离娑婆世界东方大约经过十个恒河沙粒那么多的佛国世界后,有一名为"净琉璃"的世界,即常寂光净土。

"十殑伽沙等佛土"无法实际测量。凡夫常舍近求远,到远方求佛法,佛陀总是应众生的根机,在教法中告诉大家,娑婆世界的东方还有无以计量的佛国世界。

"有世界名净琉璃",那么遥远的地方有一个名为"净琉璃"的世界,有佛名为"药师琉璃光如来"或称"药师佛"。

我们都出生在娑婆世界,尤其同在一个时代,依同一个国土环境而生长,这就叫做"依报";依报的众生有共同的业力，例如桃芝台风袭台酿成灾难，许多人发生了不幸。虽然大家共同依住在此，但是有的人却不共业，幸运地逃过灾难，这是因为正报各有不同，每个人过去生所造的福业、恶业不一样，因此每个人受报各有差异；就好比虽然我们生活在同一个环境，可是对人、对事都有不同的想法及感受。

药师佛在东方开辟琉璃净土，想要到琉璃净土必须有共同的依报。但是人想要投生何处由不得自己，端视自己平时所累积的福德因缘，种什么因，自然就结什么果。因此娑婆世界的众生必须依照药师佛的愿力和教法，才能乘着依报前往琉璃净土。

"佛号药师琉璃光如来、应、正等觉、明行圆满、善逝、世间解、无上士、调御丈夫、天人师、佛、薄伽梵。"药师佛与每一尊佛都一样，具足十个名号——应、正等觉、明行圆满、善逝、世间解、无上士、调御丈夫、天人师、佛、薄伽梵。

"应"，即德行超越，功德圆满，应受人天供养。"正等觉"就是正遍知，真正遍知一切法，在这部经中译为"正等觉"，表示证悟一切诸法之真正觉者。

"明行圆满"，经文常见的是"明行足"。"明行"的意思就是依戒、定、慧修持，而得"阿耨多罗三藐三菩提"，也就是无上正等正觉。佛陀另一个名号为"两足尊"，意即福慧双具,如同一个人的双脚健全,能很自在地行走。同样的,推动佛法一定要福慧双具,自利利他功行一切圆满,才能将佛法融入众生心中,所以称为"明行圆满"。

"善逝",就是如实往返彼岸,来去无障碍。佛陀来人间是乘愿而来,不是随业力而来,所以来去自如,不再退没于生死海中。

"世间解",也就是说佛陀既然成佛,世出世间万法一统,一切无不明明历历、透彻了解。

"无上士"即是人格高超,没有比他更高者。因为佛已达到正等觉的觉悟,没有比佛所证之觉悟境界更高者,所以称佛是无上士。

"调御丈夫",众生的心好像猛兽,刚强难以调伏,唯有佛陀能以智慧、慈悲,以及耐心、毅力、勇气调伏芸芸众生,就像驯兽师一样,无论是虎、狼、豹、象,都有方法驯服。

佛既已成佛,就能以各种方法调伏众生,然而必须以极大的耐心,不断地来回于娑婆世界和众生广结好缘,才能让众生心开意解。

"天人师",佛不只为人的师表模范,也教化天人,所以称他是三界导师。"佛",就是自觉、觉他、觉行圆满的觉者。"薄伽梵"即世尊,为世人所尊重者。

以上是佛的十大德号，十德具足才能得到人天敬重，称为佛。

"曼殊室利，彼世尊药师琉璃光如来，本行菩萨道时，发十二大愿，令诸有情，所求皆得。"

介绍药师佛具足十大德号之后，佛又亲切地说：药师佛当初发心修行菩萨道时，已发十二大愿，无不是利益一切有情众生，希望众生皆离苦得乐，所求皆能如意圆满，这是药师佛的本愿功德，如果众生能接受他的教法，都能得到解脱。

无论是娑婆世界的释迦牟尼佛，或是琉璃世界的药师佛，抑或是在娑婆世界与琉璃光世界之间的十殑伽沙诸佛国土的佛，每尊佛都是佛佛道同、具足十号，我们都要生起敬重心。

"本行菩萨道"，这很重要，药师佛尚未成佛前，修行菩萨道就发心立愿，利益众生。成佛之道皆自发心立愿始，并身体力行、恒持心愿，才能达到目标。成佛不是为自己，修行之道必须自觉，然后觉他，终至觉行圆满，才能圆满证果。

所以利益众生是非常重要的事，药师佛有十二大愿，并且用什么方法利济有情,使一切众生所求皆得?我们要用心体会。

"第一大愿:愿我来世得阿耨多罗三藐三菩提时,自身光明,炽然照耀无量无数无边世界,以三十二大丈夫相,八十随形好,庄严其身;令一切有情,如我无异。"

"阿耨多罗"译为无上;"三藐三菩提"则是正等正觉的意思。

"正觉"即证悟一切诸法之真正觉智,包括小乘行者。

"等觉"就是菩萨;菩萨因为发大心,不仅为自己追求佛法,同时还救度众生,这分上求下化、自利利他的精神,已经超越小乘行者。其实无论大乘、小乘,信仰、觉悟,决不能有偏私,在人间救度众生,方向更不可偏差。

"阿耨多罗三藐三菩提",意即无上正等正觉,是诸佛圆满觉悟的智慧,没有比自觉、觉他、觉行圆满更高的境界了。

"自身光明,炽然照耀无量无数无边世界,以三十二大丈夫相,八十随形好,庄严其身;令一切有情,如我无异"。可能有人会质疑:既然是无私,为何先从自己的三十二相、自身的光明说起?这是因为修行要先自觉,除了了解世间万物一切道理之外，还要好好守持自己的行为。所谓"功德"，"功"就是向内用功自修，"德"就是用功之后，表现于外在的行为，让人看了欢喜，生起敬重与信任的心。

修行就是要先将自己的身心调好，才能进一步教导他人。"自身光明炽然"，自我能够内心清净，外在德相具足，从而影响他人，也表示身心如琉璃般透彻、清净，将己德发扬光大，普照一切的众生。

虽然我们距离佛世已二千五百多年，但是释迦牟尼佛的德行、光明，依然普照至今。大家都自称佛教徒，每天做早晚课，无论是礼拜《法华经序》或诵《楞严咒》，抑或其他经典，都是信受佛陀的教育。既然对佛陀的教育无疑，就必须对佛陀的德有绝对的敬重；进而时时追求佛陀的智慧、福德，并且致力于自己身心的调伏，期许也能与佛同等，这才是真正的学佛。

我们与佛不只年代相隔久远，甚至与佛住世的有形空间距离也很遥远；佛陀在印度成佛，就空间而言，印度与台湾距离很远，若非佛德光明普照，何以现在学佛者能遍布台湾甚至全球，而且佛陀的德行光明永恒不灭。

佛土中，并非所有众生都能无苦无难，娑婆世界是释迦牟尼佛的佛土，娑婆世界的众生却是苦难偏多。药师佛的琉璃世界，虽然与娑婆世界相隔十殑伽佛土之遥，但是药师佛的德光依然照耀娑婆世界，甚至遍照无量无边的佛土世界，因此释迦牟尼佛赞叹药师佛的德行。

佛佛道同，每尊佛必须内外德行具足，才能普照众生，以达佛境。释迦牟尼佛对他方世界都会特别赞叹，我们常说："称赞别人就是美化自己"，如果能常常称赞别人，就能庄严自己的人格；释迦牟尼佛时时赞叹他方世界，就是以身教在教导我们要时时赞叹别人。

"三十二大丈夫相，八十随形好，庄严其身"，除了散发的德光之外，还有三十二种大丈夫的身相，以及八十种微细妙好的特征。

这个三十二大丈夫相，是从顶发一直到脚底，甚至全身毛孔无不有其形象。意即当一个人的人格完备，他的一切形态、动作，令人见之生欢喜，这叫做"上相"。

要具足像佛陀一般庄严的身形，必须长时间修持，内心、外形必须一致，随时用心吸收佛法，对大地一切众生要用爱付出。所以想拥有三十二相、八十随形的庄严形貌，就必须结好缘，让人看了都能心生欢喜、敬重，这就是所谓的"未成佛前，先结好人缘"。

"令一切有情如我无异"，意即我（药师佛）得到庄严圆满的形象,也要让一切有情众生和我一样。换言之,就是与众生结好缘,令众生听闻药师佛的法、接受药师佛的法,清净自己的心,行一切善,一切都与药师佛相同,自然将来所得到的果报也与药师佛无异。这就是"心、佛、众生,三无差别",只要与佛平行地修行,自然具足与佛相同的智慧与爱心。

"第二大愿:愿我来世得菩提时,身如琉璃,内外明彻,净无瑕秽,光明广大,功德巍巍,身善安住,焰网庄严,过于日月;幽冥众生,悉蒙开晓,随意所趣,作诸事业。"

"第二大愿:愿我来世得菩提时","菩提"就是指三藐三菩提,意即正等正觉,也是修行者发心所追求的道路。

由药师佛发愿于"来世得菩提时"可知,并非今生发愿修行,今世就能成就,而是要累生累世坚持道心,时时抱持所发的愿,有朝一日自得成佛。

"身如琉璃,内外明彻,净无瑕秽","内"指内心,"外"指行为;内心明净、行为正当,即"净无瑕秽"。意谓内能自修、外能显德,直到成就无上正等正觉的智慧时,身体就像琉璃般,内外明彻清净毫无瑕秽,心无污染,身无秽行;能身心明彻,道心才能坚定。

"光明广大,功德巍巍,身善安住","巍巍"就是不动,修行若能修到身心内外一致清净,光明照遍一切处时,无量功德就像须弥山一般高大,身心自得安然,如如不动。

"焰网庄严,过于日月,幽冥众生,悉蒙开晓",这是形容佛性清净,好像焰网交织成的光明显照,无比庄严。然而自古以来,众生的心即是黑暗无明,不知自己生从何来,死往何去?活着所为者何?甚至不知生命的价值,这不就是心地迷茫而黑暗吗?这与千百年完全隔绝光线的黑暗屋室,有何不同?

倘若能有一盏灯火,将之照亮,我们就能在黑暗中看到这盏灯,还能看清屋内一切。这说明焰网庄严,甚至比日月更光明。

虽然日月能照耀大地,但是只有白天才能见到阳光,在夜晚才能显见月光的明亮;而且月有阴晴圆缺,日也有乌云遮蔽之时。唯有佛性光明胜过日月,不仅白天照亮大地一切众生,就是在黑夜也能照耀幽冥众生;佛陀巍巍功德光明,可以令众生黑暗无明的心完全开晓。

"随意所趣,作诸事业"。世间有许多人不知如何生活,古云:"赐子一技,胜过千金。"原始时期人类如何生活?有人用心发明织布、裁剪、制衣的技术,让我们有衣可保暖、蔽体;有人开垦耕种,提供人类安定的生活。这些为大众开拓生活方式的人,都可称为"菩萨",因为他们以智慧开启蒙昧,引导人们向前进步。

譬如数年前,南非处于种族对立、时局动荡之际,南非慈济人发挥爱心安顿黑人的生活;政局平静后,慈济人进一步发挥智慧,教导他们谋生的技术;例如:教他们手工艺、盖房子或水电、理发、缝纫等专业技术,并为他们成立职业训练所。

自一九九二年成立第一所职业训练所,迄今已有数百所;慈济人为他们开路,现在已由黑人自己主导,慈济人只是从旁协助与辅导。当他们有了一技在身,就能克服自卑感,提起自信心,在社会上立足。

他们也很注重教育,因此我们也协助兴建数所学校。从拍摄回来的画面上,可以看到孩子们服装整齐、可爱活泼,不仅能唱慈济歌,还会虔诚地唱诵佛号,这就是慈济人用智慧付出关爱的成果。

更难得的是,南非人也以爱心辅导自己族群。现在他们知道一切要靠"自力",要利用时间勤努力,懵懂的人生开启智慧,知道应如何生活,也懂得重视文明教育,这就是"幽冥众生,悉蒙开晓"。

"随意所趣,作诸事业",随着各人的兴趣,提供不同的职业训练,教他们盖房子,让他们有个稳定安身的地方,才能安心;教他们卫生保健,知道饮水清净、环境卫生,才能保健身体;同时也教他们水电知识,提升生活品质。

佛陀的教示及愿力,就是来人间安住众生的生活,再进一步引导众生了解生死大事。所以药师佛第一大愿,显示佛的"法性身"(注一),每尊佛自身具有光明,才能照耀一切众生;自身形相庄严,才能教导一切众生。

第二大愿则表示法性的"应化身"(注二):人人都有与佛平等的佛性,只是需要有人教导、启发。《如来藏经》中,对众生有九种譬喻,其中之一即说,众生的内心同样蕴藏着清净的琉璃,即使掉落在污泥或粪坑里,有朝一日找到后清洗一番,仍然清净没有污染。

佛陀示现种种身形来人间,教导众生如何生活,生活稳定后,再进一步教育众生生死大事。

注一:亦作"法身",即佛之自性真如净法界,无漏无为、无生无灭。

注二:佛为教化众生,应众生之根机而变化显现之身。

"第三大愿:愿我来世得菩提时,以无量无边智慧方便,令诸有情,皆得无尽所受用物,莫令众生有所乏少。"

药师佛希望所有众生都能拥有丰富的物资,生活富饶。贫穷之苦令人难以堪受,人人都想追求富足的生活;药师佛在因地修行时,应众生需求,发愿将来成佛时,他所拥有的世界,要以种种智慧方便,让所有的众生富足。

人在世间,不离衣、食、住、行四大需求。我们每天能有衣可穿,应该感恩前人发明种麻、抽纱、织布,经过不断地改良,因应四季所需裁制成衣,这必须有"工巧明"的智慧。

生命的延续离不开营养,营养来自五谷杂粮。如何开垦、种植才能丰收,并供给人人足够的粮食?这都必须运用智慧,发明农具以耕作;还需有人发明制作种种可口的食物。

除了丰衣足食之外,居所也很重要。古人很有智慧,在远古时代就以树枝、树叶搭盖遮蔽而居,进而建造更坚固的木屋,之后渐渐地使用土块,然后是石灰、水泥,甚至提炼钢筋建筑。现代的住屋普遍使用钢筋、水泥,一栋一栋的大楼林立。

所以居住必须以智慧开发,才能发展到现在的品质,连

"行"的品质也提升不少；古人出门，多数靠步行或以牲畜代步，现在交通方便许多，各种道路笔直宽敞，往返的速度愈来愈快也愈来愈便利。陆、海、空交通，都需要有人用心开发，这就是智识。智识若运用得恰当，对人类的贡献很大；若是不足，生活就会很辛苦。

我们从国际赈灾中，见到不少未开发国家的贫穷与苦难，长期天灾人祸导致民不聊生，想要衣食住行无虞，谈何容易！

一九九三年，印度和尼泊尔水患过后，许多百姓无家可归，我们前往勘灾。从印度拍摄回来的画面，可看到不论老人小孩，寒冬夜晚中随意在屋檐下或广场角落，蜷缩着身子就睡了；几个孩子挤在一起，一件薄薄的衣物彼此拉抢，有些老人则蹲在墙边颤抖着，真令人心疼又不忍。

白天的印度街上，大人们牵着自己穿戴犹如小绅士的孩子，幸福地走过；另外一边则是一群衣不蔽体的孩子们，在人群中穿梭乞讨，甚至以偷盗维生。

在贫富悬殊的社会，这种现象很常见。除了物质的欠缺之外，还形成心灵的病态，最后变成社会问题；因此民生的需求若是欠缺，社会、家庭，乃至个人的身心将会百病丛生。

药师佛在因地修行时，看到这样的世界，发愿将来得证菩提时，要用无边智慧方便，让所有众生的生活不虞匮乏；这种智慧就是生活的方法，即五明：内明、工巧明、医方明、声明和因明。

"内明"，就是专心思索五乘因果妙理之学，启发众生的慧命。

"工巧明"，即是一切工业的智慧常识，工业的发达，需要不断地有人开发，才有丰足的生活工具，这需要智慧与常识，今日社会不论是衣、食、住、行都是工巧明发达的成果。

"医方明"，常说最尊贵的是生命，最痛苦的是病痛。病来折磨时，苦不堪言，有病就要医治，若没有医疗可治病，众生不仅面临极大的生命危险，而且病苦也难以堪忍，所以药师佛在因地时就发愿，将来成佛时，要让人人身体健康，就需要"医方明"，以教导人行医、尊重生命，拔除众生身体病痛的苦难。

"声明"，"声"就是语言，人与人之间互相沟通靠语言，语言表达清楚，才能互相了解心意。甚至在生活安定之后，一定要有教育，不论是学或教，都要靠明朗的声音清楚表达，所以声明也是一种教育。药师佛发愿成佛时，要使他的世界能提高文化、人文，就需要"声明"。

"因明"，意指举出理由，而行论证之论理学。学佛若能具足这五明，就能达到智慧方便，以创造无穷物资，才能令一切众生享用不虞匮乏。现代的科学很发达、物资丰富，反而要注意开发适度，以免过度浪费。

　　如果社会还是不断在汰旧换新，就要力行资源回收；以前砍伐山林、采矿炼钢或以土造水泥等，不论任何东西都采自大自然，地球已经受到很大的破坏。

　　现在则要运用智慧方便，不让大地自然资源再受破坏，就要提倡资源回收；回收再制后，物资还是很富足，却能让资源不致用罄，一切众生生活所需就不虞匮乏。

　　佛法不离世间法，药师佛在因地修行，就为未来的众生发愿，希望众生在人间能生活得物资丰富，没有欠缺。其实佛法和世间法有何差别呢？重要的是如何运用"方便智慧"。

　　在佛法与世间法之中，要时时用心思考，五明具足，方便智慧即不减，如此人人的生活就能时时富有。

"第四大愿：愿我来世得菩提时，若诸有情行邪道者，悉令安住菩提道中；若行声闻独觉乘者，皆以大乘而安立之。"

药师佛在因地发愿,除了在物质上,给予众生幸福富足的生活之外,就是给予众生心灵的辅导。

我们每天想要过得快乐,没有烦恼与束缚,这都要看生活与信仰的方式。倘若信仰偏差,观念不正确,就叫邪知、邪见。"邪"就是不正;邪知、邪见会影响生活的品质,扰乱内心及生活秩序,即使物质丰富,心思不正,人生一样是苦。

药师佛于因地修行,透彻世间人所追求,不只丰衣足食,最重要的是引导世人具有正知正见,因此才发这第四大愿。

"有情",即是指众生;众生行邪道时,往往自己无法分辨。譬如有人虔诚地拜佛、求神,却神、佛不分,稍有不顺就觉得是冲犯、得罪鬼神,在日常生活上精神不得自由,这就是一种邪见。

有些人只信佛,而且很虔诚,凡事都求佛加持、保佑,心中无尽的欲望与追求,都求佛让他心想事成。《金刚经》有言:"若以色见我,以音声求我,是人行邪道,不得见如来。"释迦牟尼佛的教示,是要我们从心灵中解脱,开启自性智慧、良知,奉行正道,诸恶莫做、诸邪莫行。

真正的信佛、学佛,不只是在求佛、拜佛愿事事如愿、满意;而是对自我观照本性,知道人生的真理。

佛陀的教示是四谛、十二因缘、六度万行，知道这些法以后，要向内自省、自我观照。苦、集、灭、道，到底苦在哪里？有物质缺乏之苦难，有心境缠缚之苦；看看别人，反省自己所求不多，在物质上就没有贫富差距；能知足常乐、懂得满足，永远都是富有的人生。

大爱台的"草根菩提"节目，所介绍的主人翁不但健康，同时也在教育我们：有的人做环保做得很欢喜，虽然物质条件并不好，但是日子过得很满足。这种超越物质的生活，就是明白道理、知足，不受物质所障碍，能借外境反观自己，这就是观自性。

许多不同的宗教，都是因应各人的根机，但是有的人分不清正教或邪教，只因心灵有所惶恐，冀望依赖宗教；若以此惶恐心态，往往会误入偏邪的宗教。

既然来到人间，就要顺于人道，以大自然的法则生活，同时学习如何把心安住在正道。我常说："宗"是人生的宗旨，"教"是生活的教育，能认清人生的宗旨，在生活中接受教育，心就不会惶恐，也不会为追求名利而起非分之想，自然生活能常保持平静，人生就不会走上邪道。

"若诸有情行邪道者，悉令安住菩提道中"，菩提就是正觉。如何"离邪得正"，离开邪道，得到真正的觉智？当然需要教育。

在佛陀的教法中,为应机逗教,将"菩提"分成三种层次:第一种是"声闻菩提",根机比较钝劣平庸之人,需靠听闻以了解道理。就如佛陀住世时,有许多弟子随行,无非就是要听佛说教,以听闻了解道理,这叫做"声闻菩提"。

第二种是"缘觉菩提"。这种人能举一反三,了解佛陀说法的含意,体悟于内心,再以此观外在的境界——从四季轮替,领悟人生无常;从人的身上,体会到生、老、病、死;不只听闻,还会缘着境界而觉悟,这叫做"缘觉",也叫做"独觉"。

第三种是"大乘菩提",亦称"无上菩提",无上菩提是大乘菩萨直到成佛的境界,是为"大乘教法"。不只自己觉悟,还要发大心觉悟他人,能自觉、觉他,最后觉行圆满。

前述的独觉或缘觉,是自己觉悟,也自我净化而清净无污染;然而未曾展开心胸、付出大爱,将觉悟的道理教导他人,只达自觉的界境。

药师佛因地发愿救度众生,所以也要想办法安住有邪见、行邪道的众生;必须先教导他们如何做人,守五戒、行十善,明白想得福应先造福人群的道理。

譬如农历七月,在佛教是"吉祥月",也称为"孝亲月",

目的是希望大家明白：做人要懂得报父母恩、造福人群，无论是供佛、僧或布施贫穷，都是报父母恩。然而世俗人却将七月当成鬼月，认为鬼门开诸事不宜，这就是邪知邪见。

能守五戒、行十善，明白造福、行最虔诚的道，奉持人天的教法，更能在人间得福，将来往生天堂，这是"人天乘"。

"若行声闻独觉乘者，皆以大乘而安立"，懂得守戒、修善，安住于"人天乘"还不够，必须解说菩提道；待能行于菩提道中，成就声闻、缘觉菩提后，仍然不够，必须进一步演说大乘之道，让声闻、独觉能自觉、觉他，终至觉行圆满，步步进阶以至成佛。

修学佛法，要先打好做人的基础，再从小乘、中乘、大乘，步步进阶。药师佛因地修行所发的愿，不就是释迦牟尼佛在人间度化的方法，以他方世界佛的教法，来印证娑婆世界佛陀施教的方法，真是佛佛道同。

"第五大愿：愿我来世得菩提时，若有无量无边有情，于我法中修行梵行，一切皆令得不缺戒，具三聚戒。设有毁犯，闻我名已，还得清净，不堕恶趣。"

药师佛在因地修行时，就发愿：来世我如果成佛，愿所在世界的一切众生，在我的教化范围里都能修习清净行。凡在佛法中，不论在家或出家，一定要守本分、规矩，这叫做梵行；梵行就是清净、不犯污染的戒行。在家佛弟子要守五戒、行十善，出家弟子要守二百五十戒或五百戒的清净行。

"一切皆令得不缺戒，具三聚戒"，药师佛很慈悲地说：在我的教法中，大家能修清净行，若有戒行不圆满，我一定设法弥补，让大家欢喜信受、身心奉行，甚至让大家能拥有大乘菩萨所具有的"三聚戒"；"不缺戒"，就是不犯戒。

三聚戒：第一是"摄律仪戒"，"摄"就是收摄的意思；能将佛陀教示我们的戒行，摄受在心，奉行于外，行为就不会犯错。"律"就是规范，为防非止恶而有戒律；"仪"是仪规，即礼节、威仪。除了守持戒律之外，还要进出如仪，无论待人接物、应对进退，都不逾矩。

出家现大丈夫相，要时时维持威仪，在衣、食、住、行中不失仪态，这都包括在摄律仪戒中。每天一早起来虔诚礼佛，即警惕自我——这是一天的开始，要礼敬佛法僧三宝，要自我守持生活律仪。

在家人有五戒，出家比丘有二百五十戒，比丘尼有五百戒，除此之外，日常生活中许多细节，都要用心守持。

第二是"摄善法戒"。既然学佛修行，必须众善奉行、诸恶莫做,也就是要行一切善,勿犯一切恶,这叫摄善法戒。

善法有很多,譬如"六度"——布施、持戒、忍辱、精进、禅定、智慧,六度就是菩萨行,是学佛的根本,也就是奉行摄善法戒,将一切的善法都作为规戒。

学佛者不行善,就是犯戒。不要以为自己独善其身,不犯杀、盗、淫等戒律就可以,这种想法不正确;除了守好自身的规矩、本分,还要行善。看见别人做善事,不起随喜心,或者别人行善时,即使举手之劳却不伸出援手,就是犯戒。戒,就是要守持奉行一切善;假使不奉行一切善,就是犯戒。

第三是"饶益有情戒"。行善只是付出而已,如果还要再进一步使一切众生都能得到利益,必须在付出的同时还要辅导;付出是应一时之需,辅导是为了让众生能自立,进而发挥良能,这叫做饶益。

学佛,要学大乘佛,因为佛一定会救度众生;如果不救度众生,就永远成不了佛,而在声闻、缘觉的境地,虽然能觉悟道理,但是只能自利,却无法利他。既然学佛,除了自觉,还要觉他,才能觉行圆满。

学佛,要学大乘法,大乘法不离救度众生、行菩萨道。在《无量义经》的《十功德品》云:"恩泽普润,慈被无外,摄苦众生,令入道迹",意即我们一定要利益人群,对人群付出。

"恩泽普润",就是施恩予众生；付出同时要感恩众生,并非布施给众生,要众生感恩我们。

佛陀以慈悲爱心普润一切众生,"慈被"就是普被,"无外",就是所有生物,都包括在爱的范围里。即使是很低微的众生,同样以爱普泽,所谓"蠢动含灵皆有佛性",不只要付出爱,也要尊重。

"摄苦众生",就是摄受一切苦难众生,不只为他们付出,还要"令入道迹"；让他们知道佛法的好处,还要带领他们学佛。一如前面药师佛的第四大愿,要使邪知邪见、行邪道的人也能入于正法。因此"救度",不但是"救"济众生,还要"度"化众生。

之前有慈济人从大陆回来,告诉我在河南省固始县,许多人看到报上台湾桃芝风灾的报导,固始县慈济学校的老师、学生就发起爱的行动。总共募集将近八万元人民币,要帮助台湾桃芝风灾受灾户。

我很感动,这分因种于一九九一年大陆水灾,慈济人前去勘灾、赈灾,在固始、全椒等县,除了发放米粮、棉衣、棉被之外,还为他们盖房子、盖学校。

那是第一次到彼岸赈灾,那时我说"一粒米中藏日月",这颗爱的种子播下,这分爱就是岁岁年年的。

事隔十余年，他们铭感于心，得知台湾有灾情就想要回馈，这表示他们已经认同大爱无国界的理念。平时有机会付出，不要想得到回报，时时抱着感恩心去付出，就是本分。

我们要守持"摄善法戒"，就是听闻哪里有苦难，生起不忍之心，即以行动付出，这就是奉行佛陀的教法，也是本分事。一路走来，随着时间消逝，大爱之情不断滋润、成长，这也是奉行"饶益有情戒"。

不但帮助灾民们渡过难关、稳定生活，还帮助他们启发这分爱心，这就是"令入道迹"，也是我们所奉行、守持的"具三聚戒"。

慈济人除了奉行守持在家五戒——不杀生、不偷盗、不邪淫、不妄语、不饮酒；还要加上遵守现代的交通安全规则、戒烟，不吃槟榔，不赌博，守持对长辈的礼仪及孝养的心思，在社会动荡不安时，心思冷静，不要参与政治等，为了自爱、安定社会，这就是摄律仪戒。

出家人开口动舌、举手动足、起心动念，更要谨慎小心。一个坏的念头浮上心头，就必须立即打消，更不可出现在行动中，不但如此，还要积极地做好事，所谓"诸恶莫做，众善奉行"就是摄善法戒。

接着还要奉行"饶益有情戒"，不只给予一时的资助，还要引导、教育众生,除了遵守人生的戒规之外,还要懂得付出。人太少好事做不起来,一定要很多人来做,才能饶益有情。

"设有毁犯,闻我名已,还得清净,不堕恶道"。若有破戒之人,听闻药师佛名号就能"还得清净,不堕恶道"。犯戒必会堕落恶道,然而若有缘能听闻药师佛名号,能及时反省、制止动念,不令付诸行动,自然不会因犯戒而堕入恶道。

心中有佛,若起心动念,佛立即浮在心头,坏念头就会止息,当然罪业也无果可成,就不会犯戒;若已犯戒,能够及时反省忏悔弥补,也能还得清。

"第六大愿:愿我来世得菩提时,若诸有情,其身下劣,诸根不具,丑陋、顽愚、盲、聋、喑、痖、挛、躄、背偻、白癞、癫狂,种种病苦;闻我名已,一切皆得端正黠慧,诸根完具,无诸疾苦。"

这段经文可以随文解其义。每一尊佛的成就,都来自于过去生因地修行时的发心、立愿,无不都是为了利益众生,因应时代众生所需求的教法。

"第六大愿,愿我来世得菩提时,若诸有情,其身下劣,诸根不具"。"其身下劣",意即身体有缺陷,或者根机较为钝劣,并不圆满;"诸根不具","诸根"就是眼、耳、鼻、舌、身、意。所谓"不具",意即有眼睛,但看不到东西;有耳朵,却听不到声音;有手有脚,却无法施力做事。如此具有六"根",却无法发挥功能效用,就是有病,即使形体上诸根具足,仍等同不具。

"丑陋、顽愚",丑陋就是相貌不端严;同样具足耳朵、鼻子、嘴巴,但是五官的形态位置,令人产生美丑的比较与分别。

数年前有位"象人阿嬷",同样具足五官,却因病变,眼睛、鼻子和嘴巴都移位了,造成她严重的自卑感,觉得自己的长相为何和常人不同?孩童初见她也会很害怕,这就是丑陋的形态。

有的人相貌丑陋就自卑而逃避人群,使自己更显孤独,这是真正顽愚的心态!

象人阿嬷就不同,她虽然容貌不美,但是慈济志工和她接触之后,打开她的心门,就变得很可爱,也愿意走入人群。她会欢喜地迎接志工,和大家一起唱歌、手舞足蹈。尽管形象丑陋,她能用宽阔的心善解一切,形象就改变了;不仅人人爱她,她也感恩人人。

"盲、聋、喑、痖","盲"就是眼睛看不见;"聋"就是耳朵听不到。有一种人却是眼盲心不盲,慈济有很多眼睛看不见,内心却很明朗的个案。

在澎湖有位老阿公,年轻时眼睛就失明,他单身独居,尽管生活困苦,却很独立、乐观,为了自力更生,他竟然去学钟表修理。一般修理钟表的人,不但用眼睛还要一个放大镜,才能看清楚精细的零件;这位阿公眼睛全盲,却能修理钟表。

数年前因为他年纪大,身体有病痛又独居,自然成为我们关怀照顾的对象。慈济委员前去复查时,看到他家里摆满了时钟与手表,很吃惊地问他:"阿公,您知道现在几点吗?"他说:"知道,听声音就知道!"他是用耳朵"看",这就是"用心"。虽然诸根不具,只要时时用心,内心的清明还是存在。

耳朵听不到,在无声的世界,必须用"心"猜测。有的人心思偏差,都往不好的方向去猜测,看到人家在谈话,以为在谈论他,容易引起不必要的误解。假使耳根失聪,却能打开心门善解:听不到也很好啊!心地干净,不必理会世间的是是非非。

再者,耳朵听不到,可以运用眼睛去看世间美景,享有一片清净的心地，这完全是心念的问题。善解之心，能弥补耳根不足；因此我常说，耳朵听不到没关系，用眼睛"听"，用眼睛去善解和体会。

"喑"就是发音不清楚，虽然有声音，但是不知道在说什么。"痖"就是无法说话。总而言之，声音不悦耳、不清楚，无法表达自己想说的话，就叫喑痖。

慈济人大都会比手语，可以和那些说话不清楚的人沟通。喑痖人士可以学手语表达自己的心意，也可以学"读唇语"而了解他人的意思。

无论是透过手语或读唇语，都必须专心地用眼睛看，才能了解他人的心意、生活的形态，以手语表达自己的意思；所以和喑痖人士沟通时，必须很用心、慢慢地说，让他了解我们的心意。倘若人人都能用心对待喑痖人士，那么他就和健康人一样诸根具足。

在慈济志业体中，有位同仁不但听不到，说话也不清楚，但是会读唇语，而且很用心打电脑，一分钟能打两百多个字。她的心灵世界没有声音，便能专心地面对电脑，只要将文稿交给她，很快就打好了，因为她发挥了良能，所以等同诸根完具。

"挛躄"，就是手脚不完具。有些人是先天的，有的则是后天意外所致。

口足画家谢坤山先生,虽然十六岁时在工作中误触高压电,而失去双手,右脚截肢,左脚的脚趾头也不具全,但是他心理健康,对人生也很乐观,所以世间事难不倒他。此外,他很会做家事,我们会觉得奇怪:没有手,怎么做家事?他就示范给我们看——用头与肩膀夹住拖把的柄,再用头推着拖把,就能打扫房子、擦地板等。若非他亲自示范,实在难以想象他失去双手却一样万能,因为他的心灵健康。

有人说他缺了两只手,我却说他有"千手",因为他能做的事,和我们没有差别;有人说他缺了一只脚,我却说他有"神足",因为他经常独自绕着地球跑,去宣说慈济、现身说法。

虽然他没有双手,还缺了一只脚,甚至只有一只眼睛看得到,却感觉不出他是位残障者,因为他心胸很开阔——"心的双手"很健全,"心的双脚"很健康,世间事便难不倒他。

挛躄就有形的方面而言,是那么不具足,但是只要用心,则天下无难事。

慈济小学在铺地砖时,有一位年轻人,双手手臂只剩半截,有人看到他也来铺砖,就问他:"你也要来搬砖吗?"

他说:"是啊!我待会儿就搬给师父看。"

他果然和大家排成一列传递着砖头,看他虽然手挛,发挥的功能却一点儿也不输给双手完具的人。

"背偻"就是驼背,身体弯曲的意思;可以说,"心"若直,就不会受限于身体。看大爱台之前播出的大爱剧场"橘色黄昏",当中的主人翁陈才爷爷,多么健康!

现今他已八十多岁,驼背已近百度,不论行动上或生活起居却一点也不输给常人;重要的是,他有一颗质直的心。所谓"直心是道场",这位老人家真是心胸很开阔,行走在人生康庄的"直"道上。

虽然挛躄、背偻,就身体而言,是非常不自由、痛苦的事,但是若能保有开阔、乐观的直心,那么就是健康、诸根完具;丑陋、顽愚、盲、聋、喑、痖、挛、躄、背偻等等,都是眼睛所能见到的身体缺陷。

"白癞"类似麻风病,症状是全身溃烂。以前医学药物缺乏无法治疗,现代医药科技发达,罹患这种病并不可怕,已经可以预防与治疗。像乐生疗养院里,有一群可爱的老菩萨,虽然罹患麻风病,但是心无病,他们示现了病痛之苦,也积极行善而度化了许多人。

"癫狂"则是属于心理疾病,发作时精神异常,无法自我控制，很可怕。在现今社会极为普遍，真令人担心。

从前南印度有一位法师升座讲经，为大众宣讲"五戒"，除了老百姓之外，国王与外道教徒都来听。当时印度的外道教，有许多人以各式极端古怪的方法修苦行，例如：冬天不穿衣服，夏天却在火边烤火；有的是一生浸泡水里，以此修梵行、清净法；甚至有的人不吃五谷杂粮，而是吃污秽的牛狗粪便，也自称是修行。

国王听法师说"不可饮酒"，否则来生来世会招感痴狂的疾病，就起身请问："依法师所言，喝酒将来会得痴狂，我们全国多数人民都喝酒，为什么罹患病症的人却不多？"

法师听了，只是伸出手向前一比，并没有回答。许多外道教徒很高兴，都认为法师被问倒了。但是国王顺着法师的手势方向看过去，眼前这些外道教徒得意忘形的模样，他立即惊觉：原来这些人都是颠倒疯狂的人——自己还不能觉察到自己的错误与颠倒。

就如很多人明明已经精神错乱、心理偏差，若要他去看医师，他会说："我又没有病。"

这就和那些外道教徒一样，修习不当的邪行而不自觉，对法师的教法也无法接受。法师以手势回答国王的问题，他们非但无法理解，反而觉得法师理亏，而表现出疯狂自喜,也是癫狂的一种。

现代人也是许多有病却不自知,就如在美国曾发生一件灭门惨案,并非外人所为,凶手正是这个家庭的男主人,他因为经济不景气影响工作,加上家庭生活压力等等,以致心理不平衡,最后不由自主地亲手杀害了家中六口生命。警察逮捕之后问他行凶动机,他也非常痛苦,不知为何会一时失去理性,而犯下罪行。

在台湾,也有一位十二岁少年,平时最爱看侦探小说,那天早上,他正在房里看书,阿嬷开门看了一下,又念了几句,他嫌吵就和阿嬷起了口角,一时冲动拿刀杀死阿嬷,又害怕面对现实,于是将犯案现场故布疑阵,然后就出外游荡。

虽然他利用侦探小说中的情节,误导警方办案的方向,却因在外流连被其他警察发现,带回警察局问话;由于他的神色有异,几经仔细盘问之后,终于承认亲手杀死阿嬷;尽管被捕时,他痛苦万分,但是后悔已来不及了!

这种疯狂、颠倒的心态很可怕;尤其是"癫狂",不正确的思想是社会的毒害,心理疯狂就如同不定时的炸弹一样,令人担心!

药师佛发愿:"种种病苦,闻我名已,一切皆得端正黠慧,诸根完具,无诸疾苦。"也就是众生罹患种种身、心病苦,如果听到我的名号,便能立即获得端正的形貌和清明的智慧,所有器官、根性将完好无缺,一切病苦皆能解除;不论身心任何病痛,只要有信心接受教法,自然就能解除诸根不具全的疾苦。

"第七大愿:愿我来世得菩提时,若诸有情,众病逼切,无救无归,无医无药,无亲无家,贫穷多苦,我之名号,一经其耳,众病悉除,身心安乐,家属资具,悉皆丰足,乃至证得无上菩提。"

药师佛因地发愿:来世成佛时,如果有众生罹患多种疾病,十分煎熬折磨时,无人救助、无亲友照料,甚至有人贫穷到无法就医,也没钱买药。这些孤苦零丁、生活贫苦的众生,只要一听到药师佛的名号,一切病痛苦难皆能消除,身心也能获得依靠与安乐,而且能心想事成,生活所需的资具,以及家庭眷属的亲情,一切都能丰盈富足,甚至很快就能证得觉者的智慧。

有人会质疑:听到药师佛的名号,一切苦难皆能立即消除,是否太神奇? 其实并非神奇,而是显现药师佛因地修行时,对苦难众生悲悯之心十分悲切。

人生,最尊贵的是生命,最痛苦的就是病痛。当种种病症集于一身遭受煎熬折磨时,一定会期待病痛赶紧消除,有人能施予救护;如果病痛时,无人照顾或孤苦无依、流浪在外,身心都会苦不堪言。何况有的人生活贫困,无力就医买药,境况无奈。

慈济四大志业从慈善工作开始,看尽人生的苦难,体会到贫而病、病而贫的恶性循环。有的人生了小病,因为无钱就医,而忍痛耐病,以致拖成大病。一个小康家庭有了重症患者,非但生病的人无法工作,连同照顾病人的也会影响工作,家庭经济就会因此而雪上加霜,这样恶性循环下,一个家庭很容易就被拖垮了。

倘若家庭生活发生问题,孩子的教育也会有问题。慈济四大志业,就是从帮助的个案中,发现许多贫病恶性循环的案例,因此我们继慈善志业之后,建设医疗志业。

有了医疗志业,同时觉得社会的希望在于教育,有了教育,社会才有文化,进而才能拥有文明的社会。总之,健康、富有、教育,能够提升家庭与社会的希望。

建设医院非常辛苦,花莲慈济医院启业后,为何还要到西部建设?因为西部的医院虽然不少,但是贫穷病苦的人仍然很多；而且西部也有不少有志一同的良医，愿意不求回报、用心付出，因此决定选择医疗资源较缺乏的地方，建设医院。

大林慈济医院尚未建设前，常听到乡下地方的年轻人都到外地工作，只留下老人待在家里，虽然生活无虞，但是有病痛时却无人照顾，或是送医就诊的路途遥远，交通十分不便。

有了大林慈济医院之后，老人家若有病痛，家属不需要再将父母带到台北或高雄去看病；再加上一大群有爱心的医师、良好的医疗设备，以及视病如亲的志工，所以年轻人很欢喜，老人家也觉得有依靠。

慈济医疗志业的普及，带给不少人健康的希望。除了积极建设医疗网之外，也有一群良医有志一同投入"国际慈济人医会"；他们无论是自己开业或在大医院服务，都以共同的爱心，利用假日到深山或乡下义诊，将医疗服务送到家；经常去访视那些贫穷病苦的人，或是关怀自己无法到医院检查的独居病患，残障者。

慈济的医疗关怀，不仅在台湾普遍展开，在国外也一样；譬如菲律宾的义诊就很有规模，凝聚国际医师的力量，组成大规模的医疗团队，经常前往菲律宾离岛或偏远地区义诊,而每次义诊都有四五千名患者。

菲律宾有许多天生唇腭裂的孩子,因家贫而无法就医,无奈地带着自卑感成长。这群仁医只要发现这样的个案,无论年龄大小,都立即进行整形手术,不仅弥补他们形貌上的缺陷,也消除心灵上的自卑。

此外,也常看到罹患白内障、青光眼的病患前来就医,医师当场开刀,隔天病患就能重见光明。还有许多当场为甲状腺患者开刀,割除甲状腺肿瘤的案例,看到义诊当地的环境简陋,就诊的病患虔诚地感恩医师,真是令人感动!

他们的付出,一如当初发心时的热诚,有时菲律宾治安不定,他们安排义诊的地区不甚安全,也很令人担心;这群良医为善行医的心很迫切,还是争取前往义诊,这种无私的大爱不仅令人赞叹,也倍感安慰和感恩。

"无亲无家,贫穷多苦"者,并非本来无亲无家的人,一称念药师佛的名号,就忽然间有家有亲人;有些人因身体的病痛而产生自卑感,不与他人往来,以致孤寂消沉病情日益加深。倘若有人能够照顾陪伴他,使其病苦消除、恢复健康,他就可以立志奋斗、成家立业,自然就能脱离贫苦的日子;当事业成功,接触的人自然而然就多了。

佛佛道同,释迦牟尼佛最关心的也是贫病苦难的众生。

佛弟子若能体会佛陀的精神,也能学药师佛发心立愿,为贫病苦难者施医施药,使其身心获得安乐,进而能自立自强成家立业,过着欢喜的日子,如此不仅他们心存感恩,觉悟人生的苦难,也会回馈他人。

有许多人迷迷茫茫,身心皆有病痛,因为接受慈济人的辅导而重新自立,发挥良能。这种觉悟就是体会贫穷、病痛的苦难,知道佛陀慈悲,以及许多人爱心的付出,所以在恢复健康之后,同样地帮助别人,这就是"乃至证得无上菩提"。

"第八大愿:愿我来世得菩提时,若有女人,为女百恶之所逼恼,极生厌离,愿舍女身;闻我名已,一切皆得转女成男,具丈夫相,乃至证得无上菩提。"

由此可以感受到药师佛的慈悲普及一切,对社会、人类不但关心,还观察入微——知道除了贫穷、身体疾病的种种苦之外,还有"女人"之苦。

自古以来重男轻女的观念,迫使女人也要承担很苦的心理压力,譬如:一旦怀孕,就要承受全家人的期待,以及自我期许能为夫家传宗接代,加上生产时的痛苦与危险,种种身心的压力实在很大。

等到孩子出生,亲属的第一句话就问:"男孩还是女孩?"是男孩,就万分喜悦;若是女孩,就淡淡地说一句:"女孩也好。"

从呱呱落地开始,就有男女之别;小时候的管教方式也不一样;男孩子能自由地进出门户,女孩子则需将脚裹成"三寸金莲",既不能跑远,也不能轻易地跨出家门,备受严格管教。

到了就学年龄,男孩子必须读书,才能有所成就,女孩子则"无才为德",不必读太多书,只要懂得"三从四德"即可。

到了青春期,生理上产生变化,带来更多的不方便;长大之后就要出嫁,女子就要离开父母、家人;嫁到夫家,就要顺从适应先生的大家族,真的很辛苦!

此外,女人也比男人烦恼多;男士们的穿着一向简单,西装样式也没什么特别的流行。女人就不同,常看到时装表演,女人打扮得妖娆百态或袒胸露背,年年流行不同,无非为了满足自己的虚荣心理,取悦异性,真是很可怜!

现在仍有一些原始部族没有衣服可以穿,而自然的袒露。但是如何表现她们美的观点?例如非洲有些部族的女性从小就将嘴唇割开,用一个金属打造的圆圈将嘴唇撑大,他们认为愈大表示愈美。

由此可知,女人无论在生理或心理上不但苦恼,也自造许多的烦恼,而且嫉妒、猜疑心特别重。

以前的社会,容许先生三妻四妾,因此每个女人都会争宠;现代的社会也一样,夫妻间决容不下第三者,如果先生出门回家的时间稍有不同,太太就开始怀疑、烦恼,这真是一件很痛苦的事。

佛陀住世时,给孤独长者非常护持佛陀,虽然他对佛教贡献甚钜,但是他还是会遭遇家庭问题。

他有六个儿子,他想替最小的儿子娶个门当户对又漂亮的媳妇,所以他就从朋友的女儿中选了一位很漂亮的女孩,名叫"玉耶女"。

玉耶女是当时全国公认的美女之一,由于长得太美,所以嫁到给孤独长者家时,对先生、公婆、家人等都很傲慢,甚至要求先生一切都要听从她,因此造成家庭的困扰,让给孤独长者很为难。老夫妇俩一直思考:如何才能感化媳妇?

老夫人就说:"平时若有困难都去请教佛陀,现在佛陀正好在给孤独园,何不前去请教。"

给孤独长者就赶紧前往佛所,顶礼佛陀,并向佛陀叙述玉耶女的骄傲、目中无人等等的情况。佛陀对长者说："玉耶女本性善良,只是长得太美,才会这么骄傲;带她来,让我和她说说话。"

当时长者说:"要玉耶女来绝对不可能,唯有请佛陀到家里受供,只要媳妇出现,佛陀就可以当面教育她。"佛陀认为长者的方法也行得通,就接受了。

因为佛陀要来应供,长者很隆重地将家中内外打扫干净,玉耶女心中既疑惑又不服:为什么一个出家人在我公婆的心目中,占有这么重要的地位?到底是怎么样的人,需要动员全家上下打扫恭迎?她愈想心里愈不平衡。

第二天佛陀来了,大家都非常恭敬地列队跪地迎接;而玉耶女就是不肯出来,她觉得:为什么要大家这么敬重他?

她很骄傲,任人怎么邀请都不愿意出去。那天中午佛陀接受供养时,玉耶女一直想着:到底佛陀是何等人物?长得什么样子?到底他都说些什么,竟能折服这么多人的心?

她生起好奇心,慢慢地走近佛陀应供的地方,在门边看到佛陀已经结斋,并开始说话,他的声音使玉耶女忘记了自己,无形中那分傲慢顿时消失了。她不由自己地走到佛陀的面前,恭敬礼拜;当她跪拜时,佛陀很慈祥地叫她:"来!抬起头来,让我看看给孤独长者新娶的媳妇;我们还没见过面。"

玉耶女听到佛陀很亲切的语音,非常感动,不禁流下眼泪;这是她生平第一次真心感动而流下眼泪。

玉耶女很虔诚地仰视佛陀,看到佛陀慈眼的透视,发自内心生出惭愧及忏悔而低下头来,伏在地上对佛陀说:"佛陀,我知道错了也很惭愧,从小到大我目中无人又很骄傲,从未尊重过别人,这到底是什么心态?恳请佛陀开示。"

给孤独长者夫妇俩听到媳妇说出他们从未听过的内心话,又看到媳妇流泪发露忏悔,也深受感动而掉泪。

佛陀慈悲地对玉耶女开示:"玉耶女,虽然你的形貌长得很美,但是真正的美是美在内心。因为身体会不断地发生变化,从幼儿慢慢变成少年,少年时面貌虽美,步入中年、老年,身态就会渐渐衰老而丑陋,所以形貌的美,并非永久的,一切都在无常变化中,有什么好骄傲的呢?重要的是,内心要美,能受人尊重,所以要守住女人的本分。"

玉耶女就问:"如何才能守住女人的本分,具足女人的美德?"

佛陀问玉耶女:"我为你解说'七辈妇',你愿意听吗?"

玉耶女很欢喜地说:"当然很想听,我愿意依教奉行。"

佛陀就开始为她演说何谓"七辈妇"——

第一,"母妇"。女人结婚嫁到夫家,要具足"女德",也就是三从四德,对先生的态度,犹如慈母对待孩子一般,好好照顾先生的饮食、穿着及起居生活一切,怜夫如子,这叫做"母妇"。

第二,"妹妇"。对待先生要事事礼让,即使先生脾气不好、蛮横无理,还是要像敬重兄长般地敬重夫婿,这叫做"妹妇"。

第三,"智识妇",也称"善知识妇"。能够好好地协助先生的事业,有时先生在外经营事业,倘若遇到挫折、不如意,必须忍气吞声,回到家里难免情绪不平衡、发脾气,为人妻子要忍耐、尊重,用冷静的心倾听,用细密的心思分析,让先生恢复冷静,发挥智慧、理性的分析,帮助先生解决困难,做一位贤内助。

第四,"妇妇"。做一个女人应该做的事,要理家、持家,把家庭整理得干净清洁,无论是家中的经济或大小事务,都要处理得有条不紊;还要懂得孝顺公婆、照顾子女等等,表现内心真正的温柔、体贴,这叫做"妇妇"。

第五,"婢妇"。就像婢女尊重主人一样,要用很卑微的心尊重先生;因为古时女人的生活支柱都是依靠先生,所以要将先生侍奉得很好,还要没有怨怼,用感恩心承受一切。

第六,"怨家妇"。不懂得感恩家庭,不知疼惜、帮助先生,也不会整理家务;不懂得装扮自己,披头散发,连自己的外貌都很邋遢。成天东家长、西家短,到处说是非、埋怨家人、左右邻居等等,在她心中没有一样是好的。

第七,"毒妇",也叫"夺命妇"。这种女人不守妇道,不仅不照顾家庭,不奉养公婆,不懂得疼惜自己的先生、子女,而且不安分;除了不断地诅咒先生早死,甚至还红杏出墙,串通奸夫谋杀亲夫。

佛陀又问玉耶女:"我对你分析的这七种妇女,你听得懂吗?"

玉耶女回答:"我了解佛陀的教示。"

佛陀又问:"在这七辈妇中,你要选择哪一种?"

玉耶女就说:"我过去太贡高我慢了,仗恃自己貌美,不但欺压先生,凡事都要依照我的意思,又不懂得侍奉公婆,与家人相处也不和睦,一切都是我的错,实在很忏悔。我愿意选择当'婢妇',从今以后,我要像仆人一样,好好地侍奉公婆、尊重先生,做一个懂得照顾家庭的好女人。"

佛陀很欢喜地赞叹玉耶女,同时也为玉耶女授戒,希望她做一个好妇人、虔诚的佛教徒,在家好好孝养公婆、礼敬长辈、尊重丈夫,并至心奉行十善。这就是佛陀度化玉耶女的故事。

佛陀教示七辈妇,虽然是针对玉耶女而说法,但是后世的女人也应引以为戒,这就是《玉耶女经》。

所谓"七辈妇",是表示女人有不同的层次,前五辈妇都很好。母妇,表示是一位温柔的好太太。妹妇,就是懂得尊重、恭敬、礼让先生。俗云:"家和万事兴",女人如果懂得礼让,不致常和人口角,能使家庭和睦。妇妇也很重要,家务必须有人整理,才真正像个家;可惜现在很多女人都不会料理家务,不懂得整齐干净。

智识妇是一位贤内助,除了有智识,还要懂得缩小、谦让、尊重先生,才是真正的智识妇。

现在的女人,称先生为"头家"(闽南语),"头家"就是老板,夫妻之间就像老板与伙计的关系,以此心态尊重先生,这就是婢妇,也是感恩心。

以前的家庭伦理关系很美,媳妇若能做好自己的本分,将来当了婆婆,就懂得如何处理婆媳之间的关系;人生本来就要接受种种的磨练,如果能磨练成功,女人同样也可以当家。

一个家庭中,倘若女人太过强势,容易受自己的嫉妒或猜疑等狭小心胸所左右,家庭就会产生诸多烦恼;让一个不懂得谦卑的女人持家，如何兴旺？所以佛陀教示，女人要懂得谦卑、放下身段，像个婢妇。

如果觉悟到自己是一位怨家妇，则要时时自我反省，是否常对自己的家庭不满？埋怨公婆、长辈或埋怨兄弟、妯娌，甚至怨恨先生？除了要常常自我警惕，不要成为泼妇骂街、形象恶劣的女人之外；更要警惕自己，绝对不可以做夺命妇，因缘果报相当可怕。

自古以来，世间有很多祸端或战事，都是因女人而发生，以致家庭、社会、人心无法平静；如果女人不好好自我检讨，真的会带给家庭、社会无穷祸害。

倘若懂得反省、生起忏悔心，消除身心不平衡的病态，那么女人也可以利益人群；就像玉耶女接受佛陀的教导一样。

药师佛在因地修行中，看出女人身有种种苦厄、无法解脱，而发这个愿："若有女人，为女百恶之所逼恼，极生厌离，愿舍女身"，也就是说，如果有女人因为女身种种苦恼逼迫，而产生厌离、希望舍去女人之身者。

"闻我名已"，只要听闻药师佛的名号，"一切皆得转女成男，具丈夫相"，不但可以消除女人种种的恶业，也可以转女身为男身，在未来获得端正威严的大丈夫相。

身为一个大丈夫,是令人尊重的,如果过去是个卑贱的女人,只要转一个心念重新开始,也可以做个让人尊重的人。"乃至证得菩提",将来也可以修成正果。

其实男女平等、佛性平等,只是许多世间事多源于女人身心的自我扰乱、不自爱,进而扰乱家庭、社会等等,造成种种祸端。女人如果能接受佛陀的教法,依教奉行,那么对社会、家庭的贡献是非常大。

"第九大愿:愿我来世得菩提时,令诸有情,出魔罥网,解脱一切外道缠缚;若堕种种恶见稠林,皆当引摄置于正见,渐令修习诸菩萨行,速证无上正等菩提。"

药师佛怜悯众生身心苦难;有的是内心自我困扰,有的是外在境界的诱惑。为了救度身心被困扰、束缚的人,所以药师佛发愿——来世成佛时,要帮助这些身心受束缚的有情众生,挣脱魔的罥索罗网,不受歪道邪说的纠缠。

人生有许多不自由;其实并非真有人在控制,而是我们自己的心,受自己的心态所束缚。

"魔",不是宗教上的专有名词,有人认为修行、信仰偏差就叫"走火入魔";其实心外无魔,魔是源于自己的执著。

除了宗教意义之外,思想偏差也称魔。魔的意思,就是破坏一切善的念头,颠覆道德价值,抹煞真理,使人去圣就凡,甚至杀害慧命、正见,扰乱人心、社会,破坏团体。

自古以来,为什么有这么多的人祸、战争?都是源自人心的偏差。由于思想不正确,以致引导民众、社会、国家的方向也随之偏离正道,于是演变成乱世;这都是源于心魔扰乱,杀害慧命、扰乱社会,甚至修行人若道心不坚,也会受社会形态乱象影响,扰乱自心,抹煞自我的道德与因果观念。

佛经里有一则公案——有位修道者在深山里修行,他持戒持得很好。有一天,他走到河边,看到有个女子掉到河里载浮载沉,情况危急,他出于慈悲心救她上岸;由于女子昏迷不醒,他不忍心置之不顾,就把她抱回修行的茅棚照顾。

这个女子醒来,身体很虚弱,修道者就让她留下调养;而后她慢慢地恢复体力,却心生情愫,以种种方法引诱修道者。

这位修道者的道心不够坚定,以致受其爱魔纠缠,终于和她结为夫妻。不久后,女子怂恿修道者下山,她觉得山上的生活清苦,若能到人群聚集的地方做生意,就可以过着富裕的生活,不知有多好!

这位修道者也觉得自己有养家的责任，就顺从妻子意见搬下山。他们租了一间简陋的房子，因久无人居住，必须打扫、清理；这个女子就指使他四处清扫。

修道者被这个女子缠缚，以致甘愿做她的奴隶；不仅做清洁杂工，还要为她捶背按摩，无微不至地侍候，把他折磨得身心憔悴。

在现代社会也常会听到：原本忠厚老实的人，因受欲念诱引，以致挪用公款、贪污，或者与人结党从事不法勾当，东窗事发后，同事间会觉得很可惜——平时和大家相处得很好，看起来又老实的人，怎么会做出这种事？

这都是内心的魔在扰乱。心魔很可怕，会泯灭人的善良，还有道德价值与正念，使一个人的正气转邪，甚至还会破坏人的身心修养，使修行者，变成物欲的追求者，这都是落入"魔罥网"。

"罥"是在山里捕捉鸟兽的绳网，"网"是在海里捕捉鱼类的绳网。无论在山中或大海里，所有的动物原本悠哉游哉地生活在大自然境界中，人类为了自我的利益，而设下天罗地网，使它们失去自由甚而丧生。

"魔罥网"意指人心有不正确的思想，是来自环境影响或内心自造的烦恼；所以药师佛发愿要帮助身心受缚者"出魔罥网"。倘若有情众生能听到药师佛的名号,接受他的教法,不但能挣脱魔罥网,还可以解脱外道邪说的一切缠缚。

"外道"是指信仰佛教以外的宗教,但外道并非都是不好的,譬如:基督教、天主教,虽然不在佛教之内,但其教义都很正确,以博爱的精神,为社会、人群付出。无论什么宗教,如果方向偏差、毫无根据,就是迷信;如果没有科学印证,就是盲目的信仰,因此宗教与科学是不可分的。

两千多年前释迦牟尼佛所说的真理,在两千多年后的现在,经由科学证实佛教是如此科学化。例如经云:"佛观一钵水,八万四千虫",阿难尊者从溪里舀起一钵水,拿到佛陀面前,佛陀一看就说:"这钵水里,有八万四千虫的生命在其中!"

当时阿难尊者就觉得很疑惑,一钵水怎么会有这么多虫?现在用显微镜或更进步的电子显微镜分析,光是一滴水其中的细菌就无法计算,这不就证明佛教是科学的宗教。

科学也需要宗教,如果缺少宗教,科学就不美了,因为宗教有很多文化、道德、礼仪、因果等等的教法,能够美化人生,导正人心,使人与人之间能够互爱、彼此疼惜;倘若科学脱离宗教,而拨无因果,将对人类造成很大的杀伤力。

现在的社会处处依赖科学,因为科学能美化人生;譬如：我在精舍观音殿讲话的声音，透过麦克风及扩音器，可以让精舍四周都听得见，这就是拜科学所赐。利用科学仪器还能将声音、影像，立即送上卫星，四秒钟后就能将宗教微妙的法流传于全球，科学帮助宗教美化人生的精义即在此。

因此宗教必须有科学性，才是正知、正见；否则宗教信仰观念偏差，不但扰乱自己的心念，也会因此着魔。

众生常在不知不觉中，被不正确的思想侵入，使自己的思想观念偏差，以致待人处事有所偏见。学佛要谨慎小心，时时以正念护卫自己的慧命，建立正知正见，邪魔才不易侵入我们的心；如果让邪魔侵入，不仅无法维护自己的正念与道心，甚至日常生活中举止都会错乱，导致人与人之间感情破裂。

因此药师佛因地发愿，众生"若堕种种恶见稠林"也就是说若有众生迷失在邪说、邪见中，而自己却十分迷茫，如入浓密林中，不知往哪个方向，才能走向光明正法。

"魔的罥网"必指自我成见很重，"恶见稠林"则是自己十分迷茫，没有分辨的能力，无法辨别正确或虚妄，正道或邪道，若有人引导往不好的方向，就很容易做出毁坏自己慧命或扰乱家庭与社会的事。就像登山者到了深山里，无法辨识方向，不但分不清东西南北，不知何处是归途，最后甚而误入歧途，这是很危险的。

药师佛在修行时就发愿"皆当引摄置于正见"，意即若有观念偏差、方向错误陷于邪说偏见，或是自己无所适从的人，要以智慧引导、摄受，让他们建立正知、正见。

引摄的"引"，就是教导的意思；如同迷路时，必须遇到对道路、山势熟悉的人，才能引导正确的方向，甚至亲自带领走到明朗的道路；这就是接引、教化。

"摄"就是摄受。因为人心就像狂猿野马，如何摄住心念，使心灵有依归处和正确的方向？佛陀开启四摄六度的世间法，就是教导我们如何做人、与人相处。

在人群中，如何才能摄住人心，使他人心中有我，我的心中有他，彼此互相启发、勉励？佛陀教导我们用"四摄法"，这是很生活化的佛法。

"四摄法"，就是布施、爱语、利行、同事。"布施"就是给予、帮助；有人发生困难时，我们能及时伸出援手，接受的人会很感恩、欢喜，这就是结好缘。慈济人不论日夜，无惧风雨，不计远近，哪里有需要，就往哪里去，只求及时将苦难众生所需，送达他们的手中。

"爱语"就是指付出的时候，还要向对方说"感恩"；感恩众生示现苦难境界,让我们有行菩萨道的机会;感恩众生愿意让我们牵扶、陪伴,走过艰险道路;感恩,就是爱语。

"利行"就如我们去帮助受灾的人,不是只付出一次,还要为灾民设想——何处安身?如何复建家园?将来如何让他们健康、平安、快乐、幸福地生活,使灾民恢复生活的力量,这叫做利行。所以赈灾之后,继续关怀、陪伴他们走过艰苦道路,直到他们安稳自立,才是彻底的利行。

"同事"就是与众生共事,令得利益。例如:有人掉进水里,只靠一个人的力量去援救,会很危险,如果有一群志同道合的人,一起合作去救人,那么成功的机会就很大,所以我们需要同事度。既然来到人间,处在人群中,如果能让人人合心同做一件事,这就叫做"同事"。

大家要时时自我提醒:大爱为梁,智慧为墙。希望能用爱与智慧,守持正道的观念,以"四摄法"互相教育、引导,并且运用于人群中。例如布施不只是物质也包含人力;就像有人负重物,我们去帮他减轻一些重量;又如别人有烦恼,我们将自己的看法与他分享,减轻他的烦恼,这都是布施。

每天慈济医院的志工走进病房,观察到病房里形形色色的病症,以及每位病人不同的生活背景、观念、人生方向等等,这些志工抱着学习行菩萨道的精神去帮助病人,倾听病人的心声，听他们吐露人生的不幸，再以同理心安慰，这就是布施。

看到病患从苦闷中展现笑容，志工们再将内心的欢喜和成就感，在每日的志工早会上与大家分享，这也是布施。如果用心听志工分享，甚至能听到"人间法"，再从人间法中体会"四圣谛"——苦、集、灭、道。

从人世间的苦难中，深思如何看开世间的是非与纷扰，这就是从修行中启发，也是成长慧命的方法；因此四摄法如果用"听"的，会觉得好像很世俗；其实，这就是做人的方法，也是学佛必备的基础。

我们每日早晚课中的持诵经文，必须有正确的观念：诵经不是诵给别人听，而是诵给自己听；诵经其实就像读书一样，是"读经"，并非读经就能消灾免难，而是将每部经的道理，所引导的路，能用心体会而实行，这就是行经。

所谓"经者，道也；道者，路也"。是否读诵《药师经》"令诸有情，出魔罥网，解脱一切外道缠缚"之后，就能解脱呢？这是不可能的，必须了解其真实意义并付诸实践。

纵使我们的信仰是佛教，在修学成佛的道路上，也不能太过自信，因为我们尚未到达不退转的境地，稍不留意就会被魔境所转，或是在修行过程中，无法恒持正知、正见。

正确的人生观,就是人人将善良的本性良能发挥出来;偏差的思想只会使人脱离正轨和真理;所以读经至此,应该自我反省:是否有这样的情形? 或是在念佛、打坐时,妄想求得神通,以致产生幻听、幻觉,这就是着魔。

着魔是很危险的事,要扫除幻听、幻觉,应在日常生活中用心投入做事,时时稳住心念,使妄想与杂念没有机会入侵,自然就不会产生幻听、幻觉。修行并不是一味地念佛、打坐,而是必须与人合群,在人群中磨练心志坚定。

然而在修行过程中,难免有观念偏差的情况,并非人人都能恒持正见、正思惟;唯有到达不退转的境地,才不会再受外道、魔的境界所束缚,落入恶见稠林而身不由己。

有一次,佛陀与比丘行脚在外,看到裸形外道,比丘嘲笑外道:"这样的信仰、修行,实在是邪知、邪见。"佛陀立刻指责比丘:"不要取笑别人,自己的心念若没有照顾好,与他并无二致。"

因此我们要用心检讨:自己的思想有没有被魔侵入? 是否执著于外道心外求法的修行方法? 学佛应该三轮体空,什么都没有,只有智慧与爱。

我们在日常生活中,必须照顾好自己的心念,守持正知正见,并运用四摄法,帮助观念偏差者,使他们慢慢培养正确的见解。等到建立正知正见后,才能"渐令修习诸菩萨行",进一步让他们学习行菩萨道——付出无所求,如此便能"速证无上正等菩提",很快就能成就佛道。

"第十大愿:愿我来世得菩提时,若诸有情,王法所录,绳缚鞭挞,系闭牢狱,或当刑戮,及余无量灾难凌辱,悲愁煎逼,身心受苦;若闻我名,以我福德威神力故,皆得解脱一切忧苦。"

为了维持社会国家的秩序、保护善良的人民,所以有王法。人不仅心理、观念、方向偏差,会造成自己内心的挣扎之外,也会因一时的观念错误而犯法,就必须受到法律的制裁。

"王法所录"也就是若有人犯了法,国王制定的法自然加诸于身,予以制裁。制裁的方法有两种:一是"绳缚鞭挞",用绳索捆绑,再以棍鞭笞打;二是"系闭牢狱",禁闭在牢狱内服刑,又分有期徒刑与无期徒刑。有期徒刑,就是期限的长短依罪行的轻重不一;无期徒刑,则是终身监禁。

"或当刑戮,及余无量灾难凌辱,悲愁煎逼,身心受苦",犯案更重大者,则遭判处死刑。这些数不清的刑罚和凌辱,使受罪者身心感到无限悲哀、愁苦；包括正值受刑的苦痛和被告期间心灵的惶恐，或是被诬告时心情的痛苦，抑或服刑期满获释者自卑的苦。

种种心灵创伤，不只受刑罚者难过，家属也是悲愁煎逼，身心受苦。所以药师佛发愿，在社会上假使有这样的人和家庭，在听到药师佛的名号，凭借药师佛的圆满福德力，以及广大威神力的加被，一切的悲愁苦难都能得到解脱。

回顾一九九一年，大陆发生严重水灾，慈济呼吁大众发挥爱心，帮助受灾户。当时花莲监狱也有许多受刑人，因为平日受到慈济人爱的关怀，启发了他们的爱心，而踊跃捐输。其中有位死刑犯，捐了不少钱，虽然他即将受法律的制裁，了结这一生的业，但是他表示，自从接触慈济之后，反省自己的过错，甘愿接受制裁，心很安然自在，甚至也询问是否能做器官捐赠。

类似这种已经被判刑定谳，甚或被判死刑的人，是否听闻或称念药师佛的名号，罪业就能消除？不是的。重要的是，若有正确的信仰，能虔诚地称念佛德，内心烦恼自然消除，心灵的偏差自然能够归正，这就叫做"解脱"。因此只要正法在心，无论冤狱或忏悔，心理都能得到平静、解脱。

世间有许多事是非难分，甚至佛陀在世时，即使佛的教法受到国王、大臣、社会各阶层的信仰肯定,却也有外道者生起嫉妒心,收买女子假装怀孕,诬告佛弟子,四处散播不实言论,并加以毁谤,最后还向国王控告佛陀的僧团。

国王对佛陀十分恭敬尊重,当他接到这则告诉,心中很疑惑,便亲自前去佛陀的精舍,看到佛陀安然自在,国王向佛陀说明来意。佛陀很安详地对国王说:"是非自在人心,是非对错,请国王明智鉴察,若调查后僧团没有错,公理还是回归于僧团。"

后来果然真相大白,只因外道嫉妒佛陀受到全国人民的肯定,所以想尽办法毁谤僧团,好让僧团令人起疑,无法在社会上立足。

佛世时代就发生过这样的社会问题,也是宗教问题,何况现在是末法时代的社会,是非难分,好坏界定模糊;然而无论什么世代,只要有国就有律法,社会仍然需要法律维持公理。

世间事很复杂,复杂都来自于人的心理作祟,人的心理偏差,行为就会偏差,就会造作伤害,而必须以法律维持公理、保护良善;换言之,第十大愿就是在维护社会的秩序。

"身心受苦,若闻我名,以我福德威神力故,皆得解脱一切忧苦",平时心中应该有佛,就能行在正道中,万一有些偏差脱轨,也能赶快凭借佛的圆满福德力和广大威神力自我反省,及时悬崖勒马。

能在犯错边缘及时回头,就不会犯错,自然心灵安然自在。学佛者必须自我规范,心中一定要有规矩,并以佛作为模范,去凡就圣;倘若已修学圣人法,却因一念无明起而去圣就凡,那就很可惜。

"第十一大愿:愿我来世得菩提时,若诸有情,饥渴所恼,为求食故造诸恶业;得闻我名,专念受持,我当先以上妙饮食,饱足其身;后以法味,毕竟安乐而建立之。"

观文解意,即知药师佛在因地修行时发愿,在未来世成道后,若有众生因为饥饿而烦恼、痛苦,或是为求得温饱而造作恶业,这些人倘若听到药师佛名号,能专心一念受持,药师佛便使他不受饥饿,而且饱足暖和,并以正法妙味使其心灵达到究竟安乐。

人的生活无非为了求得三餐充足,才能身体健康,生命得以延续。想获得充足的粮食,就必须认真努力;常听人说:"为了生活就要拼!"为了家人的生活,即使工作非常辛苦也要忍耐,或者为了做生意而绞尽脑汁、认真努力,这就是社会百态。

一般而言，只要认真努力就能维持家庭生活，但若长年累月处在贫穷中，不免会"贫穷起盗心"，往往生起不规矩的心念，或暗偷、明抢，或是诈欺、恐吓，用种种不正当的手段求得生活的富足；这真是不明智，势必受到法律制裁。

药师佛虽然生在远古时代，相信当时也有相同的情形，所以他才发这样的愿。他看到众生的生活贫困，造成心灵的苦恼，以致生起埋怨、忿怒、不规矩的恶念，自然就不择手段以偷、抢、诈欺、恐吓等方式，以满足生活所需，这就是"为求食故造诸恶业"。但是有些人并非贫穷造业，而是源自于心灵的业障。

有些人家境富足，却患有心理病态——喜欢偷盗，或者游手好闲，不好好过正常的生活，成群结党去抢劫，再将抢劫所得拿去挥霍。

诈欺也是不正当的手段。谋生之道本有规则，凭本事用劳力、智识或以资金投资谋生，这都是正当的方法。脱离正轨而投机取巧或存心诈欺，就会造成社会的紊乱。

现在社会上有很多人，本来安分守己，只因一念贪心想获得暴利，炒作股票或赌博，拿出少许的钱，既不用劳力，也不必动太多脑筋，就想获得几倍的利益，得到物资丰厚的生活；这就是烦恼之一，也是造业。

有很多人不是因为贫困，而是心理产生病态，因此造作偷、抢、诈欺、恐吓等恶业，不仅扰乱自己的身心，还带给家庭困扰，同时也对社会造成不安与动乱。

贫穷的人，在世间的确不少，在未开发国家中，不仅缺乏文明，甚至连基本的衣食生活都匮乏。

数年前，媒体也曾报导过，印尼的慈济人曾到偏远的岛屿去发放粮食物资，这个岛屿平时几乎与外界隔绝，必须靠直升机才能进去。慈济人当时所看到的，当地人无论老少不只没衣服穿，也没什么粮食可吃，问他们："这里难道没有冬天吗？"

"有啊！很冷啊！"

"没衣服穿怎么办？"

"全身涂油，再将沙土黏在身上，沙土厚些就能御寒。"

他们吃的都是山产、野菜或是芋头，有时发生干旱，连芋头、蕃薯都歉收。

埃塞俄比亚的阿法区（AFAR），他们生活的形态和前述岛屿相差无几，同样过着艰困的生活。

不仅这些，还有许多很无奈的——原本就很贫困，又遇上连年干旱，粮食无法生长，或是遇到风灾、水灾或地震、火山爆发等天然灾难,造成许多人无衣、无食、无家可归。

幸好全球各地都有人道团体,这些慈善组织,有的是政府出资,有的是民间筹办;有的在当地救济,有的则在国际进行人道救援。慈济也经常跨出国际,哪个国家发生大灾难,慈济的精神、力量,人员和物资就会很快地到达那里,实地投入急难救助。

所谓"身安则道隆",除了帮助他们得到温饱之外,还希望给他们安身之所。例如:二〇〇一年元月份萨尔瓦多发生地震,我们除了紧急救援,在当地举办义诊与发放物资之外,后续进行的安身工程,也由美国慈济人承担,兴建一千一百多户大爱屋(注)。有了安身之所,这些家庭就能再投入社会生产;社会有了动力,家庭所需就不虞匮乏,如此社会就能安定。

社会上仍有很多人因为心理病态作祟——从心理上产生贪欲,以致身体造作恶业。所以药师佛发愿,若听到药师佛的名号,并且能专心受持,药师佛当先以上妙饮食饱足其身。

注:二〇〇一年元月十三日萨国发生里氏规模七・六强震。十六日慈济勘灾与医疗小组赶抵萨国。同年选定萨卡哥友市及乡米可援建大爱屋,于二〇〇二年十月全部落成,共计援建一千一百四十七户。

是否只要没得吃,一称念药师佛号,药师佛就会给予饮食而能饱足?我常说"佛心己心",只要我们常常持念佛号,在正常生活中付出劳力,无论面临什么苦难,只要有耐心、耐力,身心自然能安适自在。

持念佛号无非是调整正确的心念,内心若能知足,即使只是一碗白稀饭撒点盐巴,也是上等的饮食;如果贪心不足,哪怕是满汉全席,也嫌不够好。所以心中如果有正念,能中规中矩地行动,以耐心、努力付出求得生活所需,无论如何都会很满足、很欢喜。

重要的还是"后以法味,毕竟安乐而建立之",除了让有情众生饮食无缺,饱足其身之外,还要让众生心无贪欲,去除贪、瞋、痴,安顿好内心,再引导众生进入佛法中,才是真正得到法味。

每次听到良言好话,都会很欢喜,不只生命健康,慧命也能增长。生命不过短短数十年,慧命却是无始无终,永恒不息;如果能得到法味而滋养慧命,当然就能"毕竟安乐而建立之"。

"第十二大愿:愿我来世得菩提时,若诸有情,贫无衣服,蚊虻寒热,昼夜逼恼;若闻我名,专念受持,如其所好,即得种种上妙衣服,亦得一切宝庄严具,华鬘涂香,鼓乐众伎,随心所玩,皆令满足。"

药师如来因地修行时,观察人间众生的疾苦,因此在第十一大愿中提到"饥渴逼恼",是贫穷众生不得温饱的苦难。

第十二大愿仍是述说贫穷众生的苦难。"若诸有情,贫无衣服,蚊虻寒热,昼夜逼恼",从这段经文中,可以体会到因贫穷而无衣可蔽体的苦恼。

人世的生活不离衣、食、住、行。衣,就是衣着;世间有四季轮转,寒热交替,需要合适的衣服保暖蔽体,倘若如经文所说"贫无衣服",那真是苦不堪言。

有句话说"衣不蔽体",在台湾过去的农业社会,也会经常看到衣衫褴褛的情景。现在的生活已改善许多,人人丰衣足食,数年前我们呼吁捐赠旧衣,短短数日就募集上百个货柜;当时各地区的慈济人都忙着整理衣服,不时可以听到惊叹:"这件衣服好漂亮!""这件的布料很好。""这件衣服是全新的!"好像每个家庭都很充裕富有,不仅汰旧换新,连新衣也舍得捐出,这不正表示台湾的生活富裕吗?

现在年轻人根本没有穿破衣的经验,有的孩子却故意把衣服剪破、拉出须须,认为这就是流行,看了真令人慨叹万千!

从前的人是不得已才穿破衣服,或是家里办丧事,丧服的布边不能缝合,所以有须须。现在的孩子生活得太富裕,不懂得其中道理,也不了解贫穷人穿破衣的心境。

普天下并非人人都这么富有,还是有许多贫穷苦难者,过着原始而困顿的生活。他们并非生活在很遥远的年代,而是与我们同时的现代,就在距离台湾不远的印尼离岛上;我们也曾亲眼看到在埃塞俄比亚,有些地区仍有"贫无衣服"的现象。

住的方面,过去大家的生活不富有,建筑物都很简单,由于开发得少,因此草丛多、蚊虫也多,晚上睡觉一定要搭蚊帐;生活条件好一点的,则是在屋内装上纱窗,若是较简陋的建筑,还是会有蚊虫的侵扰。

平时只要有一只蚊子在耳边嗡嗡叫,我们就觉得苦不堪言。想想,若是穷苦人家,白天衣衫褴褛,甚至无衣蔽体,这是昼时心灵之苦;夜晚寒冷,住在破旧的房子,门窗破败,环境卫生又不好,没有棉被御寒又没有蚊帐可搭,不断地受到蚊虻叮咬,这种生活是不是很苦? 这就是"蚊虻寒热,昼夜逼恼"。看到这些文章,不由得想起慈济所接触过、帮助过的苦难地方。

一九九三年慈济人到大陆湖南发放，那时正是冰天雪地，却眼见有许多老人还打着赤脚；其中有位老人穿了一双破得开口的鞋子，手握着一根扁担来领物资。他身着几件夏天的薄衣，而且都没有钮扣，只在腰上系了一条塑胶绳以固定衣服。

他没有牙齿，冷得牙龈、嘴唇直哆嗦。慈济人看到了，赶紧上前搀扶，并问他："爷爷，您怎么穿这么单薄的衣服，您走了多远的路？"

他回答："我也不知道晚上几点就开始走了。"他们从前一晚就启程，直到天亮才抵达。

慈济人再问："有没有吃东西？"他没回答。有位师兄，赶快用保温杯倒一杯热水递给老人，另一位师兄也赶快拿一粒馒头给他。

老爷爷看到这粒馒头高兴地马上咬了一口，但是没有牙齿，看他使劲地咬，师姊赶快扶他坐下，并将保温杯端到他身边说："爷爷，慢慢吃，慢慢吃。"这位老人再接过热水喝下，端着杯子的手还在发抖，慈济人又赶紧拿来一件棉衣，让阿公先穿上，并仔细为他拉上拉链、扣好扣子。

从录影带上看到这些老而贫者，令人印象深刻；这位阿公有馒头可吃，有热水可喝，有一件温暖的棉衣可穿，当他回去时,满载而归,看他脸上露出笑容,就觉得很安慰。

当时像这样的人,不只这位老先生,在镜头内外比比皆是,看到老弱妇孺们单薄、饥寒的身子,和接到发放物品的满足欢喜,就让人感到欣慰。

对于这些贫穷苦难者而言,让他们有衣可穿、有饭可吃、有棉被可盖,就是一种帮助;但是如何使他们的心灵满足、物质丰富?这就要改变生活方式,因此慈济为他们建屋,希望他们能搬到出入方便的地方。

最近再回去看他们的生活情况,居民们的生活都已改善。有的买了摩托车、小卡车;有的在家里做起小生意;甚至也有水电行的老板。这就是真正帮助他们脱离贫困,有着安稳的生活。

又如南非,本来是黑、白种族对立,但是人生无常,政治的更迭令白人也需要救济,在一九九五年慈济送十五个货柜到南非,除了旧衣之外,还有食物和日用品。

无论黑人、白人都是我们救济的对象。然而我们不只发放物资,还运用智慧让他们互动,用肢体语言去安抚他们,开阔他们的心胸,消除歧见让彼此互爱、互助。

之后他们举行和平烛光晚会,黑人、白人齐聚一堂,大家齐声以中文唱起"普天三无"这首歌,也翻译成英文一起唱;这分人性之爱,彼此打成一片的画面实在很美。

尤其辅导他们成立了数百个职训所,让他们从此展开家庭工业,改善不少人的家计。

我们也为他们盖学校。在爱的互动下,职训所的学员也懂得回馈和帮助别人;他们做衣服给学校的孩子们,让学生的穿着很整齐。甚至他们以歌声发愿,"跟随证严法师上天堂、当菩萨,也跟随证严法师下地狱、度众生"。

"若闻我名,专念受持,如其所好,即得种种上妙衣服"。这段经文的意思,并非无衣无食时,赶快持念药师佛名号,所缺乏的物资就乍然全有了。

佛只能教导我们如何做,就像慈济人在南非或泰国北部、尼泊尔……很多地方,除了救济物资之外,还辅导他们的心灵,只要能虔诚接受者,绝对可以改善生活。生活获得改善,自然"种种上妙衣服"具足,身上的穿着整齐干净,就是上妙、美丽。

物质如何比较?心欢喜最好。只要喜欢穿的衣服,就是上妙衣服;如果不喜欢,再好的质料也不觉得欢喜。穿金戴银是否很欢喜?如果心中不满足,还是不会感觉如意。

曾经有位慈济委员家境很好,尚未进入慈济之前,每天打开衣橱,都觉得少一件衣服,于是经常出门逛街,买自己喜欢的衣服，可是每天仍然不满足、不欢喜。

不论有或没有，只要心中感到欠缺，就是苦；所以要教育她能心生法喜，穿上每件衣服就如上妙衣服，是最庄严的衣服。像现在很多委员穿起八正道的制服、旗袍或"蓝天白云"，大家都很欢喜，脸上都带着满足的微笑，这就是她的上妙衣服。不只穿上那件衣服欢喜，内心也会觉得人生很丰富，所以"得一切宝庄严具"。

是什么庄严她的呢？是气质。脸上挂着笑容，那分安详、温柔、体贴的气质，就是最庄严的装饰。

所以说"华鬘涂香"是一种形容；如果心中有爱，发愿为众生服务，内心所发出的气息，就像德香一样，在在都令人愉快，事事也觉得随心所欲得到满足，这就是药师佛的愿；只要人人能受持药师佛的名号，受持诸佛菩萨的教育，心地就能时时丰富，什么都不欠缺。

"鼓乐众伎，随心所玩，皆令满足"。对印度人而言，宝庄严具很容易获得，只要将花朵串在一起挂在身上，就觉得很美，或者以种种兽骨、石器等做成装饰，就是宝庄严具，就会感到欢喜、满足。

学佛，就是要学得这分心的欢喜与轻安，以及在生活中殷勤付出；如此就不会有人受饥寒，只要风调雨顺，人人自然丰衣足食。

"曼殊室利！是为彼世尊药师琉璃光如来、应、正等觉,行菩萨道时,所发十二微妙上愿。"

释迦牟尼佛讲完药师佛所发的十二大愿,便向文殊师利菩萨说:"以上所说的种种愿力,是东方琉璃世界的药师琉璃光如来,在修习菩萨道时,发心立下的十二个微妙无上誓愿。"

每尊佛都具足十大圣号——"应供、正遍知、明行足、善逝、世间解、无上士、调御丈夫、天人师、佛、世尊",这就是十德;十德圆满之后,即成"应正等觉",应正等觉也就是佛的意思。

药师佛发愿不仅自身光明,也要照耀一切众生,使众生与自己一样光明、庄严,这就是众生与佛平等的愿。

药师佛行菩萨道,是累生累世不断地投入人群,在付出的同时,愿心不断。不像凡夫经常说:"等我成就之后再来做。"

有的人看到别人做好事,就会说:"很好！不过等我环境好一点,等我多赚一点钱,等我……"苦难的众生站在面前,若不能及时付出,就不是菩萨愿,也不是菩萨行。

从这十二大愿就可得知,立誓为人群付出,修行者最重要的是身体力行,"愿"与"行"要平行,不断地做、不断地立愿,就是行菩萨道者。

从《本生经》中,也可以看到佛陀每一阶段的修行过程,无不是舍身救人;不只救人,也救一切众生,即使是一只小鸟或一只老虎,他都愿意舍身救护。

佛陀在修菩萨道的过程中,曾身为鹿王,这个鹿王所处的山林,有位爱打猎、嗜食鹿肉的国王,经常带着大臣上山打猎,使得山林里的鹿群,每天都在惊惶中度日。

后来鹿王就到国王面前,请求国王不要每天进入山林,让它们生活得非常惊惶。它和国王协议——既然国王爱吃鹿肉,与其整个鹿群担惊受怕,而且每天滥杀无辜,不如由鹿群每天自行供应一只。国王听了,就答应鹿王的请求。

有一天,轮到一只已经怀孕的母鹿,母鹿的天性想保护肚子里的小鹿,于是向鹿王哀求:"等我把小鹿生下来,保住小鹿的生命之后,我甘愿去送死。"

鹿王很同情母鹿,它就对母鹿说:"好吧!你先回去,这个问题我来解决。"

这位鹿王再三考量,它觉得大家都很珍惜生命,谁也不愿替代，这是必然的道理。它舍不得鹿群中任何一只提前去送死，最后自己来到国王面前甘愿领死。国王一看，竟然是鹿王；就问："鹿王，是不是整座山林的鹿都没有了？"

鹿王说："不是，我虽然每天派出一只鹿来，但是鹿的繁殖还是生生不息。"

国王就问："既然如此，为什么今天你要亲自来送死？"

鹿王回答："蠢动含灵皆惜生命，每种动物都贪生怕死；人类有亲情，鹿群同样也有亲情。今天原本轮到一只怀孕的母鹿，她为了保护孩子来恳求我，希望让她延期。然而要派谁来？生命能多延续一天是大家所期待的，所谓'己所不欲，勿施于人'，不如我亲自来。"

国王听了很感动，十分忏悔地说："虽然你身为鹿形，但怀抱仁心，我虽然是人，却还不如你。"就决定放鹿王回去，又向鹿王发誓："我再也不会打扰你们的生活。听到那只母鹿为了保护孩子，我很同情；我也一样爱我的亲人、我的生命。感恩你提醒我'己所不欲，勿施于人'，我再也不会做出伤害生灵的事。"

从这段故事可知，凡是有生命者皆有爱，何况是人；人人心中都有爱，何况是发心的修行者。发大乘心、修菩萨行，必定具足大无畏的爱心。

众生有种种苦难,学佛最终目的,就是希望将所有众生的苦难全部解除,使众生回归到清净的本性。

依报正报果德

"复次,曼殊室利!彼世尊药师琉璃光如来,行菩萨道时所发大愿,及彼佛土功德庄严,我若一劫,若一劫余,说不能尽。"

这段经文是释迦牟尼佛赞叹药师琉璃光如来的功德,因此郑重地再向文殊师利菩萨说:药师琉璃光如来,行菩萨道时所发的大愿,以及其佛土的功德庄严,若要一一为大家解释,即使是一劫或比一劫更长的时间,都述说不完。

由于时间很长,天下难免有小三灾、大三灾发生。"小三灾"就是饥馑、瘟疫、战争。小三灾在各国频频发生,单就二十世纪初的两次世界大战,就使许多地方民不聊生;回顾历史,死伤的惨重,实在教人惊心动魄。

第二次世界大战时,尽管我还年幼,迄今仍记忆犹新。

当时空袭过后,触目所及的景象尽是血肉模糊,令人不忍卒睹。一颗炸弹从空中丢下来,就造成家破人亡、尸首分离,还有垂吊在电线上的肢体残骸,种种残酷的画面,经过数十年的时光,依然历历在目。

战争在地球上不曾停歇。千年的世仇使中东战祸不断,时有内战或党派纷争,国与国之间不断地相残,以致人民日日不得安宁。这种千年的怨仇祸延子孙,造成下一代生活在怨恨与报仇的心态下;可想见国家怎会有安宁、和平的日子?

二〇〇一年九月十一日,美国遭受恐怖分子自杀式攻击,纽约双子星大楼应声倒塌。这两栋号称纽约地标的商业贸易中心,是许多人的心血结晶,也是世界繁荣的中心,破坏这两栋大楼,不啻严重打击美国的商机和经济;不知夺走多少人的生命?多少人的家庭陷入愁云惨雾中。

再说"饥馑",常听到有些地方动辄干旱,造成人民的饥荒,这就是饥馑;譬如朝鲜,连年发生干旱或洪水、大雪等天灾,致使人民遭受严重饥荒。

佛经里记载,饥馑炽盛的时期,会有七年的时间不下雨,而且有九个太阳同时照射;届时不只地上的作物无法生长,全世界将陷于严重的饥荒,人类遭受灾难的死伤也会很惨重。

饥馑过后还有瘟疫,也就是传染病,现在世界卫生组织虽然很用心推动,但是传染病仍然不断地扩散。尤其是较落后的国家,民众常因饮食营养不够,又不懂得卫生,以致百病丛生。佛经上说传染病炽盛期有七个月的时间,而且是全球性的,将对人类造成很大的危机。

最可怕的则是战争,若全球爆发战争,佛经上说刀兵灾连续七天,人类就到灭亡的边缘,这就是"小三灾"。

人间到了减劫时期,道德观念会愈来愈淡薄,所造的恶业愈来愈多,贪心、贪念也愈大,甚至不择手段,最后招致很大的灾殃,所以叫做"末法恶世"。

而今已经是人寿减劫时期,有人会认为:怎么可能?现在人类的平均寿命比从前长多了。可否想过,现在的灾难也很多,人口虽然增加,但是天灾人祸伤亡不断,就像九一一事件,恐怖分子采取自杀性的攻击,即造成数千人伤亡。

放眼天下,时时都有灾难发生,不论是人为或天然灾难,都是造成人寿递减的因素。如果减到人寿三十岁时,纵使是至亲也都会变成仇人,已谈不上什么家庭伦理,更遑论私情小爱,届时真是人人自危。

其实这种现象,现在已略有所闻,家庭亲子间为了财与利,可以对簿公堂,甚至相残。夫妻彼此一点猜疑,就造成家庭惨剧;人心至此,不就是随着减劫时期而转变?

道德观念的淡薄,灾难不断地发生,人心道德不存而愈造恶业,灭绝的危机就愈大;若能从此时此刻,赶紧发扬人性之爱,提升良好的道德观,人与人之间能彼此互爱,就能止息杀戮,延续生机。

大家要好好地把握分分秒秒,虽是"短"时间,但累积起来就是"长"时间。我们要将佛陀的教法时时放在心上,落实在日常生活,这就是累积道德与功德。

"然彼佛土,一向清净,无有女人,亦无恶趣,及苦音声;琉璃为地,金绳界道,城、阙、宫、阁、轩、窗、罗网,皆七宝成;亦如西方极乐世界,功德庄严,等无差别。"

"彼佛"就是药师佛,所有的佛土,无论西方世界或东方世界,都是很清净的净土,"无有女人,亦无恶趣,及苦音声"。

若要国土清净,就必须从"有情的正报"及"世界的依报"二方面谈起,每个人出生之地,都是依每个人的正报与依报。

佛国净土的成就,始终都是保持清净的;娑婆世界虽有许多圣哲贤能,都想将娑婆世界建设成清净理想的世界,但是最后却还是充满杂乱、秽恶。

就以九一一事件为例,美国发生惊世爆炸案,两栋一百多层的金融大楼就此毁灭,许多人的生命、财产也毁于一旦,瞬息之间,灾区如同人间炼狱。

"依报"就是依于共业聚成的世界。就如美国发生九一一事件后,不只受灾者苦不堪言,即使未受波及的人,也是惶惶不安,担心其他地方被装置炸弹,这就是共业的依报。

另一种是"有情正报"。无论想求生东方净土,或是西方净土,都必须业障尽除;佛陀说,娑婆世界是一个"五浊世界",众生的业障未除,处在业障未除的依报世界,无法永远清净。

众生都带着善恶杂揉的业来到世间,无论过去生多么有地位、财富,今生都带不来,所带来的只有善恶业。未来会带什么而去?还是带着现在所造作的善恶业,接续来生的福祸,这就是"万般带不去,唯有业随身",也是"正报"。

个人的业要自己承受。为善、有福者,在人间享受福报,在家庭里,一家和乐融融;在人群中,则人见人欢喜,自己见人也欢喜,内心懂得善解、包容,把握机会付出、造福人群。这都是因为过去生中造的善因善业,今生才能"会遇善缘"。

在过去生中，我们难免也曾造下恶业，例如不小心开口动舌的口业，或是犯了杀、盗、淫等身业，抑或是内心贪、瞋、痴的意业；既是已不慎种下不善的因，这一生虽然有善因、善缘，有机会做好事或享受家庭的和乐，仍不可避免会有一些业障现前。

譬如：身体产生病痛或家庭亲缘关系淡薄，孩子比较不听话或夫妻感情不融洽、与公婆相处不愉快等等，这都是过去生中所种的因，所带来的缘，而给予我们的一些烦恼。

所以说"如是因缘，如是果报"，了解因果的循环，意欲解开恶缘束缚，从现在起，就要欢喜地接受一切善恶业报。因为在过去生，既然欢喜造作那些业，来到这一生就要甘愿接受，面对任何人事都要善解、包容，欢喜接受就能消除旧业；对于新业则要积极地做好事，这就是心的福业、善缘。

无论处在什么环境，心中要常存知足、感恩，才不会有贪、瞋、痴恶业的滋长，就不会造妄语、两舌、恶语、绮语诸口业，以及不犯杀、盗、淫等身业。想在今生造福缘，就要时时知足、感恩；要消业障、除旧业，就要善解、包容，这就是除旧业，积善因。

为什么在同样的环境中，别人过得很好，自己却有许多障碍与烦恼？这是每个人过去生中所带来的业因，在今生所显现的果报，这就叫做正报。

再举一个正报、依报的例子，慈济医院有位医师到美国华盛顿开会，九一一当天有一架自杀飞机撞击华盛顿五角大厦，而他搭的正是前一班飞机，前后差不到几分钟，真惊险！

我们常会听到："本来我要搭那一架飞机"、"我本来不想搭的"，种种巧合与起心动念，都与个人的正报、依报有关；正报若没有与依报共业，就会平安无事。

人来世间离不开依、正二报，所以每个人都必须宽心接受。如果生在福报中，要记得"贵而不骄，富而好礼"，不要有霸气；如果生活贫困，坎坷业报现前，也要安心接受，能够时时善解、包容，日日知足、感恩，一旦旧业消除，新的福缘、净业就能因精进而培植出来。

倘若人人内心清净，所依止的世界自然就清净，所以要将人间化为净土并不困难；只要人心净化，世界自然就会平安。如果众生的心不平、气不和，动辄用霸权、暴力，那么整个社会、国家就会动荡不安。

释迦牟尼佛特别提到药师佛的佛土，是何等的清净；"无有女人，亦无恶趣及苦音声"，这里的特色就是没有女人。

在第八大愿中说"为女百恶之所逼恼,极生厌离",曾提到玉耶女的故事,佛陀向玉耶女说,从母亲怀孕开始,父母就开始担忧会不会是女孩?一个女人尚未出生就让父母内心惶恐、畏惧,一直到出生后,父母对于男女的管教也明显不同,男孩可以自由出入,女孩不能随意乱跑;尤其到了适婚年龄,女孩被要求遵守三从四德;嫁到夫家,必须适应另一个家庭,有时候往往受到排斥。想要做个贤妻良母,谈何容易!实在有很多苦恼。

此外,中外史上有很多王者,为了女人而变成昏君;例如商纣王好酒淫乐,以酒为池,悬肉为林,使男女裸相追逐其间,为长夜之饮。有的皇帝不理国事,整天与妃子作乐,享受奢靡颠倒的生活。

不仅如此,在每个时代中,都有女人问题存在,小则扰乱个人心思,大则危国;在社会上,也造作许多恶业和灾难。

以物质生活而言,百货公司或街上商店琳琅满目,大多数都是针对女人开设。有许多女人为了展现妖娆百态,不仅在容貌上下功夫,还要不断地更新变化服饰,甚至不惜袒胸露背,只为了展露美艳的体态,博得他人的瞩目。

《论语·阳货篇》第二十五章,子曰:"唯女子与小人为难养也,近之则不逊,远之则怨。"

"小人"就是指心怀不轨的人,有利可图时,他会在你面前摇尾乞怜;假如对他有一点不好,就回头反噬,因为小人居心难测,所以孔子说小人很难相处。

女人与小人一样难以相处,因为女人的心思较细,对她好她就不懂得谦逊,生起贡高我慢;如果稍微疏忽,又会心生嫉妒,觉得自己被冷落。女人心真多变,也因此道心不坚固,想修行比较困难。

佛土若要清净,就必须无女人,人人都现大丈夫相。出家就是现大丈夫相,现大丈夫相后,就不必与人诸事比较,心就能安定。当然,修行要步步精进,一边去除女人外在的缺点,一边也消除内心贪、瞋、痴、慢、疑的秽恶,才能修到内外真正都是大丈夫相。

其实并非男人就叫大丈夫,因为男人中也有小人;也并非女人全都不清净,因为女人中也有内在是大丈夫相的。例如:观世音菩萨,在五浊恶世中多现女人身,以慈爱的形象接近与感化众生;虽是女人相,却是大丈夫心,以众生苦为苦,以众生悲为悲。我们修行,必须赶紧将内在恶劣的心态去除,好好地培养自己做一个大丈夫。

琉璃净土一向清净，没有女人，就没有心态作怪的人；当然"亦无恶趣及苦音声"。因为人人向善，没有恶念，所以不造恶，自然就没有地狱、畜生、饿鬼的恶趣，也没有受报叫苦的声音。

《阿弥陀经》所描述的净土也很清净，连鸟叫声都仿佛在念佛、说法，没有恶口、妄言、绮语，更没有两舌搬弄是非，大家的心都是坦荡荡，没有贪瞋痴，所以没有不利于人群的行为。若有一片清净心，充满善良与爱，那么这片心地即是净土；学佛，就是要学到当下即净土。

"琉璃为地，金绳界道"也就是琉璃净土是以琉璃铺地，以金绳作为道路的分界；因为大家都是好人，道路宽大畅通，不必以围墙间隔，只用金绳指引着路线即可。

"城阙宫阁，轩窗罗网，皆七宝成，亦如西方极乐世界，功德庄严，等无差别"，琉璃净土的建筑，不论是城阙、宫阁、轩窗、罗网，都是用金银、琉璃、玛瑙等七种宝物建构，这七宝是世间人所追求，至高无上的珍贵宝物，由此也显现药师佛的琉璃世界，如同西方极乐世界般的殊胜庄严。

净土就在我们的心地，无需他求。要往生净琉璃世界，必须将内心的一切污秽、染著扫除，与其追求往生净土，何不现在就扫除自己内心一切污染、贪、瞋、痴等恶念,让我们的心地成为净土。

也就是说,以人间最宝贵、清净的情(觉有情),以及无染的爱,构筑自心的净土,在内心好好地滋润长情大爱,进而成长自性佛的宫宅,自然而然会成就一片心灵净土。

所谓"功德庄严",也就是要成就此一净土,必须人人都具有这分修养与功德,才能感得净土正报、依报。要庄严娑婆世界,所有的众生都必须好好地成就功德;人人内修外行,才能庄严与东、西方净土一样的娑婆净土。倘若向往净土,就应该发心立愿精进不懈,为未来铺设这片理想的净土。

"于其国中,有二菩萨摩诃萨:一名日光遍照,二名月光遍照,是彼无量无数菩萨众之上首,次补佛处,悉能持彼世尊药师琉璃光如来正法宝藏。"

前文提过日光、月光菩萨不但辅助药师佛教化琉璃世界,也是"次补佛处",意即将来是由这两尊菩萨继承药师佛的正法宝藏,继药师佛之后成佛度众。

"悉能持彼世尊药师琉璃光如来正法宝藏",意即这两尊菩萨能完全摄持药师琉璃光如来的正法宝藏,及其精神与教导的方式。

"是故曼殊室利!诸有信心善男子、善女人等,应当愿生彼佛世界。"

释迦牟尼佛为了苦难众生来来回回于人间,为了使众生离苦得乐,而介绍东、西净土法门,随顺众生的根机施以教育,随顺众生的选择、欢喜发愿和修行。

释迦牟尼佛详细介绍药师佛为众生所发十二大愿之后,再说明琉璃净土的清净庄严,以及东方净土中的日光遍照、月光遍照两尊菩萨,完全依照药师佛的教导,摄持药师佛的精神继续教育众生。这段经文是说:文殊师利菩萨!你们这些对药师佛具有信心的善男子、善女人等,应当发愿往生药师佛的琉璃世界。

无论发愿将来往生西方或东方,如果现在的心地不清净,哪里都去不成,即使想永住娑婆也有困难,因为娑婆世界之外还有三恶道;所以我们要立刻受持佛陀的教法,今生此世都要依教奉行。

离贪吝转布施

尔时,世尊复告曼殊室利童子言:"曼殊室利!有诸众生,不识善恶,惟怀贪吝。"

此时,释迦牟尼佛再次叫唤文殊师利菩萨,意在提醒大家振作精神,好好用心领受。佛陀继续说,有些众生不明善恶,也不愿行善,虽然富有却欠缺爱心。

现代有些人也是如此,拥有愈多愈贫困,因为不满足,永远都是"有一缺九"(注),这叫做悭贪。悭贪的人,只关心自己,不识善恶,缺乏因果观念,比较自私。

有的人花在吃喝玩乐,一掷千金,毫不心疼,但是有人遭受苦难、饥寒交迫,请他布施一点,哪怕是施舍一碗饭都舍不得。若旁人问他:"请客和布施,有什么差别?"

"有啊!面子不同。请一顿丰盛的食物,我会很有面子;

注:有一缺九:意指有一百元还想要有九百元,有了一千元,还想要九千元等等,不满足的心态。

如果只是一碗饭,就不算什么,那是他应该挨饿。"要他发一念善心不可得,还说别人应该挨饿。

三十余年前,慈济仍是草创阶段,北部的救济工作也才起步。有一次我们在基隆市发放,有位很草根的老委员也去。后来她想到基隆有亲戚,这件好事一定要请亲戚来参与,就去找这位亲戚,告诉他:"慈济来基隆做救济工作,我们在这里缺人又缺钱,请你出来帮忙,参加救济的工作!"

这位亲戚本来看到她很高兴,要请她吃饭,但是听到要捐钱,态度就不同。他说:"我请你去饭店吃饭没关系,要我捐那种钱,我可拿不出来。"

老委员听到后很诧异,问他:"为什么?"

他说:"那些人就是好吃懒做才会没钱,那些人就是……"说了诸多理由,不外乎是贫者该贫,饿者该饿,病者该病,苦者该苦,一点怜悯心都没有。

这位委员连忙说:"千万不要这么说!如果你不想救济人,也不要说这么多难听的话。"

"救济人,怎么不来救济我?"

"你真的需要人救济吗?"

"是啊!如果能救济我,我愿意被救济。"

这位委员告诉他:"师父说要口说好话,不要一直在诅咒,不好吧!"

他回答:"这怎么是在诅咒?是真的!如果我需要时,看你们会不会来救济我?"

这位委员就说:"好,如果你真的有那么一天,我们会来救济你。"最后彼此不欢而散。

不料,数月之后,这位亲戚灾祸频传,不仅替人背书(担保之意。——编者注)要赔钱,他的孩子发生车祸,自己也病倒了。短短不到一年时间,环境骤变,当他生病时,连看病都没钱,最后真是慈济去帮助他。

我常说,要口说好话、发好愿,如果不愿做好事,也绝对不要说诅咒的话。数十年来慈济踏出国际,得到中、外人士的肯定和信任,期待能为台湾多植福,广造福田、净化人心。

坏劫时期人间多灾多难,唯有净化人心,才能以善转恶。常听人说"积善之家必有余庆"或"一念善心转,诸大恶业消",就是希望人人能生出一分善心,凡事善解包容,如此人与人之间就没有冲突对立,也没有敌我紧张的人心,造成紧张的社会。所以善念一起,自能"随缘消业障,不更造新殃"。

现在的人不但不识善恶,还心怀贪婪悭吝,也不了解善恶因缘果报。男人花天酒地,女人则虚荣爱美,甘愿大笔消费,却不愿意为善付出,即使对人说句好话,或者伸手帮助别人、予人安慰,都不愿意。这就是不识善恶因缘果报,惟怀贪吝的人。

布施并非唯有付出钱财,能给予悲苦的人一分安慰、欢喜,以及安定的力量,都是布施。有的人很悭吝,连展露一个微笑,使人安心、开心都舍不得,这种人生一定很痛苦,因为不知道布施以及布施的果报。

所以有些人会认为:"我看过有人很愿意布施,但是也没赚很多钱?"这种心态就错了!布施是人的本分事,是一种内心的净化,不但去除贪吝,还启发善心。

懂得布施的人,内心很快就能得到回报;就像给人一个微笑,必定结下一分好缘;当别人难过烦闷时,能伸出手来拍拍他的肩膀,轻声柔语安慰他几句,他会觉得你是可依靠、能信赖的人,这不就是立刻得到回报吗?

人生的苦乐,不在于物质的多寡,而是一种心灵的感受。佛陀的教法,就如稀世珍宝,若能好好受用,就是最富有的人生。

"不知布施及施果报,愚痴无智,阙于信根,多聚财宝,勤加守护。"

"不知布施及施果报",慈悲的表达是人与人之间相互扶助,也就是布施;不懂得慈悲、互助,是因为不知道布施的果报。有的人以为佛经上说"舍一得万报",而认为舍一就能得万,若以此心情去布施,绝对是错的。

"舍一得万"的真义是,懂得打开爱心之门,了解慈悲的法门,而能与所有的众生互动、互爱,相信佛陀的教育,行在菩提大道上,对普天下众生平等布施,普施一切,这叫做"舍一"。

平等布施能否得到果报?能!就是"为善最乐"。有形的金钱付出,帮助别人解决困难,所得到的是心安理得;有力量伸手帮助别人,让别人站得踏实、走得稳健,我们也会很欢喜、快乐!付出是因,感受是果,这就是"报"。

如果是用悭贪的心去"求",即使布施,也离不开贪,要去除贪吝,才能真正得到布施的果报,当下就能得到开心和欢喜。

《无量义经·德行品》中说:"常住快乐,微妙真实,无量大悲,救苦众生",意即我们的心时时住于"无量大悲"之中,也就是为受尽苦难的众生,及时拔苦、付出,此即"救苦众生",这样付出的人肯定能"常住快乐"。

快乐是因为常常去付出,做个帮助人的人,如此时时都会安心、欢喜。有人觉得人生无聊、空虚,就是因为懵懂过日子;若能脚踏实地去付出,做了之后的心得,就有很快乐、微妙的踏实感,这就是"微妙真实"。

我们要体会佛陀慈悲的教育,就像平坦正直的菩提大道,只要安心地走,绝对不会迷路。所以学佛应该知道布施及其果报;如果不知道,就是"愚痴无智,阙于信根"。

我常说:"做该做的事就是智慧,做不该做的事就是愚痴。"看到世间的苦难,要感同身受;看到每天都很开怀、欢喜、轻安自在的人,要学习他的方法,这就是我们所追求启发自我智慧的方法。

所谓"信为道源功德母,长养一切诸善根",就是说为善最乐,我们的善根也需长期保养,这就必须要有"信",信根若不坚固,则无法启发善根门。

大多数人请客、吃喝玩乐都很舍得花费;要布施并非没有钱,只是舍不得付出,并且会"多聚财宝,勤加守护",这种悭吝的心态就是缺乏信根。

还有另一种人,不只吝于帮助别人,连自己有钱都舍不得用,再多的钱也觉得不够,这种人不但省吃俭用,过着可怜又寒酸的日子,连生病也不去看病,甚至缺乏食物而营养失调,在我们救济的个案中,就有这样的案例。

慈济曾帮助过一位高级知识分子,他当过校长,也栽培独生子出国念书。校长退休之后,他要求留校当工友,继续住在学校里面,如此就不必花钱租房子。历届的校长都曾设法让他离开,到最后连宿舍也没得住,就在学校旁边搭一间工寮,继续在学校当工友。

当时他已经七八十岁了,工寮年久失修,已破烂到无法遮风蔽雨,而学校的校长一直希望他搬走,所以也没替他修理;然而他已经罹患肝病,我们协助他住院,在住院期间连营养费都缴不出来,所以除了每个月的救济金,我们同时替他缴纳医药费和营养费。

慈济委员将他当成自己长辈在照顾,到最后他大量吐血,连医护人员都不敢靠近他,还是慈济人细心替他清理身体、换衣服。后来他往生之后为他处理后事时,院方就对慈济委员说:"他那些脏兮兮的东西,也请你们顺便替他整理丢弃。"

慈济委员在整理遗物时,发现一捆由报纸、破布、破衣服层层捆着的东西。

打开之后,原来是储金簿及印章。看看储金簿里的记录,每个月都汇钱出去,再到银行了解才知道,原来他每个月都汇钱给他的儿子。为了儿子,自己却舍不得花用,最后银行里还存有一二十万元,当时可说是一笔相当大的数目。

这是不是悭贪?他只爱他的儿子,舍不得儿子在外吃苦,用这种方式来聚集资财。但是他"阙于信根",所以"多聚财宝,勤加守护",这种人实在很可怜!

"见乞者来,其心不喜,设不获已而行施时,如割身肉,深生痛惜。"

多聚财宝的人坚守着钱财,连自己都不肯花用,怎舍得布施给别人?所以"见乞者来,其心不喜"。尤其一般人常是仗富欺贫;富有的人吃喝玩乐都不吝惜,可以花数万元吃顿大餐,却不肯施舍贫困的人一碗饭;看到需要帮助的人,心不欢喜也不肯布施。这就是所谓"富家一餐饭,穷人半年粮"。

即使有时刚好"设不获已",虽然不想帮助,但是刚好有人愿意帮助这些贫困者,也邀请他来帮点忙,为了面子他会舍一点。这种交际性的不乐而捐,捐得不甘不愿的人还是很多。

"而行施时,如割身肉,深生痛惜",也就是碍于面子而不得不布施时,那就像割他身上的一块肉一般,始终耿耿于怀,内心深感懊恼、不欢喜。

"复有无量悭贪有情,积集资财,于其自身尚不受用,何况能与父母、妻子、奴婢、作使及来乞者?"

我们知道悭贪的人,只为自己的面子,或为私情小爱、身边的人才愿意花钱;对贫穷苦难者,却舍不得付出。

还有一种人不仅吝于帮助别人也不自爱,连自己的生活也过得寒酸,更遑论对待父母、妻子、奴婢、佣工以及来乞讨的人。

现在的社会有很多独居老人,如果问他:"孩子呢?"

"唉!孩子长大,出外谋生了。"

"他在做什么呢?"

"有没有回来看你?"

"很少,做事业没什么时间。"

甚至有的老人生病来医院就诊,景况都很凄凉、孤单,若问他:"有没有和孩子住在一起?"

"有啊!"

"他们怎么没来看你?"

还是会听到这样的一句话:"没时间啊!"

犹记慈济医院刚启业时有一则个案——有一天,有家人开着奔驰车,从北部千里迢迢地将他的父亲送来花莲,办好手续住院后,丢下父亲住在多人病房中,就此音讯全无。

在慈院住了数月,他的家人不闻不问。幸好当时有志工经常探望、陪伴他。但是这位老人已病入膏肓,不但患有多重病症,脚也坏死,严重到需要截肢的地步,必须家属签字,才能进行手术,志工就帮忙联络家人。

他的家人却迟迟不肯来,我们甚至还请北部的委员登门拜访,拜托他们前来签署手术同意书,但是他们都说:"没空就是没空。"

后来,经不起电话与委员再三登门劝说,他的媳妇才来一趟,签了字立刻就回去。

这个老人经过截肢手术后,心情很不好,志工们就不断地与他互动。他很慨叹自己有十个孩子,为什么孩子们都不来探望他?孩子之间也很计较、互推责任,可想见老人的心情多么郁闷——年轻时努力赚钱抚养孩子,为什么现在生病,却没有人愿意照顾他?这种心情真是凄凉痛苦。

他在慈院住了半年以上,志工用心地照顾、辅导他,北部的志工则不断地前去说服他的子女,经过很长的一段时间，他的子女才来把父亲接回家。听说从慈院离开后，这位老人就被送到老人收容所。

他的家庭贫困吗？他的儿子开着奔驰车载他来，可见家境不错，难道会养不起父亲吗？不可能。这只是一念心，他知道父亲生病了，若是只由他负责照顾，他舍不得花钱；这么多子女连轮流照顾都不愿意，竟将父亲弃之不顾。

或许这些子女从小所接受的教育，就是缺乏爱及付出，以致造成日后自私、无情，忘记小时候父母如何为他付出、细心地照顾；这种完全忘了父母恩，父母要受用他的钱，比登天还难。

尽管现代人大都疼爱妻小，却对父母冷淡；也有的人对妻儿很刻薄，不但要限制用钱，凡事都计较得清清楚楚，有钱人的妻儿，并不一定很幸福。

曾经有位太太来捐钱，年底时捐款收据寄回家被先生接到，年节期间整个家庭吵吵闹闹。尽管太太向他解释："这是在你给我的菜钱、零用钱中节省下来的，这一年中，菜色也没有比较差，家中也没有短缺用品，我将省下来的钱拿去做好事救济人，有什么不好呢？"

先生就说："无论如何，你把钱拿去给别人就不对，这表示我给你的钱太多，以后还要再缩减。"太太听了很不能接

离贪吝转布施

受,就和先生吵架;后来还是委员到他家说尽好话,才平息一场风波。

最后先生甚至说:"以后不要再来我家,我就是不让太太做这种事!"

自己舍不得做一点好事,就连太太想做,他都障碍,像这样的人也是为数不少。

对自己的妻小都那么计较,何况是"奴婢、作使",这些请来的佣人？佣人做多少工作,就给多少钱;时间也算得很紧,绝对不让佣人轻松。

有位从菲律宾来的小姐到精舍,我问她:"你家里雇这么多佣人,很热闹吧？"

这位小姐说:"我还是孤孤单单的,没有伴!"

再问她:"雇用那么多人怎么会没伴呢？"

她回答:"因为房子大,我一个人不敢住,才会雇用那么多人,他们可以把房子内外整理干净,让它很亮丽。"

由于当地的工资很便宜,她一个人就雇用了很多佣人。

我问:"那你吃饭时这么多人都很热闹吧？"

"不,只有我一个人吃,他们的规矩,要等我吃饱后才能吃饭。"

我说:"哪有这么多规矩,你让大家一起吃,不就有伴了吗？"

她回答："这是雇主与佣人之间的规矩。"

雇主与佣人有这么大的分别？当地虽然工资便宜，雇请佣人很普遍，但是要雇主多付出一点给佣人，谈何容易？遑论教育、辅导，以致贫者永远贫困。

"彼诸有情，从此命终，生饿鬼界，或旁生趣。"

如是因，如是缘，如是果，如是报，因缘果报是永远存在的。同样有钱，有的人花天酒地自己用，有的人却用破布层层包藏，连自身都舍不得花用；甚至也有人宁可在外行乞，住的是破屋，却另外埋了许多钱。

这种人自己都不肯受用，活在人间向人乞讨，经常吃不饱，缺乏营养多病痛，这与饿鬼有什么差别？

饿鬼界，不只是经典上的名词，人间的饿鬼界也很多，在媒体报导上或从事国际赈灾时，常常可以看到饿鬼道般的境界。就如阿富汗，在近一二十年中战争不断，再加上天灾又有三年干旱，土地无法生产作物，全靠外界人道慈善机构提供物资和医疗。

一九九八年，慈济曾与美国骑士桥组织（Knightsbridge

International)合作,前往阿富汗援助医药,看到人民每天只有两粒小小的马铃薯以维持生命。

再看看埃塞俄比亚等地的居民,他们营养本来就不够,全靠国际救济,假如慈善机构撤离,物资来源便完全断绝,不知如何生存?

或者舍此投彼,投生"旁生趣",也就是畜生道。在一些文明落后的地方,人的生活类似畜生。这就是因为过去生,在人间悭贪不肯施舍,今生才会如此穷困缺乏。

学佛就要学得满怀充分的爱,不但懂得自爱,提升自己的人格,还要和人人互爱、互助,也能享受"布施就是获得快乐"。如果能懂得孝顺父母、疼爱妻小或感恩受雇人的努力付出,这就是美好的人生。

"由昔人间,曾得暂闻药师琉璃光如来名故,今在恶趣,暂得忆念彼如来名,即于念时,从彼处没,还生人中。得宿命念,畏恶趣苦,不乐欲乐,好行惠施,赞叹施者。"

看这段经文,我们知道就是指上一段经文所说的悭贪人生,这种爱财如命的悭贪有情,将来往生的去向,当然是饿鬼、畜生的境界。

"由昔人间,曾得暂闻药师琉璃如来名故",由于过去生中这些悭贪之人,在人间曾经听过药师佛的名号;不论是无意中,或是曾经发善念去听,因为这分善念好缘,即使悭贪不愿布施,堕入恶道受苦,"暂得忆念彼如来名,即于念时,从彼处没,还生人中",忽然间记起药师佛的名号,一念佛名,即刻脱离恶趣,再度投生人间。

平时不念佛的人,遇到危险时,赶紧称念"救苦救难观世音菩萨",请观世音菩萨加持,有时候还真灵验,就度过危难。人生一切都是因缘,有时好缘共聚,会遇到好人,也会遇到信仰佛法的人;好人说好话,学佛的人常念佛,经常和他们共处润泽,无形中也会受到潜移默化。

我们也常听到,一般凡夫平时不懂得做好事也不肯听闻佛法、学佛,一旦遇到困难时,就会很自然地持念佛菩萨名号,这比在受难中还要刚强来得好。刚强的众生总认为"苦就是苦",因此受尽苦报折磨,在苦中挣扎,再添苦业。

慈济在台北新店筹设医院,就在院区中举办"把大爱洒向人间"义卖活动,广邀天下善士共襄盛举。活动中有人卖吃的,有人卖一些小东西,其中有一摊专门卖纸莲花。这是一群正在监狱中服刑的女受刑人,利用纸厂切割下来的废纸,以手工细心制成一朵朵美丽的莲花。她们准备了半年,就是想付出一分爱心——建设医院、抢救生命。

负责教育这群女受刑人的一位主任,每次来参加慈济教师联谊会,就将听到的好话带回监狱中,除了说给这些女受刑人听之外,也带好书回去和大家分享;一段时间后,这些女受刑人都被感动而且彻底忏悔。

她们发愿:出狱后,绝对会改头换面,改掉过去的恶习,努力做好贤妻良母;与其将来改不如现在就改,她们就把监狱当成道场、修行的地方。当主任告诉她们,慈济将在新店兴建医院,需要很多爱的力量来付出,她们就问:"我们能做什么?"有位慈济委员娴熟折纸工艺,就发心教她们许多手工艺。

其中她们特别喜欢纸莲花,因为她们觉得在监狱就像处在污泥中,不希望再沉沦下去,要改过自新,期待把心化为心莲,出污泥而不染,以此净化自心。

直到新店义卖这一天,她们做了数万朵,就让一位受刑人出来义卖,她手上拎着一串一串的纸莲花,在人群中一直叫卖着:"来买莲花,请用爱心建造医院。"很多人踊跃地向她购买,因为大家都知道,这是女监里许多有心改过者的心愿,大家愿意共襄盛举。

尽管她们过去曾犯错,然而只要有人能用真诚的爱去转化她们,这些受刑人都能受到感动而改过向善。

佛德不可思议,若能及时持念佛号,即能解除业障;如同折莲花一样,她们接受了佛陀的教育,相信因果,懂得清净自己的心念,所以她们心中有佛、手中有莲,每天心念不离佛。

这又让我想起一二十年前,有段时间我在台北讲《药师经》,有一天,一位六十多岁的太太一大早就来,笑得很开朗地对我说:"师父,我今天是专程来说感恩!您这段时间讲《药师经》,将我的心结都打开了,现在我心中的烦恼都去除了。"

我说:"心中没有烦恼很好!"

她说:"是啊!我还没听《药师经》之前,觉得做人实在没意思,想自我了断。现在不会了!我很甘愿接受现今的情况。今天除了感恩师父,还要买几本书带去'闭关'。"

问她:"你那么虔诚,要去哪里闭关?"

她说:"我先生在世时,我们很努力工作,公司经营得很好。但我们只有一个儿子,栽培他到大学毕业,要他接管爸爸的公司,他不要;要他去工作,他也不肯。我们就是太宠他,舍不得让他吃苦,他要多少钱,就给多少钱。

"他爸爸过世后,我就接管公司,他偶尔会帮忙,却常推说要去接洽生意,怎知他都去赌博、花天酒地。我总想要让儿子在社会上立足,所以不论什么债务,我都替他还。后来他要和别人投资做生意被倒了。公司的经济每况愈下,他的信用也受损了,就要求用我的支票。我想:儿子应该已经受到教训,不敢再乱来,就把我的支票给他用。结果他用我的名字乱开支票,弄得我现在一身债,又无法偿还,明天就要入狱。"(按:当时仍有票据法。)

问她要关多久时间?她说:"不短!不过我想到师父在《药师经》中说,别人是闭关三年,我可以闭关六年,我很欢喜也很开心。明天我就要进去了,今天特地来向师父说感恩,师父您放心!我会把这些书带去里面看。"

这就是以心转境,无论过去生中她造了什么业,或是这辈子被人拖累,只要她有因缘听闻佛法,乃至生起一念信心、持念佛号,也能渡过难关。

将监狱当成道场,当作自己在闭关,等出狱后,相信她的人生会更开阔,心境更包容。就像那群折莲花的女受刑人,也是将监狱当成道场,学习"口说好话,手做好事",并发愿出狱后要"脚走好路"。

这种及时改过,就像经文中"即于念时从彼处没",意即因为听闻佛法及时改过,心念由恶转善,对佛生起一念信心而忆念佛时,虽然身处有形监狱,但是心却超越桎梏。

"还生人中,得宿命念",就如有朝一日出狱后,回到自由的人间,知道一切都会过去,心中没有埋怨;明白因缘果报及因果可畏,平时行为不检点,后果就是受到法律制裁;知道失去自由的苦难,出狱后就能警惕,不敢再做坏事、不愿再入狱。

人生常因懵懂、不畏因果,所以为非作歹;倘若知道因缘果报,就不敢做坏事,自然"改往修来"——将往昔的恶业完全改除,修习未来的善业,这就叫"畏恶趣苦"。

经文中的恶趣是指"三恶道",即地狱、畜生、饿鬼道。三恶道中实在苦不堪言,所以懂得害怕、了知宿命、知道因缘果报的人,就会彻底忏悔改过,畏惧恶趣的苦难。

"不乐欲乐",也就是多数做坏事的人,都是因为心中生起爱欲贪念,心猿意马向外奔驰、迷途忘返,以致一失足成千古恨。因为一时心欲贪染犯错受尽苦恼,现在知道错误,就不会再以五欲之乐为乐。吃、喝、玩、乐的身心享受,只是一世而已。因为过去生中曾种福因,所以这一世享受福果,若不肯再植福田,有朝一日终会坐吃山空,福报享尽,堕落恶趣。

"好行惠施,赞叹施者",因为畏惧恶趣之苦,所以再也不会想要吃、喝、玩、乐,最想做的就是惠施、利益人群的事,或是随喜功德,看到别人做好事,能随喜赞叹。

在慈济世界中可以看到很多人间的活菩萨,他们知道人生没有所有权,只有使用权,因此身心奉献为天下众生付出,对苦难的人及时施予。有很多人过去衣柜里永远缺一件衣服;每天穿戴珠光宝气,一味地与他人比较珠宝的大小、自我炫耀,时间都浪费在虚荣的娱乐。

当他了解、接触佛法之后,投入慈济,人生就完全改变,把逛街购物的时间投入慈济工作。由于朋友也都很富有,为了"教富",就想尽办法让他们了解,即使拥有再多的物质,心灵也不会很快乐;并将自己进入慈济后,帮助他人的"微妙真实"感觉和对方分享,让对方感受自己做好事的快乐,这就叫做"与乐",也叫做"教富"。

很多生活富裕的少奶奶,在投入慈济人间菩萨道后,度化很多富人,他们已经成为富中之富——不但富有物质,还富有爱,这就是觉悟的有情。譬如二〇〇一年纳莉台风侵袭台湾,北台湾严重受创,慈济人总动员,即使甚至有人自己家里也淹水,家具都还浸泡在水里,他们仍以这分大爱之心,投入紧急的救难工作,协助其他灾情更惨重、更需要帮助的人。

许多人因停水、停电坐困家中,没水、没食物,慈济人集合爱心的力量,分工合作,制作出一天所需的十多万份便当。有家大饭店也响应完全净化为素食,由董事长伉俪带领员工配合慈济委员,共同投入制作出数千个便当。

特别是慈济设于内湖的中央厨房,共制作数万份便当。其中不乏许多企业家携家带眷,甚至连家中佣人也一同投入,全家总动员,这幅画面真令人感动。

这些人都是富中之富,一旦发生灾难,需要他们付出时,马上放下身段,与大家平等修行,这分平常心、平等心,真是非常难得;这种富中之富的人生,不但帮助了别人,自己也得到快乐。

我问一位慈济委员:"辛苦了!你为什么能如此投入去做?"

他马上回答:"感恩慈济这个大团体,让我们有机会立即投入,为受灾的民众付出一分心力,我们很快乐、很欢喜。"

这就是道场,为众生去付出,就是布施;再以布施度人,就是修"布施度",一方面是施与困难的众生,一方面将付出后的心得,与朋友互相分享,连朋友都一起加入了。这就是教富、与乐,所以他们"好行惠施",做得很欢喜。

不只自己欢喜布施,还"赞叹施者",看到别人布施也很欢喜,同时起欢喜心赞叹对方,就叫做"随喜功德"。所以修行,不但要惜福布施,更要欢喜赞叹;如此娑婆秽土才能变成净土,否则众生心中充满贪、瞋、痴、慢、疑的污秽,这块土地如何清净?

看看花莲静思堂的佛像,是十方诸佛的法身,从虚空中层层叠叠飞向地球,要来洒净地球;佛陀来人间,最重要的是来净化人心。人心如果污浊,必定烦恼丛生、造业不断,那么三恶道就会有我们的分;人心如果能清净,则心净土净。

学佛就是要学得"即心是净土",若能时时心中有爱,时时为人群付出,即使身体劳累,但是心灵"常住快乐,微妙真实,无量大悲"就可以"救苦众生"。还要学得"好行惠施,赞叹施者",看到别人在做,我们也很欢喜。

大爱电视台在纳莉台风来袭时,地下四层全部淹水,志工们纷纷出动抽水,抢救泡水的录影带,后来志工们在临时租借的影棚分享救灾经过;当时他们全身都沾上泥巴。

有位慈诚菩萨表示他家里也淹水了。大爱台的同仁问他:"你不用稍微打扫一下家里吗?第一天就出来投入这里的工作,你家要怎么办?"

他说:"淹都已经淹了,女儿会帮忙清扫,我赶快出来做比较重要;如果没有'大爱',怎么会有小爱?"

好几位志工菩萨、慈诚菩萨都一样,当大爱台的记者访问他们:"这么多天了,放下事业,每天都来这里工作十多小时,夜以继日,不是很辛苦吗?"

他说:"不会啊!很欢喜,只要欢喜,时间就过得很快,我巴不得能多一点时间,让我赶快做好。"

"你这样在做,看着水一直抽,东西一直救出来,你的感觉如何?"

他说:"感觉很欢喜!"

"欢喜的感觉是怎么样?"

这位志工回答得很妙,他说:"我感觉大爱台就像我的家。因为我每天空闲下来就看大爱台,这是我的精神食粮,从中得到智慧的开启,那是我'心灵的家';我来投入、帮忙,就像是做家里的工作一样!"

记者又问一位志工:"你全身都是土,脏兮兮的怎么办?"

他说:"没关系!衣服脏了洗一洗,就干净了;最重要的是,我的心很干净!"

多有智慧!投入污泥中,他的心却不受污染,这种"好行惠施,赞叹施者"的人生多令人感动!

"一切所有,悉无贪惜,渐次尚能以头目、手足、血肉、身分,施来求者,况余财物!"

"一切所有,悉无贪惜",也就是对所拥有的一切都已经不再贪求与吝惜;过去因为贪惜财物,才会舍不得,现在观念一转,便不再贪惜、舍不得。

在慈济世界,可以看到有些人,以前对钱财很吝惜,处处与人计较,努力赚钱,但是对于父母、亲人,甚至自己也舍不得花用,何况是其他人?如果不得已必须布施时,就痛如割下自己身上的肉。观念转变之后,不但舍得布施,甚至可以做大布施;不只不贪惜,还能倾囊付出,并且懂得赞叹欢喜,更能教育别人一起来做,对自己一切不再贪惜,付出之后还很欢喜。

"渐次",也就是一步一步地深入了解,发现布施付出比赚取很多金钱还快乐,而且更有意义。

由此可知,身外物是让我们在人生中应用,因应生活的用途。身体也是一样,天下没有长生不死之人,既然人身没有所有权,只有使用权;健康时,就要健康做,为人群付出。

即使生命终了,身体还能发挥最后的良能,捐给医学单位作为病理或大体解剖,让医学生与医师了解人体构造或致病的原因,才能做个救病救苦的人。

道理透彻了,连身体都可以好好利用,只要有人需要,就能在不影响健康的情况下去付出,譬如捐血不仅可以救人,还会促进身体新陈代谢,再产生新血。

现在的科学发达,不但能捐血救人,还能捐骨髓救人。起初很多人都不了解何谓"骨髓捐赠",不只配对到的人担心,捐髓者的家属更不放心,因此慈济刚开始呼吁骨髓捐赠时,真是艰辛难行。然而只要打开心门,将道理、生理、物理的观念弘扬出去,人人就能了解捐髓救人,利人不损己。

近年来,常常有人配对成功来捐赠骨髓,受髓者不但有台湾人、大陆人、亚洲人,甚至也有非亚裔者。这种身在台湾,却可以救到国外,真是千里髓缘会。

"大爱剧场"有一出戏,叫做"日出",剧中的主人翁简春梅,她的人生很坎坷,年纪轻轻就和先生离婚,虽然她坚强又独立,但不幸的是,遭人无名地泼洒硫酸而毁容,此后使她受尽折磨。

有一天,我们的委员琬华和她搭同一班公车,那天很炎热，她却将整张脸蒙起来；老委员琬华对每个人都很关心，就主动接近她。

那时春梅很自卑，一直逃避也不予回应，等公车一停，她就立刻下车。琬华也跟着下车，一直想要和她说话，即使她没有任何回应，甚至还有一点排斥，但是她直觉地认为这个女人心事重重，一定需要别人帮忙。无论她的反应多么冷漠，老委员还是锲而不舍地设法接近她。

经过一段时间，终于知道她人生的坎坷经历，也知道她被毁容后，第一次手术时就已经把身上完好的皮肤，都移植到脸上，而今她再也没有钱去整容。

老委员就劝她："不要一天到晚都包着头，这样怎么过日子？为什么不去求医？"

她说："我已经整容过几十次，现在什么都没有了。"

老委员就说："不要紧，只要你愿意再去就医、整容，我身上的皮肤可以给你！虽然我年岁比较大，但皮肤还很好！若是经济上有困难，我可以帮你申请社福补助，慈济功德会也可以帮助你。"

如此真诚的表达！这位老委员如此舍身助人，不就是菩萨吗？长年累月以来，老委员不只济贫教富、出钱出力，还教别人做；看见别人做善事，她也很高兴地随喜，甚至渐渐透彻体悟：能应用这个身躯利益人间，就是最有价值的人生。

有些人疼惜身体，可说是呵护备至；修持菩萨道的人，透彻到"尚能以头目、手足、血肉、身分，施来求者，况余财物"的道理，也就是明白运用身体去帮助别人，人家需要什么，就给什么。

慈济委员或一般有爱心的人，知道这些道理之后，当他们的亲人发生意外时，都能及时表示：在亲人结束生命后，愿意将他的器官捐出来救人。这样的善举常常可以救活很多人的生命。

记得慈济医院也有捐赠器官的案例，一个人可以救五六十人，两个眼角膜、两个肾、一个肝、心脏、肺脏都能救人，身上的骨骼与皮肤同样能发挥功能。看看一个人的捐赠能救活这么多宝贵的生命，既然意外已经发生，能用的就使用，能从身外财透彻到身内的道理，他能以"头目、手足、血肉、身分，施来求者"。

两千多年前，佛陀就已经说过"头目髓脑悉施人"这样的科学观，令人佩服释迦牟尼佛的智慧。所以宗教要配合科学，并以科学印证宗教。

释迦牟尼佛的教育，就是要教我们懂得大施舍，以净化人心、庄严国土；人心要有那分大施舍，才能去除贪、瞋、痴一切不清净的烦恼。

人间令人担忧的事很多！什么时候才能不必担忧？唯有"转娑婆为净土"，也就是净化娑婆世界，不只地面清净，而且山河大地、天空的污染都能净除。

为什么空气、大地会遭受这么大的污染与破坏？这归咎于人的心欲，为了谋生不择手段，各行各业为了因应消费者的物欲享受，而造成种种的破坏。

天灾就是出于人心，倘若人人都能安守本分不逾矩，简单生活，娑婆世界才有可能化秽土为清净。

学佛，就是要学得如何"化秽为净"。有的人会担心：现在拯救地球、净化人间，还来得及吗？我认为：不怕错，就怕不肯改过，一错再错；倘若大家及时尽己本分与心力，保护这块土地，就如同春天播种，是为了秋天的收获；至少还能为下一代做到保持及净化的努力，使后代子孙安居乐业。

药师佛以德感化众生，使悭贪、嫉妒的人也受到感化，懂得布施，不只身外物能布施，连头目手足血肉，甚至全身都能布施给需要的人、来乞求的人，何况是其他的财物？这就是发大心、立大愿，行大布施。

离邪见得忏悔

"复次,曼殊室利!若诸有情,虽于如来受诸学处,而破尸罗;有虽不破尸罗,而破轨则;有于尸罗、轨则,虽得不坏,然毁正见;有虽不毁正见,而弃多闻,于佛所说契经深义不能解了;有虽多闻而增上慢,由增上慢覆蔽心故,自是非他,嫌谤正法,为魔伴党,如是愚人,自行邪见,复令无量俱胝有情,堕大险坑。此诸有情,应于地狱、旁生、鬼趣,流转无穷。若得闻此药师琉璃光如来名号,便舍恶行,修诸善法,不堕恶趣。"

"复次,曼殊室利",释迦牟尼佛解释过药师佛之德,接着再次提醒大家注意下一段经文。

"若诸有情,虽于如来受诸学处",有情就是众生,学处即学佛修行的层次;因佛弟子有在家与出家二众,所受持的学处也不同,而每一层次有每一层次的戒规,希望佛弟子能如法受持。

譬如:一位佛教徒基本的修学,即守持五戒。"五戒"即是不杀生、不偷盗、不邪淫、不妄语、不饮酒,知道五戒的内容后,还要透彻了解。

为什么不杀生? 身为佛弟子首要长养慈悲心;慈悲心就是不忍众生受苦难。孟子曾说:"见其生,不忍见其死;闻其声,不忍食其肉。"看到活生生的东西,就有这分不忍心吃的恻隐之心。何况佛教徒,更要做得彻底,不只不忍食其肉,也要不忍生灵被杀害,以"不杀"培养慈悲心。

为什么"不偷盗"? 偷盗是损人不利己的事,把别人的东西贪为己有,或者为了自己的利益损害他人;小则偷盗,大则抢劫。既然身为佛教徒,学佛修行必定要去除贪念,不只没有贪念,更要付出布施,这就是守持不偷盗戒的学处。

在家人必须守持"不邪淫"戒。既然是佛教徒,一定要奉行一夫一妻的佛化家庭,夫妻相互敬爱,双方绝对不能有不轨之心——男人金屋藏娇、女人红杏出墙,都不被允许;必须家庭健全,才能维护家庭的幸福,善尽为人子媳、为人父母的责任。

佛教徒要守好人格,不论出家、在家,行为要让人肯定及信任。其实会让人产生不信任感,大多是由口业所造成,口业即妄言、绮语、两舌、恶口。有人习惯说谎,没有说成有，这就是"妄言"。有的人习惯在人前说得很好听，表现得好像很有爱心、愿意付出、很守情操的君子，可是人后却做不到，这就叫做"绮语"。

另一种是"两舌"，看到别人成功，就生起嫉妒、不欢喜心，而搬弄是非，破坏人与人之间的感情，小则影响家庭或朋友关系，大则影响社会风气。现在的社会，为什么如此纷乱、不和睦？都是因为开口动舌不注意，讲话不谦虚，或者颠倒是非。因此这条戒律要特别注意。

第四是"恶口"。学佛者应该慈言爱语，心中有爱就表达出来，爱是什么形态，不说没有人会了解，表达真诚的关心就是轻声柔语，真诚的爱就是柔和善顺。

有些人会说："我只是说话大声、粗鲁一点，其实我也很关心他，就是关心才会骂他！"听起来好像有道理，实际上是不正确的。例如泼妇骂街，是自己生气而谩骂，只会大大破坏自己的形象。恶口会使家庭不祥和，社会不安定，整个国家充满戾气、不吉祥，这都是口业之害。

既然是佛教徒，就要彻底守持五戒学处。有的人说："要我不杀生、不偷盗、不邪淫还很容易，但是要守口业实在不容易，这是我的习气！"就是因为不容易才要不断地学，因为这是我们的学处、做人的根本戒规。

第五是"不饮酒"。爱喝酒的人明知饮酒伤身,偏偏要喝,而且不只伤害身体,还会损害形象;不喝酒的时候中规中矩,一喝酒就胡言乱语,行为也不端正,既无形象也失去了人格。

社会上常在呼吁"喝酒不开车,开车不喝酒!"这就表示,喝酒会控制不了自己,是很危险的事。

现在的人什么都知道,就是无法自我控制。既然学佛,就要学会如何控制自己,并且不断地精进,守好自己的本分、规矩,这也是学处,这就是"五戒"。

守持五戒奉行"十善";十善的"十"就是身三、口四、意三。前面已说过杀、盗、淫、妄、酒,这是在"身、口"上的造作;还有"心",贪、瞋、痴、慢、疑就是心的恶念,这五项的其中一念生起,身的行为、开口动舌就完全失常了。

举凡佛门弟子有幸能接受佛陀的教法,受持什么规戒,就应好好地用心去学、守持。

虽然已接触到学处,也知道规矩了,却不幸"而破尸罗"。"尸罗"梵语正译有四种名称:清凉、安稳、清净安静、寂灭,或者另译为戒。

如何让心清净无污染?就在于守持戒律。因为能守持戒律,就不犯身、口、意三业,十善具足,就是清凉;相反的,犯戒造恶即招感身心热恼。

人的本性并无善恶的分别；清净则善，污染则恶。所以要照顾好自己的心，本性净化，心地自然清凉，没有热恼；如果没有做错事，没有犯戒规，心自然很安稳，也就是俗话常说"问心无愧"。

面对世间一切物欲、人我是非，心中都很安静，不会起心动念，就是心地清净。人心若能清凉、安稳或清净安静，要求得心灵最高境界——寂灭，就不困难了。

"受诸学处，而破尸罗，有虽不破尸罗，而破轨则"，有些人虽然都明白道理，也知道三藏十二部教典的学处，却明知故犯；或者有的人虽然守戒守得不错，却破轨则。

轨则，是规矩的意思，就是僧团仪规。佛陀成立僧团，随佛出家者日众，时日一久，凡夫习气浮现，容易犯规，佛陀因此不得不订立轨则。这段经文意即有的弟子能奉持佛陀的教法，也能守住清净的戒行，却不守僧团的规矩，也就是不合群。出家僧团本来就是和合众，以"六和敬"（注）共同

注：《法界次第初门》六和敬初门第五十之记载："外同他善，谓之为和；内自谦卑，名之为敬；菩萨与物共事，外则同物行善，内则常自谦卑，故名和敬。"六和敬又作：同戒和敬，同见和敬，同行和敬，身慈和敬，口慈和敬，意慈和敬。

生活,如果人与人之间不能和合,不能守住常住僧团的规矩,就叫做"破轨则"。

破尸罗是败坏自己的德行,破轨则是破坏公众的规矩,扰乱人心与制造烦恼。常言:"宁动千江水,勿扰道人心",意即要让僧团里的每个人都能把心静下来,就要人人守规矩;若有人不守规矩,就会扰动僧团中的人心。

人生无常,国土危脆。回顾公元二○○一年时,台湾接二连三遭遇台风侵袭,山河破坏了、河床也增高了,让我们很担心。有很多人的住家遭遇土石流无情的袭击,瞬息间赖以遮风蔽雨的房屋就像纸做的玩具一般,随着湍流直下;多少人的家园消失了,多少的亲情永断,多少人掩面痛哭!

七月三十日登陆的桃芝台风在台肆虐,才过了一个多月,又来了纳莉台风,多少人家还是一片狼藉,要清理积水淤泥,谈何容易,家具也几乎全都报废,更有许多人无法重建家园,街头上满目疮痍,尽是堆积如山的垃圾;接着利奇马台风又来。

在大爱台节目中看到一位老人家,记者问她:"台风又来了,您要怎么办?""我也不知道怎么办!"

桃芝台风时,阿嬷家淹水,她很害怕;接着纳莉台风来袭,她差点没命;再来利奇马台风,不断地下雨。慈济人冒着风雨去阿嬷家送便当,想将她安置在一个安全的地方。

在台湾有进步的文明,富裕的生活,却在不到两个月的时间,一而再,再而三的淹水。

我们应该要知道众生共业,业要自转。看到天灾,大家都知道要祈祷消灾解厄;但是祈福消灾,光是用嘴说或到寺院去拜求,能求得到吗?

现在最重要的是要"转业力",旧业既已造成,就应该要改新的善业。孔子也说:"获罪于天,无所祷也。"如果人心多造罪业,光向上天祈祷也没有用。过去因为迷茫、颠倒,不懂道理,所以偏离正道,现在学佛,就应该了解一切是共业。我们常说:"随缘消旧业,莫再造新殃",所以内心要提高警觉,人与人之间也应该时时善解、包容,事事用心思考。

人与人之间要和气相处,用善解的心相待。一句不好的话,若能善解,也能变成好话;即使人家在骂我们,若能善解,也可以感恩他的教导与磨练。倘若能懂得善解,生起感恩心,当然凡事都能包容。

常看到弥勒菩萨的雕像,都是大大的肚子,背着一只布袋笑容满面的样子,意思是人要有大肚量,有什么烦恼垃圾,就丢到布袋里去,时时笑脸迎人,这就是善解、包容的描绘。人与人之间，过去有什么过节儿、不愉快，从现在开始，不仅要"随缘消旧业"，还要善解、包容；重要的是"莫再造新殃"，时时自我警惕，不再犯错。

看看二〇〇一年的八月与九月，短短两个月之中，国际间和台湾就发生许多的灾难，我们应该要有警世的觉悟，要消除过去的旧业，重新开始。所以我常说，要做一场"大忏悔"，彻底在内心的道场做一番大忏悔，把"青面獠牙"的面容改过来，不要时常怒目对人，应该像弥勒菩萨一样，笑口常开；重要的是将自己内心洗涤干净，就叫做"忏悔"。

佛陀的教法，开启这么多的学处，我们守住学处，就能将佛陀的教法拳拳服膺于生活中；不只守住学处，还要守住尸罗，也就是"清净戒规"。

除此之外，还要守住轨则。在出家的僧团中，人与人之间要时时合心和气，安住道场中；有幸听闻佛法，能够进入道场，这个道场就是我们的家，应该要珍惜大家同心同志愿的缘分，同心协力维护轨则，道场才能清净庄严、有道气。所以不只守持自己的戒律，还要顾及整个僧团的轨则。

"轨则"对出家人而言是僧团、常住道场的规矩，若是社会上一般人，指的就是团体规矩。有的人不合群，自以为是,或者看到别人犯错而生气,这就是"拿别人的错误来惩罚自己",将他人的错误放在自己心中而起烦恼,表现在外的怒目面容,就和人结了不好的缘。所以我们要运用智慧:出家人以智慧选择终身依止的道场,一般人则以智慧选择生命中的志业,不要只是为了生活而就业。

我们应该为慧命好好地修路,这叫做"志业"。期待事业、志业能平行,就要以智慧选择志业,既然选择了这个志业团体,就要安下心,时时善解、包容,常常知足、感恩。

有同心同道同志愿的人一起共事,我们应该要满足。好事不是一个人就能成就,要许多人才做得起来,所以要有感恩心。无论是在家或出家,一定要存有知足、感恩心,如此在团体或僧团中都不会破轨则。

"有于尸罗、轨则,虽得不坏,然毁正见",有的人虽然自己的私德,以及公众和合的道德都修持得很好,但是却丧失正知、正见。

正见,对学佛者而言是很重要的事。何谓"正见"?就是正确的观念、思想;如果观念思想偏差,不论学处、尸罗或是轨则,都容易破坏。

正的反面是邪,邪就容易扰乱心念。学佛就是要顾好正确的心念,心念一偏差,道行就"差之毫厘,失之千里"。

之前我曾见到几位思想不是很正常的人，他们都是佛教徒，只是方向有些偏差，以致走火入魔，无法控制自己。

其中有一位，他也知道自己走火入魔，还对我说："怎么办？师父，有个东西常在我的身边，对我说一些我自己也不知道的话。"甚至说话说到一半，他会突然大声喊叫，坐在周围的人，都被吓到了。

我问他："你怎么会这样？"

他马上就说："那不是我！我也很烦恼。"

他过去并非如此，只是在修行过程中，贪心起而四处跑道场，有人说法就去听，欠缺正确的目标与仔细思考，尽管念佛或打坐都很认真，无论什么法，也都认为是好的，然而不知道自己是否能契机入理？也分不清什么是正法，因此无法让心静下来；心不能安住，终于乱掉心思。

进入佛门，不懂得安住心念，对这个法想受持，对那个法也想接受，结果接受一法就怀疑一法，真的很危险。总而言之，正见很重要，尸罗、轨则固然要守好，观念见解更是一点都不能偏差。

譬如：明白有善恶因果，有生死及解脱，有圣贤及凡夫，有苦、集、灭、道，才能真正循规蹈矩，好好修行；倘若拨无因果，就不是正见。

我们不仅必须明白善恶因果，并且要深信因缘果报，这是佛陀所教育的定律；更要明白，必须经过修行次第才能解脱，否则仍在生死轮回之中。

有的人认为：有生就有死，死了之后，再来做人，一切重新开始，因此逞英雄，肆意争斗，即使赔上性命，也认为死不足惜，反正一二十年后，又是好汉一条。这种观念是错误的，因为六道轮回，不一定都能再生为人。既然人身难得，这一生中就要好好照顾自己的身体、品性，做好该做的事。

有时难免偏差，一旦堕入恶道，后悔都来不及。曾在一本杂志里看到一则真人实事——

在希腊有位三十多岁的男子，他的头脑很好，是一位电脑管理员，不知何时染上赌博恶习。有一次他连续五天，不分日夜地沉溺在赌场里，然而手气不好，最后输得一无所有。当他输光时，想起妻子及年幼的女儿，十分懊恼自己一败涂地、什么都没有了！在写完遗书之后，就到赌场门前上吊自杀，还交代这封遗书要公诸于世。

遗书里写着：他知道赌博不好，也曾要求赌场的人："拜托你们禁止我进入赌场，因为我每次赌博都会输。"但是赌场的人并没有阻挡他，以致他继续赌博。他也曾向警察单位反映,请他们严格取缔赌博场所,但是政府也没取缔。

最后他去酒店喝酒,他说:"在那里哭了一个钟头,也没有人来安慰我,所以我很痛苦,宁愿选择一死。"因此写了一封遗书,请警察把它公诸社会,提醒人人不要赌博。

这是一则国外的新闻。大家听了会觉得:台湾也常有人因赌输而自杀。这就是告诉大家,这种情形不只在台湾才会发生,在国外也一样。特别的是:这个人明知赌博不对,也想要改过不再赌,所以才会请赌场老板阻止他,也要求政府取缔赌博。

人心善恶杂揉,一念是善、是正确的;另一念则是邪恶的。知道不能赌博,这是善性未泯;虽然知道不可以,但是控制不住,欠缺尸罗、规戒,所以要商请别人规范自己;然而这怎么可能!还是应该自我规范,这就是我们的见解观念。观念若正确,善与恶就能分辨清楚;如果善恶不分,就必须多听闻佛法、知晓戒律,以谨守戒律规范自己。

只知道理,而不知规矩,或者懂了规矩,却不肯守持,如此学佛就是多余。真正学佛,要守好学处、不破尸罗也不废正见,心地才能真正清凉,内心才能时时安稳、清净,到达那分寂灭的境界。

人生无常，让我们得以体会苦空的真谛，体悟"无我"的境界。

有的人将"无我"定义成"什么都没有"，一切皆空，既然没有什么是真实的，又何必修呢？若作如此想，就变成"断见"。不论"断见"或"常见"都不正确，在修行路上都很可怕。

佛陀所说的无常，是要我们提高警觉、爱惜生命与慧命，懂得把握时间精进，倘若受诸学处，却破尸罗或破轨则，抑或毁正见，那么修行就等于无修。

"无修"在佛经中有另一种解释，所谓"修而无修"，是要精进但不执著，就是不要有"我见"。我见太重，凡事执"我"，都是不对的，而是要好好珍惜人生、努力精进，让慧命成长；所以一定要守戒，遵守团队生活的规则，照顾好正见，绝对不可毁坏正见。

有时一念偏差，就会远离正道。对于修行，很多人都知道精进再精进，或是各有想法，要修净土法门或修禅宗法门等等，这都很好；然而不论何种法门，首先必须了解佛经的真义与经中描述境界的精髓。

如《阿弥陀经》中，"若一日，若二日，若三日，若四日，若五日，若六日，若七日，一心不乱"，念佛持名必须直心，而且要很清净,不能有一丝杂念;这表示平时就要从心地中清除烦恼,不只是"若一日"、"若二日"而已,应该从此生到来世,都要一直维持心地的清净。

现在的人能整天心无杂念吗?每次一下豪雨,就让人惊心动魄、十分担心——土石不稳定的地方就有危险,居民的安全堪忧。

学佛、诵读经文,应该先了解其意义,最重要的是要净化内在。《阿弥陀经》中还有一句"不可以少善根、福德、因缘得生彼国",若缺乏善根,少了因缘,还是无法往生西方极乐净土,所以修习净土法门,一定要先培养大善根、大福德,日日清净心地,心地能清净,自然没有执著。

如果执著人我是非,或执著非念佛不可,这都是"执",无法开启心门,即使修学很多法也不能入心,无法起欢喜心而得轻安、自在。再说禅宗法门,"本来无一物,何处惹尘埃"?既然本来就没有,为何执著一定要打坐?既然磨砖不能成镜,打坐能成佛吗?

禅宗有很多这样的公案,若修禅者认同,就应该运用在日常生活中,挑水运柴无不是禅,工作也是禅;救济众生时,只要心中有佛,举手投足不离佛,这既是禅也是净土!

佛法千经万论,当中的道理大同小异,无非教我们如何清净心地、守持戒律,懂得保持群体的和气,知道慈悲喜舍是我们的本分事。所以正见不可毁,佛陀教育的学处,要好好珍惜,用得轻安自在、利益人群,这就是佛法。如果妨碍众生,使众生起烦恼,对众生没有怜悯心,即使修得再好,能守尸罗、守轨则,但却丧失正知正见,这也没用。

"有虽不毁正见,而弃多闻",意即有的人虽然不毁正见,但是"弃多闻",忽略"法门无量誓愿学",只执著于能接受的法门,其他的佛法都拒绝听闻。譬如,修净土法门的人若执于:我研究净土法门,药师琉璃净土和我没有关系;我修的是西方净土,为何要听东方法门?因此内心生起一种抗拒,与佛法的距离就很遥远。

"于佛所说契经深义不能解了",凡是佛所说的教法,无法深入义理,就不能了解获益。学佛应该多闻,这是尊重佛法,凡是佛的教法都可以修学听闻。

"有虽多闻,而增上慢",虽然佛陀的教法都曾听闻,也都了解,却起了我慢心——我听闻甚多,了解也很多,大家都不如我,我的智慧、学问都比大家还好。这种增上慢,心中只有自己,不尊重别人,会妨碍我们修道。

"由增上慢,覆蔽心故,自是非他,嫌谤正法,为魔伴党",因为心中生起了增上慢,增上慢的"慢",有"七慢、八慢"(注),就像网子一样,将我们的心完全覆盖,内心清净的佛性,也因为起了骄慢,而掩盖原有的智慧光明。

覆蔽了自心,自然会"自是非他"——只有自己是对的,别人都不对,心中只有"我";因为执著于自己,便不断地生起骄傲的心,如何能够再得到其他契机、契理、深入人心又欢喜的法?自是非他的心态,实在妨碍道心,甚至"嫌谤正法"——只有自己的法门是好的,其他正信法门不但不肯接受,还加以毁谤,反而衍生无谓烦恼。

修行者若不能照顾好自己的道心,很容易在内心滋生烦恼,如此便是"为魔伴党"。"魔"就是烦恼,内心不断地起烦恼,执于自己的成见,无法接受别人的见解,这就是心魔在扰乱;心魔一起,则烦恼不断,自然也会扰乱他人。破坏僧团或人群和气,也是从一念心起。

"如是愚人,自行邪见",只说自己修的法门好,而排斥其他的法门,这就是愚痴、没有智慧的人,叫做愚人。愚人不只扰乱自心,再加上增上慢、覆蔽心、毁谤其他的法,也会

注:七憍即七慢。《大毗婆沙论》卷四三《俱舍论》卷十七列七慢:慢、过慢、慢过慢、我慢、增上慢、卑慢、邪慢。

八慢则是:慢、大慢、慢慢、我慢、增上慢、不知慢、邪慢、傲慢。

毁掉自己的正见。没有正见的修行就容易走错路,所谓"差之毫厘,失之千里",慢慢地就会走入邪见。

"复令无量俱胝有情堕大险坑,此诸有情,应于地狱、旁生、鬼趣,流转无穷",倘若是修行者的见解偏差,会影响甚钜。"俱胝"就是亿,无量俱胝即无量亿,意思就是修行者的一念偏差,会导引许多人跟着偏差,甚至最后堕入邪见的大险坑,将来在地狱、畜生、饿鬼三恶道中轮回不已,这是很危险的事!

修行要谨慎用心,学佛,要能打开心门,将慧命和清净的心地真正固守好,自利利他、自觉觉他,让大家在这条康庄大道上走稳、顾好彼此的道心,向前精进,这才是修行的目标。

"若得闻此药师琉璃光如来名号,便舍恶行,修诸善法,不堕恶趣",这段经文要用心体会,因为药师佛以悲智度众生,如果听到药师佛的名号,能依照他的教法用心精进,自然就能悬崖勒马,立即将心轮一转,去除以往不正确的观念,舍弃邪见恶行,赶紧行于正道、正法,并且依据善法修行,那么就不会堕入恶趣。

既然学佛,净土不在外,应该往内心求,若内心无法清净,怎能如愿往生净土?佛在内心,佛心是大慈悲心,不忍众生苦，世间有很多苦难，需要我们为善付出，所以我们要修诸善法。种种善法无不是佛陀的教法，我们一定要用心接受。

释迦牟尼佛在世时，僧团里有一个见解不正确、不守尸罗、不守轨则、弃多闻、增上慢的提婆达多，影响六群比丘跟随他，不仅扰乱学处，以及佛陀所说的教法，也扰乱了很多人的心和行为。

后来他想成佛，就带着一群同党离开，同时也影响了一国的太子——阿阇世，造成他杀父害母的恶行；不但扰乱了国家，还使人民惶惶不安。佛陀在经文中强调，增上慢的愚人，不但自行邪见，还会使许多有情众生堕入险坑。

当二〇〇一年九月十一日，美国发生举世震惊的大灾难，恐怖分子利用偏激的信仰蛊惑人心，组织敢死队，劫机撞毁纽约双子星大楼，造成惨痛伤亡、战云密布的局势，真是令人惊惶不已！除了美国及阿富汗之外，还牵连许多国家；有的拥护美国，有的支持阿富汗，各地莫不陷入紧张状态，而且现代的战争不再是单纯的两国交战，而是世界各国很轻易就被卷入争战。

发生九一一之后，台湾的"卫生署"也开始针对生化武器做研究；惟恐一旦发动战争，不仅以炮弹、原子弹攻击，还四处散播毒菌,让人在无声无息中感染,迅速造成大量死亡。

现在不只期待风调雨顺,更期待人心平和,这需要理性的智慧,否则增上慢心一起,小则造成自己的困扰烦恼,大则影响整个社会、国家。

虽然经文是针对修行者而言,其实举一例就能影响全人类,所以大家一定要用心,好好地自我警惕!

我们每天都在念"众生无边誓愿度,烦恼无尽誓愿断",我们誓愿度化众生,但倘若自己的烦恼没有断除,如何度众生断烦恼?断除烦恼就要"法门无量誓愿学",因此不要执著自己所受持的,因为法门无量。

如何应机逗教度化人?就是要断恶修善,遵循佛陀对我们的教育;为了断烦恼、度众生,无量的法门必须誓愿学习;如能学得一切法门,最终的目标就是"佛道无上誓愿成"。

学佛,总是希望能成佛,佛在何处?就在自己的本性。若能断除烦恼,就能自度度人;法门无量,绝对不能轻视,凡是可以度众生的方法都是妙法。

《法华经》中佛陀明白提示,成道说法四十余年,所说的都是"方便法",直到四十二年后,才"正直舍方便",开始畅演佛的本怀,说出内心真正要向大家说的话,以及对众生的期待,那就是希望人人能行菩萨道。

菩萨道是成佛必经之道,行菩萨道的根本就是要"布施、持戒、忍辱、精进、禅定、智慧"六度万行,在菩萨道中,设种种教法都可以度人,最重要的就是身体力行。

学佛要起大忏悔、发大心。要将内心的我见、偏见或贡高我慢的心态彻底尽除;所谓"洗心就是忏悔,忏悔即清净",真正的忏悔不只是用口说,而是从内心彻底清除种种烦恼、秽垢,才能真正发挥清净光明的效用。

所以不要愚疑行邪见、自大贡高,这种愚痴会影响很多人堕入大险坑,使有情众生永堕地狱、畜生、饿鬼三恶道流转无穷,如果触动这种苦难,将万劫难再,想再回头,必历经非常的苦难。

"设有不能舍诸恶行,修行善法,堕恶趣者,以彼如来本愿威力,令其现前暂闻名号,从彼命终还生人趣,得正见精进,善调意乐,便能舍家趣于非家,如来法中,受持学处,无有毁犯;正见多闻,解甚深义,离增上慢,不谤正法,不为魔伴,渐次修行诸菩萨行,速得圆满。"

这又是另一种境界。众生犯错时,若有人开导,或有因缘听闻药师佛的名号,能够及时忏悔、改过,进而行善,自然旧业消除,不堕入恶趣中。

看了这段经文之后,可能有人会认为:虽然过去做了很多错事,现在改过做好事,过去的恶业全都消除,就不必受苦受难。我们更应了解"因缘果报"——如是因,如是缘,如是果报。不只是"想"改好,业就会消;必定要"修行",以彻底改过,忍人所不能忍,修人所不能修。

既是"修行",当然过去曾犯的错误,以及和别人结的恶缘,都要改过,而且也许需要很长的时间,透过"听其言、观其行",他人才会逐渐相信;并不是口头上说要改就可以,必须以友善、信任与他人相互对待,让彼此感到欢喜,才能转恶缘为善缘。

倘若认为:我已经在改了,为什么别人对我的态度,还是不信任、冷淡、有距离?因而转变心态:不信就不信,就回到与人对立;生起不欢喜心,很容易再起心动念而堕落。

所谓"修行"就是修心养性、端正行为;平时就必须"舍诸恶行",将过去的错误,从内心彻底去除,忏悔、改过,就要洗净内心,重新建设,照顾好自心,无论外境如何,都不能生起欲念。

不只对人要有耐心,在言行上取信于人、让人肯定,对物质也要看淡,不再受外境诱引,以免欲心再起而贪念增加,更进一步还要生出布施心,付出再付出,好好地用心防范贪、瞋、痴三毒,保护这念心不再受污染、造恶行。

若能常常修心,就能培养我们的习性。譬如:若把心修得很平顺,自然行为谦虚有礼,一切举动端正规矩,不会经常瞋目怒容,动辄发脾气。"修行善法"必须下很大的决心,不再做错事、造恶因,也就不会堕入恶道。

如果听闻佛法,还不能舍掉恶习恶行,就无法对别人表达亲善或与人合群、行善付出,如此必堕恶趣。药师佛曾发愿:万一顽固众生堕入恶道时,愿以自己的本愿威力"令其现前",听闻自己的名号,使其"从彼命终还生人趣",让众生于恶道临命终时,不再堕入恶道,可以再生人间。

说到这里,想起一则故事——

很久以前,有个贫困家庭,夫妻俩只有一个独生子,虽然生活清苦却很疼爱他,尽量满足他的需求。而另一个富有家庭,也有一个独生子,倍受父母宠爱,要什么就有什么。

这两个孩子在一个机缘下相遇,虽然一贫一富,却因习气相投,经常玩在一起。两人从小就很调皮,让村人深感头痛;长大后,富家子就当了大哥,而贫穷子则事事顺从,跟着为非作歹,双双变成地方恶霸;中年之后,富家子因为吃喝嫖赌、不务正业,做了很多坏事,他的父母为了息事宁人,替他赔了不少钱,最后散尽家产而先后去世。

从此两人落草为寇、横行霸道,还纠群结党、四处抢劫。有一天清晨来到山里,远远传来寺院的钟声,两人便循着钟声而去。贫穷子听着钟声,声声撞入他的内心,好像要唤醒他迷茫的梦境,触动他内心的良知。

忽然间他忆起儿时情景而痛哭流涕,父母为贫穷的家庭辛苦付出,自己不但未曾孝顺父母,反而让父母操心、生气,甚至父母去世,自己都没回去探望。

这一路而来直到钟、鼓声停歇,他们已走到寺院门口,看到出家人以安详的步履进入大殿,十分祥和、安逸的景象,他不禁生起恭敬心;再听闻诵经声、佛号声,不断地在他心中回旋。等到课诵结束,天色也大亮,这才惊觉朋友不知上哪儿去了?

他连忙回头去找,同行的朋友就向他发牢骚:"刚刚叫了你好几遍,你就像生根了动也不动地发呆!"

他回答:"我听到钟声,不禁回想过去。"

朋友就说:"过去就过去,有什么好想的?走吧!今天的计划还是照常!"他们便按照计划要去行抢。

寺院里的景象让贫穷子印象深刻,不断地浮现脑海;在心中不断地质疑:我是否还要继续下去?

那天，山寺的方丈正好背着行李出门，这群山贼见机，便抢夺方丈的财物。这位方丈以安详、从容的态度，带着微笑对这些山贼说："钱财乃是身外之物，对我而言，只是赖以维生而已，给你们没有关系，但是我的心很痛！"

这群山贼就说："既然给我们没关系，你还心痛什么？"

方丈说："我是不忍心你们将生命虚掷在造恶的生活中，将来的下场真是不堪设想！来生不是堕入地狱，便是受尽苦处，由不得自己；因缘果报分明，千万不能轻视。所以我感到心痛！"

山贼们听了，完全不当一回事；只有贫穷子看到方丈慈祥的面容，又回头看到这群面如恶煞的人，不禁觉得害怕；这时，他深深地体会到善恶不同的分别。

他将方丈被抢走的东西取回来，背在自己身上，并对方丈说："老和尚，您请走吧！我会帮您将东西送到寺外去。"此时，这群山贼包括他的好朋友都愣住了，对他的举动十分不解——他为什么今天判若两人？

贫穷子背着行李，顺利地将方丈送出山头，跪下来对方丈说："很抱歉！刚才我的兄弟们很莽撞，惊动了您。想到过去的人生都在为非作歹，我真的很忏悔；刚才听您说，将来的下场不堪设想，心里真的很害怕；我愿意洗心革面，从今天起开始修行,不知您能否成全我的心愿?"

方丈对他说:"很好,人人都有与佛同等的佛性,而自性就是佛。要修行就要及时改过,同时彻底忏悔、尽除过去的恶行,从今天起你要为善与劝善,在生活中好好地接受环境、改变环境,表达出真正的忏悔,若能如此,才能出家修行。"

贫穷子就说:"会的,我会回头劝导这群兄弟,希望他们也能改恶从善。请给我一段时间,我一定要跟随和尚学佛。"方丈听了很欢喜,立地先为他做简单的皈依,成为三宝弟子,然后两人就分开了。

从小他对贫穷的家境就有一分埋怨、不平衡;再加上父母虽然疼爱,却没有好好地教育他,所以因缘会合,就随缘流转而堕落;当迷途知返时,当然也需要因缘,才能扭转回来。

送走和尚之后,他的内心做了一番决定——从今而后要努力学习,来教化他的那群兄弟。此时,他的好朋友富家子带着兄弟们来到他的身后,看到他陷入沉思中,这位好朋友就大声叫他。

他吓了一跳,回过头来看到这群兄弟的神态,每张脸都如青面獠牙般凶恶;他很震惊,想起自己在扰乱村人、打家

离邪见得忏悔

劫舍时，不就是这种形态吗？当时那些乡亲是否就像自己现在一样内心惊惶？

内心的善、恶不断地对比，愈加强了他的道心。从此以后，他的态度有极大的转变，总是不断劝人为善；而其他人觉得与他话不投机，便渐渐疏远。

富家子想：他从小和我一起长大，是如此投机、贴心的好兄弟，现在竟然与兄弟们格格不入。就劝他："你为什么会变成这样？看你现在过得如此孤单，赶紧再回头和我们为伴吧！"

这位贫穷子已下定决心，要达到两个目的：第一，感化这位从小到大在一起的好朋友；第二，想尽办法解散这个团体，让人人回到自己的家庭，从良为善，因此坚决维护自己的信念。

刚开始贫穷子被这群人排斥，大家不只不听他的话，还以种种言语刺激他。过去因为他是首领之一，大家都服从他，现在却成了最弱势的人，即使遭人使唤，他都甘愿、欢喜地接受，无非是想要用软化、柔和的态度，以身作则教育他们。

他不断地以爱心、耐心相对待，慢慢地终于有人被他感化，愿意听他的话离开盗贼生涯。但仍有一部分的人，依附在富家子的手下。过了一段时日,他感到人生无常,认为自己一定要更上一层楼,才能感化好朋友向善。

有一天,他就对富家子说:"你用了这么多的方法,恶劣的形态对我,我知道你的本意是为我好;只是看在我们从小到大的感情,以及我们都上了年纪的情分上,就此各奔前程吧!我已经一心向佛,相信你也看得出我这分修行的心很坚定,能否让我到寺院专心修行?"

富家子也觉得:这几年来,彼此的心既然无法契合,又不忍心杀他,只好放他一条生路,让他去吧!于是答应让他离开。贫穷子除了表示感恩之外,也对富家子说:"无论是否有缘再见面,你要听我的劝——你的本性是善良的,相信在你的心里也经常善恶交战,只是不幸的,善念无法战胜恶念。无论如何,记得你的内心一定要时时归向皈依三宝——南无佛、南无法、南无僧。"说完,便前往寺院出家去了。

他刚修行时备受怀疑,但在僧团里非常精进,终被接受,甚至得到大家的尊重;当老方丈圆寂之后,大家公推他接续寺院的方丈之职。

他虽然身为寺院住持,对任何境界依旧抱持感恩心,只有一件事让他挂心——他的好朋友。他决心去探听多年来这群兄弟的下落。

后来得知这群兄弟都慢慢地散了,只剩下富家子孤单一人,且病入膏肓,在恶臭的环境中,奄奄一息,骨瘦如柴又脏又烂,乍见之下,根本认不出来是谁。

交谈之后,才确定就是他每天挂念的好朋友,他也不禁慨叹!富家子对他说:"我留着这一口气在,只望能见你最后一面。"

看到他现在身为寺院的方丈,形态庄严有德威,这位朋友非常忏悔地说:"你要离开时对我说:'心中要时时念南无佛、南无法、南无僧',我时时都在念,就是希求今生能再见到你;现在终于见到了,请你一定要度我。"说完就咽下最后一口气。

富家子往生后,神魂飘然来到阎罗殿,看到周围境界让他很害怕。他在人间造作太多的恶业,因此阎罗王判定必须堕入地狱,就问他:"你甘愿吗?"

他脱口而出:"南无佛,南无法,南无僧。"说完周围可怕的景象忽然变得一片祥和。

阎罗王再问他:"你是个坏人,又造下那么多恶业,为什么会称念三宝?"

他说:"我中年和一位好朋友分开时,他交代我要时常称念三宝；我思念朋友，就记得他送我的话，念念于心。"阎罗王觉得这个人还有善根，就再给他一次机会还生人间。

阎罗王对他说："生在人间比堕入地狱好得多，如果下地狱，根本没有因缘可学佛。现在你心中有佛、法、僧，就让你再回到人间，虽然还得受许多苦难与折磨，却有机会好好改过，重新做人。"

这位罪人非常感恩，不断地称念"南无佛，南无法，南无僧"；他宣念、敬重、接受三宝，以此因缘再生人间。还生人间后，虽然日子过得不好，但因那念善根，时时念佛，经过十多年后，终于来到这座寺院。

他一见这座寺院，就觉得很亲切。当他在大殿流泪、忏悔、跪拜、磕头时，一位将近九十岁的老方丈走出来看到他，就像见到故友一样；而年轻人看到这位老和尚，也不断地叩头、礼拜，好像是离开很久的朋友又再次见面。

年轻人后来发愿在此出家，扛起整个丛林的粗重工作，虽然历经很多坎坷境界与不好的缘，但是他都以忍辱力面对，度过这段坎坷的修行生活。

老方丈临终时，向大家宣布："这位年轻人过去和我有一段很深的因缘，他舍了人身后又再来人间，该受的折磨、该吃的苦头、该做的事，他都圆满了。现在因缘已成熟，恶业也消了,应该是福来的时候;我要将衣钵传给他,他一定能将佛法发扬光大。"

有的人说孩子学坏,是家境的问题,看看这两位,贫穷子埋怨他的父母贫困而堕落,而富家子从小家境富裕,父母也十分疼爱他,一样为非作歹、不肯学好,甚至败光家产,这都源于人的习气。

无论贫富,做父母的都疼爱子女,倘若孩子从小就懂得心存感恩,孝顺父母,无论家境贫富,都不会放任习性变成恶习;恶习是从自己的心开始。

这对贫富朋友,两人从小家庭环境不同,却有相同的意向,这都是一种心理。当然心理也能改变,看看这位贫穷子,因为听到钟声、念经、念佛号的声音,再看到出家人宁静、规律的行动,而深受感动,改变他的一生。倘若不肯接受的人,即使身处同样的环境中,还是不肯接受善法。

万般带不去,唯有业随身。过去已种下业的种子,有幸听闻佛法,就要即刻改过,这就是"自救"。佛法只是教育,但能否得救,端看自己是否愿意自救。

这则故事和《药师经》经文很相契,我们从中知道,同样曾犯错的人,若是业障较轻、善根较深,一旦接触或听闻佛法，就能心生善念及时改过；假如业障较重，善根薄弱，即使听闻佛法，想要改过却不容易。这则故事在劝勉我们，如果过去曾经犯错，要勇敢及时改过，即使不容易，内心也要常存一分善念。

故事中的两位主角：一位是善根较深而当世得度，另一位是善根较薄弱，来世还生人间而能出家精进。这位善根薄弱者就如经文上所说"设有不能舍诸恶行，修行善法，堕恶趣者"；这样的人"以彼如来本愿威力，令其现前，暂闻名号"，只要心中有佛，面临苦难时心中佛号绽现，藉佛本愿威力，也能从苦难中解脱。所以这位善根浅薄者，因为称念三宝的功德，得以从地狱恶趣还生人间，与经文所言"从彼命终，还生人趣"相契合。

故事中这位罪恶深重的人还生人间后，能"得正见精进，善调意乐"，即藉三宝功德威力得以安住于正见中，精进修习。虽然一出生就过着颠沛流离的日子，但是凭借着一念善根，时时念佛、调伏自己内心的意乐习气，因此最后"便能舍家，趣于非家"；即使出家之后在寺院里受到很多折磨，修行之路坎坷，但是他还是能"正见精进"，甚至于"如来法中，受持学处，无有毁犯"。

大家知道，出家，就是要修行；学佛，就是要改正过去懵

离邪见得忏悔

懂不知事理时所犯的过错，彻底去除恶的种子或习气，时时安住正见、精进。所以我常说要"大忏悔"。有的人可能会觉得：我又没做多大的错事，为什么要忏悔？每个人从无始以来，生生世世都带着习气，修行就是要修掉不好的习气；尤其在人与人或事与事之间，不经意的习气现前，就容易犯错。

所以学佛，无论是否有错，都必须彻底觉悟，纵然没有犯错，习气也要改除。有的人内心气愤不平，但是经由压抑怨气没有现前，实际却是累积在烦恼中，这粒种子还是存在，什么时候因缘会合，这念习气、恶的种子，还会随缘再次现前。

"善调意乐"就是要改除习气。不要以为"我虽然很生气，但是并没有表现出来！"其实必须做到一切都以善解、包容、欢喜心，接受面对的境界。

慈济人就是能做到精进、善解、包容，纳莉台风时，很多人家中淹水、损失惨重，然而很多慈济人都把自己的家放下，赶去结合众人的力量，协助受灾户清扫，等到灾民都安顿了，才回头照顾自己的家；听了实在很令人感动。

汐止有对夫妻，先生加入慈诚队，太太是慈济委员。他们家水淹到两层楼高，当看到水流不断涌进家中，两人只想到：我们家都淹到二楼，别的地方怎么办？我们还是赶紧到急难指挥中心待命，现在正是有许多人需要我们的时候；反正家里都淹水了，只有我们两个也无法清理，不如和大家的力量结合在一起，先去救人、做事，有空再慢慢清理自己的家。

这分同心、同道、同志愿的念头一提起，他们就出门了。十余天的时间，慈济人合力做出六十多万份的便当，清理二十余所学校，也清扫数十条街道；将两个人的力量投入大众中去付出，这就是智慧。

之后他们回去打扫自己的家，开门抢救的第一件东西，竟是那些资源回收物！有人问："这些瓶瓶罐罐不值钱，你们怎么不先搬值钱的东西？"他们回答："自己的东西不要紧，这些宝特瓶却是很多人辛苦回收来的，是大家的爱心；这些东西能变黄金、能救很多人！"他们先抢救大家的东西，把私己的东西搁在最后，这就是具有"正见"。

还有的慈济人帮忙打扫大爱台，整个星期不断地抽水、打扫，真是很辛苦，但是他们都善解地说："大爱台的地下室虽然是四层楼，应该相当于一般住家十楼的高度。淹进这么多的水！其实这样也好，水在这里多积一点，别人的家就能少淹一点；想一想，我们也救到了别人！"这就叫做"善调意乐"。

学佛,就是要正知见、正精进,时时调伏自己的心,不令烦恼缠心。烦恼是粗重、无形的,我们常听人说"压力很大",虽然"压力"是看不到也摸不着的,但是有多少人承受不起,以致自毁毁人,这就是"烦恼"。

如果能调整观念,善解、包容,人我是非都不计较,自然能轻安;先决条件是具足正见,如果缺乏正见,思想观念有了偏差,即使修法精进也无法调顺自己的心。所以修学佛法一定要有正见,才能"善调意乐"。如何"善调意乐"?去除心中贪念,与人无争、与事无争、与世无争,必定能人安、事安、世安。

一切贪念尽除,自然就能"舍家";世俗如幻,人无不是为物欲、名利、感情而起烦恼,造作罪业。如果能看开一切,不与人、事、物计较,自然就能舍离小我家庭,出家投入另一个大家庭。

并非学佛都必须出家,倘若如此,社会、家庭也会紊乱;我们应该效法前面所提的"慈济夫妻",志同道合地投入慈济团体中,能以大家的行动为依归,即使自己的家里也淹水,仍先结合大家的力量赶快去救人,这种心态就是"舍家,趣于非家"。

今生做得到就赶紧做，不要等来生；道心若不坚固，这一生都把握不住，如何谈来生？何况人有隔世之迷。我们必须在今生此世，把心念照顾好，舍弃私利的习气，为普天下众生付出；如果当下能慢慢地培养这分善习，来生不但不会有隔世之迷，所发的愿也一定会达成。

"便能舍家，趣于非家，如来法中，受持学处，无有毁犯"，出家就是入如来家，就要接受如来的教法。如来的教法就是受持学处，也就是要拳拳服膺三藏十二部经里面的法。

既然入如来家，僧团尤其要做到"六和敬"，大家同住、同修、同道、同志愿，不能只顾自己，更不能贡高我慢排斥他人，如此才能受持学处，"无有毁犯"——不毁坏、触犯尸罗、轨则；还要"正见多闻"，见解不能偏差。

慈济有一首《只牵你的手》的歌，其中的几句歌词是："错在哪里？怨在哪里？一切只是观念而已。"观念若是偏差，一切都错；观念若是正确，有谁错呢？有什么好埋怨？所以观念、见解要照顾好。

不仅要有正见，还要多闻，切勿认为经文都了解而轻忽；须知虽然了解，但是自己的见解不一定和经典的精神相合或与现代众生的心相契。

还要多听多闻,比如《药师经》能和现代社会众生的根机相契合,但是如何应用在日常生活上?有句话说"师师有道",无论是哪位法师所作的诠释,各人听经之后的心得,或是大家互相讨论的结果,都可以作为很好的参考。

所谓"智慧从多闻中得","正见多闻,解甚深义",意即三藏十二部经中蕴含许多深奥的义理,我们若能从正见出发,多听多闻,深入了解其义,自然可以"离增上慢,不谤正法,不为魔伴"。

最怕的是心中生起贡高我慢,就会不经意地毁谤正法,因为我们的见解不一定正确,若不经意犯了"唯我独尊"的邪见,是很大的错误,一旦生起,就会扰乱别人的道心。《六度集经》里有一段经文,是关于"布施"的故事——

修学佛法必须具足"六度",六度的第一项是布施。佛陀过去生中行菩萨道时,可说是倾家荡产,一切都是为了不忍众生的苦难——众生冷了,就给衣服穿;没有地方住,就给房子住;肚子饿了,就给粮食吃;口渴了,就给茶水喝。总之,人生必需的生活物资,有欠缺者,他都不计一切去救济,所以广受人们的敬仰。

帝释天得知很震惊——一个人竟能无所求不断地付出,受到这么多人的敬重,不禁心中猜疑:是否想要将来生天夺我的位置？于是生起嫉妒心，想破坏行道者这念善心，因此化为一位普通人，对这位行道者说："你为什么要做这么多好事，不惜一切地布施？"

行道者就说："看到这么多众生受苦受难，实在不忍心！我愿意付出一切换得众生的温饱，这样我才安心。"这位化人就对他说："你这么做是错的！把钱财都拿去布施，下场就是堕入地狱！这些众生就是因为过去生中造业，业障深重而来人间受苦；现在你布施给他们，减轻他们的苦难，这些业果就要由你承担，将来你就会堕地狱！"

行道者就说："不可能有这种道理吧？做好事竟然会堕地狱！"

这位化人就说："不相信的话，我带你到地狱，你自己去问地狱的罪人。"

他们到地狱之后，行道者就走近罪人身边，问他："你为什么会堕入地狱？"

罪人回答："我在世时，因为行大布施，所以受报堕入地狱。"

行道者接着又问："你布施后堕入地狱，那么接受你布施的那些人呢？他们去哪里了？"

"他们都上生天堂了。"

这位行道者松了一口气,面露笑容地说:"太好了!他们能在人间解除苦难,往生后又能上天堂,这就是我的目标与心愿。"

化人一听惭愧惊怖,就问:"你只想让别人上天堂,没有其他的希求吗?"

行道者回答:"我只求修行能达到寂静涅槃的佛境,救济一切众生离苦难,同住无争、无斗、宁静的境界中。这是我唯一的愿望。"

帝释天听了,立刻跪倒向行道者忏悔:"我实在很惭愧,自己心怀不轨,以为你行善的目标是要生天,会占据我的位置,所以化地狱境界想动摇你的心;没想到你的目标却是超越天堂,我要在菩萨的面前求忏悔。"

作为天界领导的帝释天,仍有增上慢心,会怀疑、破坏正法,故知正见的重要;若心有正见,就不会有增上慢,不会毁谤正法,也不会为魔伴党,无论"魔"如何地扰乱、诱引,我们的心绝对不为所动。就像这位行道者,他的道心坚固不受影响,所以能够"渐次修行诸菩萨行",在菩萨道上"速得圆满"。

离嫉妒求胜法

"复次,曼殊室利!若诸有情,悭贪嫉妒,自赞毁他,当堕三恶趣中,无量千岁受诸剧苦"。

佛陀慈悲,再次叮咛,实则是警惕我们,如果众生心怀悭吝、贪婪、嫉妒,自我夸赞却毁谤他人,就会堕入饿鬼、畜生道中,历经无穷无尽的岁月,受尽各种惨痛剧苦的折磨。

这段经文字义上很容易了解,然而要真正体会其内涵,又能及时改过,却是很困难。因为人都有习气,虽然人的本性善良,但在六道中不断地来回,早已积习深厚,一时要改正并不容易。

何况从出生以来,日日面对的大环境,和许多不同的人群生活,无形中逐渐造成观念、思想及人生方向的偏差,以致"差之毫厘,失之千里"。凡夫原来与佛同等的佛性,在周遭环境的诱引下,不时产生恶念。恶念源自贪、瞋、痴。我们带着贪、瞋、痴、慢、疑的习气生活,被周遭环境诱引,容易生起悭贪、嫉妒等心灵问题。

"悭"是舍不得,"贪"是据为己有。平时要悭贪之人行布施、帮助别人,谈何容易;若是不得已的情况下布施,"如割身肉,深生痛惜",即使布施后,仍会耿耿于怀,这就是悭贪。

悭贪的种子深植入心,非但见众生受苦受难,自己不愿付出,而且好嫉妒,看到别人付出内心更不欢喜;听到他人放下身段、布施做好事而受赞叹,还生起毁谤心,破坏他的名誉。别人凭着自己的努力脱颖而出,改善生活,提升地位,受到人人的肯定,我们见了心理不平衡,这就是嫉妒。这种嫉贤妒能的心态,就是凡夫的心地。

佛陀教导我们要"随喜功德",不只不嫉妒别人,看到别人表现优异,受到尊重、赞叹,应该生起欢喜心,一同给予赞叹,这才是一种好习气。

当我们看到别人成功,或者听到别人受赞叹,可以扪心自问,能够充满欢喜,这就是一念善;不喜见人成功,就是"恶念"。也有的人会认为:别人的成功和我没什么关系!这样的想法还可以再提升,发出赞叹说:"真好,真难得!你的成功是大家的光荣!"这就是随喜功德。

除了恶念之外,又现行造业,这叫做"嫉妒",内心恶的种子浮现,将来也会结果,缘熟果成都只在一念心。嫉妒的心态现行,就会"自赞毁他"——批评他人,自诩优越。一口气吞不下,自然爱和人比较,把别人种种品德、才能贬抑得比自己差,以显现自己的才华。

现今竞争激烈的社会,无论同业间或亲朋好友之中,常发生这种自赞毁他的情形,一旦有此情况,决不会有平安的日子。兄弟之间,有的乖巧又懂得孝顺父母,知道要做好事;也有的对父母忤逆不孝,不愿为家庭付出,甚至为非作歹,却还怪罪父母偏心,这是凡夫俗子容易生起的心念。

嫉妒对我们无益而有害,自赞的人会自我膨胀,贡高我慢、迷失自己,这样反而令人轻视。

学佛,就是要学习去除自己不好的习气,对人必须以平常心和度化心;倘若别人不好,我们要设法度化、感化他;只要有一点好处,就要不吝惜予以鼓励,见其做了一点好事,就多加赞叹,那么对方进步的机会就会大增。

不好的人做一点好事,都要赞叹他,更何况是自我努力而成就的人,不但要起随喜心,更要赞叹,这就是照顾好自心。假使心念没有顾好,任其悭贪嫉妒、自赞毁他,难免生出很重的业障,后果"当堕三恶趣中,无量千岁,受诸剧苦"。

什么叫"三恶趣"?"趣"就是趋向、所去的地方;人人惧怕的地狱道、饿鬼道、畜生道,就叫三恶趣。光说地狱就让人害怕,有很多经典都描述地狱的景象,地狱中的罪人受苦不绝,时间长日子难过,一旦堕落,分秒所受苦难都是百千万岁的感受。

看《地藏经》中所描述的地狱形态,所受的苦层层叠叠,无论下油锅、抱铜柱或拖舌犁耕,从种种的譬喻,就可以知道地狱的苦。虽然地狱离人间很遥远,但是要堕入地狱很快。

我说过:"要好好训练自己的心,如果心念善,在神识脱离身体时,就不会由不得自己随着业力牵引而去。如果心照顾得好,愿力坚强,自然会随着愿力、定力而去。"

人生无常,不要等到"我的责任告一段落后"或"我退休之后"……其实岁月不待人,生命更无常,下一秒钟会发生什么事都不知道。最好是把握现在,将这一念心照顾好、行为修正好,人与人之间时时感恩、善解、包容、知足,就能与人广结好缘,而且无论历经什么苦难环境,都能想着:幸好,平安度过了!

除了善解之外,对人人也要感恩,这分善念才能永存于心,不会起心动念自赞毁他;也不会看到别人的成就,就生起嫉妒心。嫉妒的心非常苦,不但自己难过,而且多造恶业,还要自受恶报,堕入三恶趣中,无量千岁受诸极苦。

可能有很多人会产生疑惑:地狱、饿鬼真的存在吗？倒是在日常生活中,常常接触或看到现代的科技媒体发达,藉由传播媒体,我们看到世上有很多贫穷、干旱、疾病传染的地方,比如阿富汗的人民,住在一片黄沙堆积的高山,周围没有一点绿意,缺水缺粮,无辜的孩子,个个长得可爱,却饱受饥饿之苦。尤其近年来沙尘暴肆虐,人人全身布满沙土,眼睛都睁不开。

九一一事件后美阿开战,许多阿富汗人民都在逃难。有钱的人牵着骆驼逃难,骆驼运载笨重的物品跟着人走在风沙中,没水没粮,翻山越岭要走很远的路,才能越过边界到达巴基斯坦。

为援助巴基斯坦边境的阿富汗难民,联合国准备许多干粮和面粉,也是用骆驼载运,穿越四千多米的高山后,到达平地,再用数十辆大卡车载送,过程十分辛苦。这些逃难的人历尽艰辛,连畜生也是殚精竭力,疲累不堪,他们到底是在人间还是地狱、饿鬼道？

"受剧苦已,从彼命终,来生人间,作牛马驼驴,恒被鞭挞,饥渴逼恼;又常负重,随路而行。"

在地狱长期受苦之后，业是否就消除了？还没有；并非在地狱、饿鬼道中消业之后，再投生为人就没有业，其实再来人间不一定做人，也许做牛、做马、做骆驼等，还要受尽饥渴煎熬与遭人鞭打的痛苦。

譬如前述骆驼运载联合国援助阿富汗难民的粮食，四千多米的高山，一片黄沙漫漫，要忍饥耐渴，还要背负那么重的物资上山下山，可以想象，它虽然来人间，却在畜生道中受尽苦难！

从前农耕社会都是以牛犁田，牛拖着犁已经很重了，还要将土一畦一畦犁开，动作稍慢，主人就用鞭子抽打，也是受尽磨难；住的牛舍又脏又臭，可以吃的食物只有草；以前交通不便，牛、马都是交通工具之一，若是赶路赶得慢，也要受鞭挞。

这些牲畜为人类付出，身体负重受苦，疲累的痛苦、被鞭挞的愤怒都无法表达，更无法表达内心的苦难，所受的委屈逼恼和地狱中也差不多。

"又常负重，随路而行"，不论路途多么遥远，所负的重担是多么重，还是要跟随着主人走。然而它们生为畜生，为人服务，受诸苦难，是否就能自然的命终？不是。体力稍微弱了，下场就是被屠宰食用，甚至还要抽筋剥皮制成商品。

看到这些牲畜从体力到身体的奉献,反而凸显人类没有知恩、报恩之心,无法体会畜生也是生命,同样在六道中轮回。谁能保证此生结束后,来生还是人?也许造作了恶业,舍此身就投入牛肚马腹,不是不可能,我们应该将心照顾好。

畜生并非不知人性,而是人不知畜生的本性;身为万物之灵的人,无法善体畜生的感受,不知畜生也和人类一样有丰富的情感表现。

有一则报导,有位女士养了一只猪,平时视为宠物般疼爱;这只猪也很有人性,不但很爱干净,也时时围绕在主人身边。有一天,歹徒潜进家中要对女主人非礼,这只猪拼着性命保护主人,虽然它伤痕累累,但是仍不放弃救主的行动,这真是多么有灵性的动物!

又想起美国九一一事件的一则新闻,有位视障人士在世贸大楼的八十几楼工作,他有一只导盲犬,每天领着主人上下班。攻击事件发生前,这只狗在办公桌下非常躁动,主人觉得很奇怪,就替它松绑。

当事件发生时,这位视障人士便想着:不知发生什么事?大家好像很惊惶,希望这只狗赶快逃生去。这只狗已经出去却又跑回来,在他的身边围绕着,这位视障人士就让狗带着他逃生。

逃生时,这位视障人士遇到他的老板,老板告诉他:"现在已经无法搭电梯,我陪你走楼梯,赶快逃吧!"他们一起从八十几楼往下逃,过程惊险万分。这只狗不但带领主人离开危险地带,还走了数小时的路,才回到自己的家。

世间的动物多么有情!主人平时疼爱它,它也知道自己的使命就是陪伴在主人身边,即使在危险的时刻,还是尽忠职守,陪伴在主人身边。

畜生尚有人性,效忠主人,反观人呢?有时会觉得不如畜类!曾听志工分享一个个案——乡下有位老太太被送到慈济医院急诊室,志工问家属:"阿嬷怎么了?"家属回答是被牛撞伤,情况很危险。

急诊之后,志工便去病房关怀她,问家属为什么会被牛撞伤?家属说,老太太和老先生在田里工作,牛只突然发狂撞向老先生,老先生拔腿就跑,牛也在后头追赶。

老太太一见赶紧去拉牛,牛一看到老太太,立即回头来追老太太,老太太跑到没处躲了,就被牛撞倒;当她想爬起来时,又被撞了一次,便昏了过去。

志工就问:"这只牛是不是自己养的?"

"是自己养的。"这就奇怪了,照理说,自己养的牛应该很乖,怎么会去撞自己的主人?后来才知道,原来他们是牛贩,将买来的牛养肥,再转手卖出去。

志工再问:"将牛卖去哪里?"

"卖去屠宰场。"

畜生也会有憎恨心,只因逼恼无奈,无法表达恨意。这只牛也许内心充满怨恨,才以这种方式发泄出来。畜生受尽痛苦却说不出口,人无法以同理心体会这种苦,对畜生才会没有丝毫的感恩心。

还有的畜生虽然生活在原始山林悠哉游哉,但是也会受到人类的干扰。记得四十年前,我从西部离家到东部,在台东看到许多人拿着猎枪到山上打猎,有时还成群结队,将猎杀当成消遣。这真是偏差的观念!其实只要是具有生命的物种,都应该尊重各自的生活空间。

人类却逾越自己的生活形态,侵犯动物的生命,甚至设网捕捉空中飞鸟。以前我常由花莲、台东前往屏东,每次沿路上都会看到许多摊贩,挂满一串串活生生的小鸟不断地挣扎。

当时看了很不忍,便向随同全省复查的慈济委员们说:"你们赶紧去将那些鸟买来。"她们就一摊摊地收购,放它们自由。看它们自由地飞翔,心里很欢喜;却也替它们担心,有的脚断了、有的喙缺了,往后将如何觅食、生存?

很多人就是以这种偏差的心态面对万物。这些动物只是在过去生中,没有将心念照顾好,失去那念善,而产生了恶念,因此造作恶业,才"舍彼投此"——换了动物的身形,以致生活得这么惊惶与不自由。

"或得为人,生居下贱,作人奴婢,受他驱役,恒不自在"。

心念倘若没有照顾好,就会堕入不得自在的境界;受完了这分业再投胎,是否就能脱离畜生之身? 也不一定。有时或许能投胎人道,但是地位卑贱、生性愚钝,替人充当奴婢,任人驱使奴役,受尽苦楚,也是永远不得轻松自在。

譬如数十年前,台湾社会曾有"租童工"、"童养媳"的现象。"租童工"就是经济比较拮据的家庭,孩子不只无法读书,还得租给别人做工,租期十年或五年不等,由对方先付一笔"年头钱",孩子就住到别人家里为他们工作。

契约内,父母不仅无权过问孩子的任何事,即使家里发生重大事情,孩子也不能回家。不像现在还有周休假日,那时根本没有自由,真是人生的苦事!

过去重男轻女的观念盛行,也有家境穷困的人家,将女儿卖了当"童养媳",也常见童养媳在别人家里遭受虐待,正所谓"受诸极苦";而且并非穷人才卖女儿,有钱人也会彼此交换女儿来当小媳妇。

总而言之,这种风俗,造成许多妇女的不幸,"恒不自在",此生都要过着受人驱使的生活。

"若昔人中,曾闻世尊药师琉璃光如来名号,由此善因,今复忆念,至心归依"。

有些人若在过去生中,曾听闻药师佛的名号,因这一分善因,今生能再念诵药师佛的名号,至心一意归依药师佛。

佛陀说在六道中,无论是天、人、畜生、饿鬼、地狱、修罗道都有穷尽,即使上天道享受天堂的快乐,在人道中享受过去生的福业、福报;然而过去生若还隐藏着恶业种子,福享尽了依旧会再堕落。

在经典中就有"天人五衰相现",福业尽了即投胎入马腹的故事——有位天人开始五衰相现时,他知道自己快要堕落了,就赶紧前去求佛。这表示他有福报,与佛有缘,还有一分善念,能回忆起佛陀的名号,因此赶快求佛;佛陀开示后,虽然他仍然依业报堕入马腹,但是出生不久就撞墙而死,很快地结束畜生道中的生命,又还生人间。

人间"善恶杂揉",善业较多就先享福报;福报享尽,恶业现前时同样要受报,因为做多少就是多少种子,永远都不会增减。要照顾好心念,无论何时何地,都要恒持这念善心,否则"差之毫厘,失之千里",虽然同样是生命,但是不同的身躯,所受的待遇也是不同的境界。

释迦牟尼佛以他方世界佛的德与爱教育我们,时常赞叹他方佛的德行,以他方佛的优点教化娑婆的众生;同时不断地赞叹他方世界的佛土清净、佛德庄严。如此赞叹、成就他人,就是智慧。有智慧的人,内心不会被无明遮蔽,也不会做错事。

有些人因为过去一念偏差,自赞毁他,而造作许多恶业,不但堕入三恶道,受尽磨难;来到人间还要作牛、作马或作其他的畜生,层层受苦后再投生人间做人,却生而愚钝下贱、不得自由。像这种人在过去生中,若曾听闻过药师琉璃光如来的名号,即使当时没有依教奉行,也已种下一念善因。

记得多年前,有个罪犯做尽恶事,最后被判处死刑,到了生命的尽头,他才懂得生起忏悔心;尽管即将处决,他仍然虔心念佛,并发愿捐赠器官。

这一生他是个十恶不赦的罪人,平时知道佛教,可惜从未依教奉行,倘若他能依教奉行,就不会有这般下场。他在生命结束前已种下一个善因,也念佛、发愿;相信这个善因,就是他所带走的一颗最珍贵种子。

即使是几生几世,历经三恶道之后再来人间,凭着过去曾种下的那颗善种子,今生还有机会遇到好因缘,接受佛法的教育、虔诚皈依佛,就能得救。

再坏的人都能教,只要他过去曾听闻,种下一分善因,就有缘能走入佛门。或许当下无法影响他,让他知道有这个法门,将来善因种子现前,有因缘就能受教,这叫做善的循环。

离嫉妒求胜法

"以佛神力,众苦解脱,诸根聪利,智慧多闻,恒求胜法,常遇善友,永断魔羂,破无明𪗱,竭烦恼河,解脱一切生、老、病、死,忧、悲、苦恼。"

"以佛神力,众苦解脱",只要虔诚皈依佛,自然能依仗佛力解脱众苦。不应认为:这生有许多不如意,怎么求都无法如愿,皈依佛后,就能事事如意。这是不正确的,重要的是,我们必须"至心归依",心中虔诚、心中有佛,自然观念就会改变；对人能善解、宽心，不好的心念就会渐趋淡薄。而且因为至心归依，依凭佛陀的教育和智慧，心中有佛，自然心胸宽大，能随喜功德，看到别人成功而心生欢喜或赞叹、成就别人，让人人快乐，这就是与乐，就是慈。

心中有佛，就有慈心、悲心，不忍众生受苦难，就会付出行动去帮助，无论是出钱、出力或是安慰，这种无畏的施予就是佛的神力；启发出布施心，不受悭贪所障碍，心中没有嫉妒，自然能随遇而安，知足、感恩、善解、包容，将内心的烦恼去除，这就是解脱。

目录

上卷

【自序】

【缘起】

【缘起分】
- 叙缘起 03
- 释经题 11
- 明翻译 56
- 叙事证信 61
- 当机请法 87
- 十二微妙上愿 107

【正宗分】上
- 依报正报果德 177

下卷

【正宗分】下

- 受持获福益 385
- 供养受持益 367
- 依本愿力祛病苦 342
- 善根立愿菩萨道 324
- 受持学处闻正法 302
- 离造恶起慈心 280
- 离嫉妒求胜法 255
- 离邪见得忏悔 217
- 离贪吝转布施 189

【流通分】

药叉誓护 537

不经九横 517

国之安稳 499

说延寿仪 482

明延寿法 474

信解难得 457

受持免难益 432

408

【正宗分】下

在上卷提及开启内在慈悲的佛心,而付出行动,这分无畏的布施,就能去除烦恼,解脱众苦。

"诸根聪利,智慧多闻,恒求胜法,常遇善友",如果能解脱心中的烦恼,去除无明,六根自然聪利,无论接触什么境界都能够善解,不闻是非,一切听闻都是好的教法、好的事情。所谓"是非止于智者",就是聪利。

孔子说:"三人行必有我师焉,择其善者而从之,其不善者而改之。"这就是叮咛我们与人接触,不论或听或看,抑或一切感触,都能选择善为方向和榜样,也要知道以不善者作为警惕和教育,有反省的机会,自然诸根聪利。

除此之外,还要进一步"智慧多闻"。智慧与聪明不同,聪明是反应,智慧是透过思考,清净而无污染。若能时时多听闻,世间万物无不都是启发我们的真纯本性。例如在《地藏经》中描述种种微妙之音,一如和大地接触,只要用心地静心倾听,不论是虫鸣鸟叫,无不是说法的音声,这就是智慧多闻。

一切的声音都能以清净的智慧听闻,何况是殊胜的佛法?所以一定要以清净心、恭敬心好好听闻,自然能"恒求胜法"——时时追求殊胜的佛法。

佛教有八万四千法门,要从何入门?依照佛陀的教法,无论什么法门都是好的,以方便法应众生根机,众生能契机、起欢喜心,就能拳拳服膺,此即"方便有多门,归元无二路";虽然入门众多,但总归只有一条路,就是菩萨道。

菩萨道,就是成佛之道,而胜法就是菩萨道;我们要多听多闻,恒求胜法,在菩萨道中自然能"常遇善友",因为能用广阔的心胸善解包容,广结好缘,当然所面对的都是善友。善友能互相度化,不论先后互相成就,彼此都是助道者,能一起走上康庄大道。所以必须好好地把握胜法,才能突破许多的烦恼与障碍。

我们必须时时抱持一分清净心,恒求胜法;恒求胜法,必须智慧多闻;要智慧多闻,一定要诸根聪利;欲诸根聪利,必须先解脱众多的苦恼,这就要依仗佛的神力。心中有佛,自然佛的神力就会不断地洗练我们的心,而能解脱众苦。所以学佛者应该至心皈依,以解脱一切苦难。

《药师经》与现代人的生活是契理契机。佛法就是生活,在生活中学习佛法,人生的规则就能步上轨道;若生活中脱离了佛法,破坏规则,不但乱了自己的生活,也会乱了家庭、社会,甚至国家秩序,所以佛法是让我们明白如何守好人生的规则。

不论何时听闻佛法,都要用心体会;要当一位弘扬佛法的农夫,就要用心耕耘这块佛法园地,让它平坦、干净,播下种子,不计田地的肥沃或水分、日光等自然环境的因缘,一样用心耕耘;决不起分别心:所说的话,什么人会接受,就用心;什么人不会接受,就放弃。如此就失去菩萨的精神,和农夫耕耘的使命。

现在大家都知道阿弥陀佛及观世音菩萨,平时或许忘了,一遇到困难,或者担心、惶恐时,就会脱口而出"救苦救难观世音菩萨"、"阿弥陀佛"。只要有这颗善种在,自然会慢慢培养善根,再加上善知识的助缘,就会接近佛法,也会有皈依的机会。皈依之后,就是依佛神力,以佛心为己心。

念佛要真正念入心,要了解佛的精神,并且落实在日常生活中,带给人人幸福、快乐、提升生活品质,自然心生欢喜;这种欢喜世界,来自于人的慈心。慈,就是与乐,人人互相勉励,彼此都能成就。

大家应该都听过长筷子的故事,地狱的人只为自己着想,结果长筷子夹食物,无论如何都吃不到;天堂的人则懂得服务别人,彼此夹东西给对方吃,互相供给、勉励、疼爱,这不就是很幸福、快乐的示范吗?佛陀教导我们的,心中有慈心,就会常起随喜心。

心中若有佛,自然不忍众生受苦难,能念佛心入己心,这就是心力，凭着这分力量可以看开一切，这叫做"以佛神力"；念佛之后，对人、事、物一切心态自然改变过来，知道赞叹别人就是庄严自己，为别人付出就会心生欢喜，这就是一分心力。

无论心中有什么苦，靠着平时的付出，与人广结好缘，心生欢喜，这分苦就会慢慢解除；心中有佛，能自我开发，就拥有许多力量，甚而因此"诸根聪利，智慧多闻"。

人生确实不可缺少智慧，若没有智慧，就不知前面的道路如何走；智慧从求法中来，所以要"恒求胜法"，在追求殊胜的佛法中又"常遇善友"，会遇许多善友和好缘，就能相互勉励而"永断魔罥"。善友，不只是指与自己比较好的人，日常生活中就有许多善友，我们却因无明遮蔽而不觉，不懂得疼惜、感恩这些善友。譬如：父母给我们身体作为载道器，才有这分好缘会遇佛法。从十月怀胎到出生，从小到大，父母时时刻刻的挂心、疼爱和养育，这不就是最好的善友？所以我们要心怀感恩。

世间的生活，并非有钱就能买到一切，必须社会上士、农、工、商各行各业共同努力，才能提供各项需求。士，就是知识分子、学者、教育家；有这些学者来教育，我们才知道世间的人情世故与事理。

农,就是农夫,人人每天离不开米、油、盐,想一想,这些努力耕种生产粮食者不就是善知识吗?

劳工朋友则提供物资,不论是一条丝、一根线、一块布,都来自工业生产过程,让我们穿衣能蔽体、御寒,庄严身形。每天走的道路,多么宽敞、平坦,多方便!这都是经过设计开路、造桥,那些为我们流汗开路的人,不都是我们的善友吗?下雨、刮风时,房屋让我们不受风吹雨淋,能够安心居住,这也是劳工朋友的用心,一块砖、一根钢筋慢慢地建造起来,所以劳工朋友也是我们的善友。

学佛,就是要从微细之处善解,以善的方式解释人间的道理,若能如此,人生就没有错误,所过的日子都会平安。

又例如静思精舍每天的生活,大家都能守本分职事。每天清晨四点不到一定准时响起板声,香灯师多辛苦!若是冬天,大家还在温暖的被窝里,香灯师就要起来敲板唤醒大众:宝贵的时间,分秒如钻石,修行的时刻到了。接着叩钟声传出,划破黑暗上达天堂、下通地狱,唤醒六道众生,同时警醒同修者,让大家每一秒钟都不浪费,这是不是善友?

待早课共修、闻法,下殿时又响起敲板声,表示"要用早餐了";当我们专心礼佛、修行、听法时,有一群人在厨房里,用心准备着上百人份的餐食,以滋养我们的生命,这是不是善友？

早餐过后，各人分工合作整理环境，无论是树下、庭院或大殿、客厅，甚至厕所，都打扫得非常干净，让我们每天生活在优雅的环境中，这是不是善友？

大家轮流职务，彼此精进，所以要互相感恩，才能达到丛林修行的"六和敬"。将"六和敬"的精神向外推广，家庭内也能互相感恩，从感恩父母开始，也感恩兄弟姊妹；走出家庭，则感恩社会群众、各行各业的努力付出，供给我们日常生活之所需。若以此心态对待，大家都是善友，社会当然祥和没有乱象。

倘若能以善友的角度去看人人，把大家都当成善友，每天面对的人都对我们有恩，那么我们怎么舍得去损害、毁谤他人？自然内心就会开朗、欢喜，没有烦闷的事情，当然就会"永断魔罥"。

罥网是捕鱼、抓鸟的器具，但是无明之网，常常让自己不得自由，无法发挥本性的善念，就好像鱼和鸟落入网罟，失去自由，也容易失去慧命。所以内心的罗网，就是魔！魔就是烦恼，就是恶。

人祸，不就是从恶魔的心态所造成？社会混乱、世界危机，都是魔网，皆源自内心的恶念、烦恼、愚痴，不仅损害自己,同时也危害社会、世界。

能够将佛的教法放在心中,时时以佛心为己心,自然看世间事的观点就会不同,可以时时现出佛的神力,解脱许多的苦难,对境不生烦恼心。否则烦恼覆心,世间事看不开而一念偏差,人生方向错误,恶业轮回不断,就会苦不堪言。

不久前,大林慈济医院急诊室有一则很感人、温馨的真人实事——有位老先生骑脚踏车上街,被一位年轻人开车撞倒,送到慈院急诊。

老先生因被车拖行过,衣服都破了,因为是皮肉外伤,护士就将老先生的衣服脱下来;老太太接到通知赶到医院时,看到老先生正在急救,幸无大碍,就将老先生的衣服收起来。

护士说:"阿嬷,那些衣服都破烂了,我替您拿去扔掉。"

阿嬷回答:"不可以,我要带回家做纪念。真是难得,不是每个人都这么幸运——衣服都磨破了,人却还有救。"

她又对肇事者说:"年轻人,你不用怕,这都是缘!台湾有两千多万人,你不去撞别人,却撞到我老伴。我不会对你要求什么,你不用害怕,但是不要逃避,年轻人遇到事情,就要负起应尽的责任。"老太太的一番话,多么温馨!

一场车祸使得老先生受伤,老太太很有智慧,不哭闹,对肇事者也没有埋怨,反而用友善、温柔又幽默的方式处理事情。这位老太太一定有很正确的信仰,能有那分智慧,遇到这种境界,不但没有烦恼与挣扎,还以如此明快的方式处理。

另外还有一则真人实事,在二〇〇一年五月间,台湾湖口工业区有一场爆炸案,当时有人员伤亡,慈济人得知讯息,立刻"走在最前面"去了解灾情。委员们分工合作,有的人去医院关怀受伤者;有的在现场安抚惊惶的工作人员或家属,也有的人准备点心、餐食和饮料。黄昏时,慈诚队送完晚餐后站在路边待命,突然间有一辆车没有开灯,速度又很快,将站在路边的一位慈诚队——范居士撞倒了。

当时情况十分危急!范居士立即被送往长庚医院,感恩医护人员的抢救,终于将他从鬼门关拉回来;遗憾的是,他一只眼睛失明了,手脚受到严重创伤,过了多日才清醒。当他听到儿子处理车祸的方式,心中觉得十分安慰。

这位肇事者是工业区里的员工,因为遇到大火,心里很害怕,车子启动时忘了开车灯,全区又停电,仓促间因而肇事。

范居士的儿子向肇事者说:"安心吧!你不必害怕,无论父亲的伤势如何,他都不会对你有任何要求;我们了解这都是业缘,你不用担心。"同样也是安抚这位年轻人,让他能安心。

在同病房中其他的病患及家属,看到范居士的儿子对肇事者的友善与安慰,都深受感动;当范居士慢慢地恢复时,这些人都成为他的会员。

有一次我行脚到新竹,范居士就来见我,说要让师父看看,不让师父担心。看到他整齐的形态,很有精神,虽然还坐在轮椅上,不过很乐观地向我介绍:"这位是我住院时,在我隔壁床的先生,他每天看、每天听人讲慈济,很感动,所以要来捐荣董;还有好几位现在都是我的会员。"

这不就是众苦解脱?范居士能够尽心付出,遇到意外却一点都不埋怨,还庆幸儿子能了解自己的心意,没有责难肇事者,这是他最欢喜的一件事。他的儿子很有智慧,将父亲平时所作所为看在眼里,了解父亲的志愿和志业精神,并且知道不能违背父亲平时的为人,代父圆满处理整个事件,这就是为人子的孝顺之道。

这就是佛的神力,范居士因为心中有佛,平时身体力行,让一场可能发生的纠纷,变成结交好友的契机,还影响许多人向善。若非"诸根聪利,智慧多闻",时时将胜法落实在日常生活中,怎能做到"解脱诸苦"?

所以恒求胜法,要时时落实在日常生活中,用了之后觉得人生很圆满,这就是妙法;没有什么冤家对头、怨仇或敌人的对立,到处都是好朋友、善友,如此就能"永断魔罥,破无明殼"。

良善而有智慧的人,遇到世间事能善解、包容,圆满地解决;有的人却常常做出许多令人烦恼的事,这种人就是活在魔罥里。譬如开车时不小心彼此擦撞,受害者的家属不是关心亲人被撞,而是拼命计较对方赔钱,像这般计较的家属,不疼爱受伤的亲人,却为自己找机会敲诈别人,这种烦恼魔就叫做"魔罥"。好像被陷入罗网,由不得自己,无法发挥善念,完全用恶劣的形态与人对立。

若能常存善念,将魔网剪断解开,这分善念就能自由发挥,没有烦恼,这就是"破无明殼"。像鸟、鸡等卵生动物,还没孵出来之前被蛋壳包住,不见天日,看不到外面的境界,处在黑暗中不得自在;以此比喻我们的善心被无明包住,而不得自由发挥。

大爱电视台曾播出一段影片,母鸟在孵小鸟时,很用心地守在鸟巢里,时日到了,才啄破蛋壳帮助小鸟出来,然后母鸟就开始寻找食物。小鸟在鸟巢里,头抬得高高的,嘴张得大大的,等待母鸟回来喂它,那个画面多美!

有一天我问大爱台总监姚居士,拍摄这个从孵蛋到母鸟喂食小鸟,而后小鸟展翅离巢的景,共要花多少时间?他回答:"要很有耐心地守在鸟巢旁,拍摄它们的生态,前后大约要四个月的时间。"

修行学佛不也需要耐心、毅力?待人就要像母鸟一样,时时用爱覆护众生。如果有众生在烦恼中,我们要像那只母鸟一样耐心孵化,待时日一到,自然会破壳而出;之后,还要不断地供给资粮,以佛法滋润,使其慧命也能成长茁壮,这就是学佛者要学的耐心和爱心。若能如此,就能"破无明縠,竭烦恼河"。

古德云:"爱河千尺浪,苦海万重波,欲免轮回苦,至心念弥陀。"人生的烦恼好像汹涌的波浪,一不小心,欲念一起,很容易就沉沦在无止尽的烦恼河中不能自拔,真的很危险,所以心中一定要有佛,并且时时将念佛的神力,涵养在内心。

"欲免轮回苦",轮回到三途——地狱、饿鬼、畜生,即使投生人间也是生居下贱。这样的轮回真是苦不堪言,如能将心照顾好,不起恶念,就可以竭尽烦恼河;没有汹涌的烦恼波浪,就可以解脱一切生老病死、忧悲苦恼。

我常说,"生"决定了这生是幸或不幸,因为每个人都会将过去生中的种子带来。现在就应该好好注意自心;生命是否能活到老并不重要,然而在这一生中,心一定要照顾好,才能脱离忧愁苦恼。

离造恶起慈心

"复次,曼殊室利!若诸有情,好喜乖离,更相斗讼,恼乱自他,以身语意,造作增长种种恶业,展转常为不饶益事,互相谋害。告召山林树冢等神;杀诸众生,取其血肉,祭祀药叉罗刹婆等;书怨人名,作其形像,以恶咒术而咒诅之;厌魅蛊道,咒起尸鬼,令断彼命,及坏其身。"

"复次,曼殊室利",这是释迦牟尼佛再次提醒大家,不要以为简单就疏忽,这是众生容易犯的错,所以佛陀每次讲完一段落,就会提醒人人用心注意。

"若诸有情,好喜乖离","好"就是喜欢,"乖"就是违背,"离"是离间;喜欢挑拨是非的人,性格偏向惹是生非,看众人和睦共处,内心就不欢喜,这种偏激的性格,就是"好喜乖离",喜欢与人"斗讼","斗"就是争斗、对立,"讼"就是诉讼,这是凡夫易犯的毛病。我们常说"劝和不劝离",这是功德一桩；如果见不得别人好，喜欢挑拨离间，让人争斗诉讼，这是很失德的事。

古代流传一则故事——

过去有位富家小姐抛绣球选亲，正好被青年乞丐吕蒙正接到，这位富家小姐认为：父亲既然用这种方式让我选丈夫，不论富贫，我都要跟随他。因此，不顾父母反对，随着吕蒙正而去。

吕蒙正虽然出身贫穷，却很好学，婚后妻子更勉励他："乞讨是很没有志气的行为，不如以你满腹文章和一手好字去摆摊、写对联。"吕蒙正也同意这个提议，便靠摆摊写字维生。

有一天，一名男子来到他的写字摊说："先生，拜托你帮我写一纸休书，我要休妻。"

他问："为什么要休妻？"

"不满我的意，当然就把她休掉。"吕蒙正只想赚钱，就不加思索替他写了一纸休书。

回家后，他很高兴地对妻子说："我今天替人写了休书，收了很多钱。"

妻子听了就劝他："平时看你的面相，魁星（编按：传说中掌文运的神）很光亮，今天这道光芒已经不见了。你知道一个女人被休,她的心有多苦?这是一件失德的事,听我的劝告,赶紧想办法把休书拿回来。"

吕正蒙觉得妻子分析得很有道理,不应该拆散别人的家庭,就设法找到这位休妻的人,正好看到他太太泪流满面,对先生苦苦哀求。以前的女子,视丈夫为终身的依靠,一旦被休,则是生命中最大的打击;然而丈夫有了外遇,以致心地无法柔软,狠心休妻。

吕蒙正就劝这位丈夫说:"我看你的妻子是很好的女人,既然有缘结为夫妻,当丈夫的责任和本分事,就是要对妻子付出爱和照顾,怎么可以不喜欢就把妻子休掉,这是非常失德的事!"

这位先生就说:"关你什么事!我的心意已决。"

吕蒙正又劝他:"老实告诉你,若取不回这纸休书,说不定回去后会被我太太休了!这是一件很严重的事,我把钱还你,休书让我拿回去。最后还是要劝你,一个家庭的幸福,是要相互尽责任;你的妻子不仅具备三从四德,又如此温顺,你应该好好疼惜。"说完,吕蒙正便将休书带回去。

他的妻子看到他回来,很欢喜地说:"看到你满面光彩,只要认真一点,将来一定会成功。"

吕蒙正在妻子的鼓励下用心准备考试,果真如他妻子所说,连连中试登第。

不久之后,这对夫妻带了礼物来答谢他,那位丈夫说:"很感恩您拿回休书。我太太本来就很好,事后我冷静地想想她的优点,又想到她跟着我吃了很多苦,因此想通了,希望家庭能再度和合。感恩您!"

可见离间人家的姻缘,是很不好、失德的事;但因妻子的贤慧,吕蒙正能及时改过、弥补过失,也让面临破碎的家庭及时挽回。

人如果冷静下来,总是能心平气和,在佛教的典籍中,也有一则故事——

在深山里有两只猛虎,一只叫善牙,一只叫善博,它们感情很好,每天都一起出去捕攫食物。还有一只力气小、心态奸巧的动物叫野干,常常躲在后面,专门捡食猛虎吃剩的残骸余肉。

野干时常担心这两只猛虎如果联合对付自己,肯定一命呜呼,因此想尽方法造谣、离间它们分开,以保自己的安全。

有一天,野干心生一计,便向善牙说:"我听到一个消息,想要来告诉你。"

善牙就问:"什么事?"

它说:"你不伤害我,我才告诉你。"

善牙回答:"我怎么会伤害你?你放心,走近来告诉我。"

野干就向善牙说:"善博平日和你称兄道弟,我却听到很多动物说,善博常在兽群中,向大家宣告善牙不如它,它的一切形、色、毛、力等都比你好。"

善牙听了,就问野干:"你怎么知道?"

野干回答:"大家都这样传说。"

不久,野干又故技重施,去向善博说:"善牙对你很不敬,它常说你很霸道,还说你很多坏话,以及很多不如它的地方。"

善博就问:"你听谁说的?"

"我亲耳听善牙对我说的。"

有一天,这两只老虎碰面了,不禁怒目相视,善牙想:应该先下手为强,就出手打善博,并质问善博:"你为何在兽群中散播我的坏话,说我事事不如你?"

说完又出手打善博,善博赶快退后,说:"冷静一下!我也听野干说,你在它面前说了我很多缺点,又数落我有很多不如你的地方,还有种种恶毒、不堪入耳的话。"

善牙就说:"奇怪!我也是听野干说的。"

善博冷静地思考后,对善牙说:"我们在山林中,力量远比其他兽类强,一有冲突必定两败俱伤。你听见野干说我的坏话,我也是听它说的,可见其中必定有人离间,我们应该要冷静。"因此化解了一场猛虎相斗,也使整个山林免除不安和灾难。

听了这则故事,我们知道,如果欠缺冷静思考的能力,往往会被小人所利用;有权有势的人,若听信小人谗言,社会就会动乱、没有宁静的一天。家庭、团体里的成员也一样,只要有"好喜乖离"的心胸,爱挑拨是非,就无法和睦。

学佛,就是要时时将内心抚平,无论听闻什么,都要用智慧分析,不要轻信他人搬弄是非,不只做到"是非止于智者",还要成为一个不离间感情的人。人生最可怕的就是心念偏差,小事情也会变成大是非,我们要好好地照顾自己的一念心,绝对不要像野干那样搬弄、挑拨;面对脾气再坏的人,也应该像善博一样冷静思考,这都是很简单的道理,却是很容易犯的错误,如果犯了,就是失德。

人与人之间需要的是和睦、祥和的社会,以及美满的人生。人人若能扩大心胸,没有烦恼、杂念,自然社会就能安定。

倘若有人心念偏激,不只扰乱自己,也会扰乱他人。有人爱挑拨是非,喜见人互争互斗,这都是不正当的观念;我们必须常常警惕自己,看到别人和睦,要有随喜心,绝对不要起嫉妒或恨心,抑或离间他人,这会引起很大的风波,容易造成争斗与诉讼。

在一二十年前,曾经有个实例——有位事业成功的女士,她到台北分会听讲《药师经》后,便走进慈济,是一位很热心的会员。但是每次看到她总是哭哭啼啼,令人觉得很疑惑,她明明在社会上很有地位,事业也很成功,有名有利,还有什么不满,或是受到多大的委屈?为什么总是泪眼婆娑?

原来她的父亲往生后,留给他们兄妹一块土地,原本兄妹的感情很好,常常相聚和乐融融。有一天,哥哥就对妹妹说:"这块土地如果有人要买,会觉得持分的土地(意为二人以上共同持有一块土地。——编者注)比较麻烦,不如名义上让持有人只有一个,别人也会比较愿意向我们买地。"

妹妹也说:"好!反正哥哥和爸爸一样疼我,应该会为我保护财产。"她就盖章同意了。

有位朋友听到她盖了章,就对她说:"你怎么这么傻!这块土地地点那么好,你知道值多少钱吗?"

她说:"不知道,让哥哥处理就好了。"

朋友说:"人心隔肚皮,权状上又没有你的名字,将来要到哪里拿钱?"

她想想有道理,就回去向哥哥说:"我想想不妥,还是按照原来的持分!"

哥哥说:"但是我已经登记好了。"

朋友知道后就说:"怎么可以这样?不然叫他写切结书。这块土地若以现在的市价卖出,你至少可以分到七八百万元。"

当时七八百万元的数目实在很大,因此她就开始和哥哥计较。到后来不但哥哥觉得:妹妹怎么对我这么没信心?嫂嫂也对小姑动辄回来吵闹,深感不满,渐渐传出不好听的话。又加上朋友的挑拨,致使妹妹心生怨气,竟然回家向兄嫂理论、吵架,同时还打人。

本来妹妹很疼爱哥哥的孩子,侄子从小也和姑姑很亲,但是看到姑姑不但骂人还打人,侄子受不了就把她推出去,她的心都碎了,想:哥哥从前这么疼我,我也很疼侄子,为什么现在如此对待我?于是当场在哥哥家发誓:"这个娘家我绝对不再回来,我一定要告你,讨回这块土地!"

她花了很多钱请律师,不断地上诉,但是官司一下赢、一下输,让她非常烦恼。我问她:"官司打这么久了,即使那些钱都拿到了,也要给律师费,这样还剩下多少钱?"

她算一算说:"如果真的有八百多万元,全部要回来的话,差不多刚好负担历年的律师费、诉讼费。"

我就问她:"既然钱差不多都花完了,那你还在争什么?"

"争一口气!只要逢年过节,我就会想起以前还有娘家可以回去,不但哥哥一家人很高兴,平时侄子也会来我家,但是这几年什么都没有了!"

我问她:"你既然想到这分情,那还要再告下去吗?"

她回答:"现在已经骑虎难下了!我的朋友一直劝我不要放弃,已经花了这么多钱,至少也要将原本名下所有的土地讨回来。"

我就劝她:"即使土地要回来,对你有什么好处?对你的朋友又有什么好处?"

她说:"也没有什么好处,朋友只是一番好意,替我抱不平。"

我再问:"虽然他替你抱不平,但在这三四年诉讼的时间,他帮了你什么忙?"

她说:"没有!"

我就告诉她:"你认为朋友是一番好意,却让你们兄妹感情失和,有娘家归不得,这个朋友说的话,还要继续听吗?"

她愣了一下说:"想想也是,有时会想起哥哥从前疼我的那分情,现在却断了,实在很不舍得。其实打官司对我并没有好处,也不知道是为了什么?我现在怎么办?"

我告诉她:"把心平静下来,不要一直认为哥哥骗你,应该想是哥哥在照顾你。何况钱是身外物,你难道还缺那些财产吗?"

她说:"并不缺!只是为了争一点气而已。"

"对啊!为什么要争那么一点气?现在你再有钱,也买不回亲情。"

"师父,现在该怎么办呢?"

我请她回家向哥哥、嫂嫂认错:"以前因为争一点气,我错了!我要撤销诉讼,希望能恢复以前兄妹的感情。"

她还在犹豫:"我做得到吗?"

"只要你愿意去做,没有做不到的事。"

她又说:"我先生也这样告诉我,不过我的朋友……"

"你先生对你那么好,都会劝你不要和哥哥计较,怎么你还听朋友说的话?朋友的好坏,自己要好好分析。"

一段时日后,她很高兴地告诉我:"师父,我很感恩您,我回到娘家后,大哥大嫂好高兴,还说这些年来,每逢过年、过节都会念着:'妹妹怎么不回来?'原来他们也很想念我。"

"是呀!你的内心也很想念他们,只是对簿公堂时,大家都站在对立的立场,尽管有这分情,表面上却还要争执。"

她回答:"那天因为师父说了一句话,我回去好好地想,终于想通了。"

"是哪一句话?"

"您问我:那位朋友的话到底对我有多大的利益?我诉讼,对他有什么好处?想一想,他也没得到利益,对我却伤害很大。为什么我那么傻,一直听别人的话,先生和儿子怎么劝我都不听,实在很愚痴。想通之后,还是觉得亲情重要,因此我就抱持一分心态——即使土地被哥哥卖了,钱没给我,我也没损失。"

"是啊!对你并没有影响,为什么这三四年的时间,你要这么痛苦?"无非就是为了那一点气。

社会之所以混乱,就乱在这种"好喜乖离,更相斗讼,恼乱自他"的形态,这都是"以身语意,造作增长种种恶业"。因一念心偏差,以致身体造作恶业,口头上搬弄是非,两舌、恶口、妄言、绮语,损害自己、不利他人;这都是内心没有照顾好,因此造作增长这么多身、语、意的恶业。

故知修行无他,就是要好好调伏自心、调伏烦恼,宽以待人、严以律己,这是学佛者应有的态度。放宽对人的标准,不要太计较,并时时善解、包容,这是修行调心、待人最好的方法。

千经万论,无不是教育我们要调好自心。无论"好喜乖离"或"更相斗讼"、"恼乱自他"等等人我是非,皆起自身、语、意三业,身体的一切表情、动作都要很小心,以免做了令人厌恶、怨恨的事,而惹来怨尤与曲解。

如何处事圆融,不破坏人与人之间的感情,不在言语间伤害别人,必须平时照顾好自心、调和声色,听人说话或自己说话时,都要用心。

身三、口四、意三,往好的方向就是十善,可以祥和人间,使世界和平。往坏的方向,就是十恶,不只伤害自己,也会恼乱他人,不仅损及私德,也妨碍公德,所以必定要照顾好身、口、意,以免增长种种恶业。

"展转常为不饶益事,互相谋害",为一点小事就不断地搬弄是非,互相斗争、陷害、毁谤,不仅对自己没有好处,对他人同样没有利益。人和人之间的嫌恶要赶紧解开,否则恶言很容易脱口而出,不小心就会口耳相传,造成恶的循环。

譬如强势的人在公众场合与人大声叫骂，或者运用权势压迫人；弱势的人，则受压迫而敢怒不敢言，无法直接对付，或者心机狡诈的，表面上对人很好，内心却充满怨恨，便暗中伤人，所谓"明枪易躲，暗箭难防"，这就是"互相谋害"。

"告召山林树冢等神"，因为无势无力无法申冤，也无法对付人，只好去向神祇申冤、叫苦。古时候的人都认为山有山神，树有树神，在冢墓间也有鬼神，因此将满腹冤情向山林树冢诸神申冤，诅咒他怨恨的人被山林树冢等神所杀害。

"杀诸众生，取其血肉，祭祀药叉、罗刹婆等"，因为心有所求，就宰杀牲畜，以三牲、酒礼祭祀鬼神，祈求实现内心之所愿。

有些人正因为无势无力而满腹冤情，转而向恶毒的鬼神祈求降灾殃，使人感到不舒服。药叉，又叫做"疾捷鬼"；罗刹婆，义译"暴恶"，二者都是力大恶毒的鬼神。

"书怨人名，作其形像，以恶咒术而咒诅之，厌魅蛊道"，书写所怨恨者的名字，剪成人形或做成草人下咒。这是从前民智未开，人心对鬼神有所恐惧，才有这些奇怪的咒术。

古时候有种行业，专门替人祭煞、解运，或是画符咒、相命等等；记得小时候也曾听过：盖房子时，如果主人不小心得罪工人，在挖地基或上梁时，就可能被动手脚；师傅会"做窍"(编按：闽南语,民间作法的一种),在屋梁上或墙角某处藏放刀、箭、人的纸形,让住的人很不平安,这叫做"厌魅"。

"蛊道",从前的人收集很多毒虫,让它们自相残杀,最后剩下一只,就是最毒的这只虫制成毒物害人。

现代的生化武器,就是用"蛊道"毒物伤人,以致世界人心惶惶；这些生化毒物散播在空气中,只要吸到或摸到,就会感染而中毒死亡。这种毒物有的是将动物身上的毒素提炼而制成粉状,随空气飘散使人感染,像是炭疽病毒、天花病毒,现在还能利用科技大量制造,十分可怕。

人生在世,倘若大家能互爱、互助,世间一定会进步,也会很美。看看世界山河大地多美,人情多温暖,人间多幸福；然而这个世间还是有缺陷,就在人心不轨,进而破坏人间的轨则,破坏人与人之间的情感,内心充满怨恨,就会制造很多毒素或杀人工具、武器等等。

释迦牟尼佛的佛土——娑婆世界,本来也是一片净土,与东方琉璃世界或西方极乐世界并无二致,偏偏因为众生心怀不轨,造成许多缺陷,才变成堪忍世界。心灵的灾难造成天下的灾难,为人类带来很多烦恼和苦难,真是令人遗憾。

释迦牟尼佛苦口婆心教化,无非希望有情众生,修正

"好喜乖离"的心态。但有些人偏偏喜欢挑拨是非,使人感情冲突,斗争诉讼,恼乱自他;强的人明争,弱的人暗斗,或者暗中谋害或用邪术害人,这都是人心所造成。

众生有无限的潜能,佛陀教育我们将潜能运用在成就众生的好事,不应该用在损害众生的错事。我们要好好调伏自己的心,启发内心的善念,为人群付出。

"害人之心不可有,助人之心不可无",学佛平时就要培养这分好心,自然恶念不生;假使心有偏差,常生埋怨,一念痴心起,就容易造作陷害别人、对自己不利的事情。

过去女人结了婚,家庭就是她终身依止的地方,必须一生依靠丈夫,所以女人大部分的生命就是为丈夫、为家庭。自古以来,情欲贪念诱惑人心,有些女人,为了离间别人夫妻的感情,会请术士画符害人。

这种民俗符咒的事现在比较少,不过人们"身、语、意"的造作却化暗为明,像现在的人能面对现实,行事干脆,你对我既然没有情,我也了断这分爱,离婚愈来愈普遍。

更甚者,一些家庭惨案,社会上残酷的血案,都是一念心所致。心善与心恶两端拔河,能转恶为善,同样也可能转善作恶。

若是因一念恨心,造成伤害他人的动作,等于伤害自已。好比现代制药采用多种方法提炼，都含有杀伤某种细菌的成分，这就表示药品含有某种毒性，吃了多少会有副作用。最好不要随便吃成药，有病就去看医师诊断病症，对症下药。有些医师提倡感冒尽量不要吃药，多喝水、多休息，补充营养即可，因此药物可以救人，也会伤人。

"厌魅蛊道"，一种是用符咒害人，另一种是制造毒品害人，此二者都是心怀毒念。

"咒起尸鬼，令断彼命及坏其身"，过去民间也时有所闻，人死之后，画符或念咒令死尸起身，并给死尸刀箭，让他照着持咒者的命令去伤人。总之，过去民智未开时，有这些鬼怪、符咒、毒物害人的事，明的斗不过，就暗施邪道。

不利于人的事，终究会损害自己，在慈济的救济对象中，曾经有几位算命先生，他们原先帮人消灾、解运，后来却落魄孤老、病苦无依，需要慈济照顾他们的生活。既然能帮人消灾，应该也能为自己解运，为何落得如此下场？值得深思。

"是诸有情，若得闻此药师琉璃光如来名号，彼诸恶事，悉不能害。一切展转皆起慈心，利益安乐，无损恼意及嫌恨心；各各欢悦，于自所受生于喜足，不相侵凌，互为饶益。"

"是诸有情",是指那些受尽陷害、折磨的人,如果能听闻药师佛的名号,"彼诸恶事悉不能害",无论下符、念咒或种种毒害等恶事都不能再伤害到他。

有人告诉我:"师父,我很担心被人下符咒,因为我曾经得罪过某人,听说他的亲戚精通此道。"我都会告诉他们:"邪不胜正,心正邪不侵。"只要人心正,不论什么邪术都无法入侵。

这就好像医院的志工把自己的身体照顾好,皮肤没有伤口,即使为病人服务时不小心沾上脓血,对我们的身体也没什么损伤。当然我也常叮咛志工们,为病人清洗身体或处理伤口时,一定要戴手套,不要让皮肤直接接触,做好自我防护。有许多闻之色变的传染病,只要懂得防范,就不会被传染。

大林慈济医院的志工曾分享一个个案,有位阿公在田里工作,不慎手上扎破一个小伤口,他不以为意,继续清理水沟并没有理会伤口。没想到几天后,伤口溃烂,送医急诊,结果因为感染破伤风必须截肢。

身上若有了创伤,在打扫或工作时要小心注意,就能避免感染;同理,只要把心照顾好,心念正确,没有惊惶、疑惑,无论什么符咒都没有用,不能入侵就伤害不到我们。最怕的是凡夫自己疑神疑鬼或心术不正,就容易遭邪魔入侵。

佛世时,很多外道用种种邪术诅咒、毒药来陷害佛陀,甚至放出醉象要践踏佛陀,但是佛陀以清净无染的威德力,一一破解。

平时培养好正念,任何邪思邪见都伤害不了我们;若能听闻药师佛之名,信受奉行药师佛之教,断恶修善,那么凭借药师佛之威力,恶事便无法靠近。

所以平时鼓励大家以"佛心为己心",如果人人都能以佛心为己心,自然内心清净,无有偏私;有了这分慈悲喜舍的心念,就是最好的免疫力,任何邪术都近不了身,这就是仗佛威力。"彼诸恶事悉不能害",即"告召山林树冢等神,杀诸众生,取其血肉,祭祀药叉、罗刹婆等"或是"厌魅蛊道"等恶事,都不能伤害我们。

"一切展转皆起慈心",不只自己内心能有预防的威力,还可以转化对方的怨恨及恶意。既然对方心怀怨恨,要用种种方法伤害我们,若我们能将心照顾好,不但不受害,还能用佛心怜悯对方,发挥那分爱,自然也能展转让对方生起慈悲的心念,做到化干戈为玉帛,化仇恨为互爱。

与其消极地躲避,不如积极地化仇为友,这就是"利益安乐"。若能展转生起慈心,什么仇恨都能化解,没有敌我对立,自然就会心安,而互相利益,彼此成就好事。

人人若能保持本具的善念和清净之爱,即使面临烦恼苦难,也能以佛法善解转成菩提,自然"一切展转皆起慈心,利益安乐,无损恼意及嫌恨心"。

佛典中有一则故事——

一天,有位比丘来到珠宝师傅家托钵,当时的社会民情,一定恭敬供养出家人;这位师傅也不例外,他非常恭敬地邀请比丘入屋供养。当师傅端着比丘的钵进去盛饭时,桌上放着一颗晶莹剔透的宝珠,映照比丘身上的衣服,珠子变成土红色,一只鹅误以为是食物,便将珠子吞下去。

珠宝师傅端出丰盛的饭菜,恭敬地供养比丘,比丘受供后正要离去,珠宝师傅忽然发现桌上那颗宝珠不见了,就赶紧叫住比丘:"刚才我捧着你的钵进去盛饭时,有人来过吗?"

比丘回答:"没有!"

师傅又问:"你是一个出家人,出家人身心清净,才能受人尊重、敬爱;我好心供养你,你竟然偷我的珠宝,请把宝珠还给我,这是受人委托制作的,如果掉了,我怎么赔偿得起!"

这位比丘说:"我没有拿你的珠宝。"

"你没拿,那么珠子到哪里去了?刚刚只有你在这里!"

比丘虽然看到是鹅吞了珠子,却不忍心鹅被主人开膛剖肚,于是保持缄默。珠宝师傅又急又气,最后拿起一支棍子说:"你逼得我不得不打你,如果你不把珠宝还我,我真的无法交代。你还是赶快把珠子还给我!"

比丘仍说:"我没有拿。"

珠宝师傅就拿起棍子打比丘,打了再问,问了再打,而吞食珠子的那只鹅,好像被什么东西哽住,一直在比丘脚边哀叫、翻滚。珠宝师傅迁怒于鹅,一棍往鹅身上打去,鹅在挣扎中往生了。比丘深感痛惜:"鹅啊!鹅啊!我牺牲皮肉之痛,想救你一命。你竟然不去逃生,却来这里送命。"

珠宝师傅听了奇怪,就问比丘:"你为什么这么说?"

比丘回答:"本来我不愿意说,这只鹅误把宝珠当成食物,一口吞了下去。"珠宝师傅心想:真有这种事?就把鹅抓进去剖开肚腹,果真在肠子里取出宝珠。

这位师傅误打比丘很忏悔,比丘为了护生,愿意忍受皮肉疼痛之苦,所以他赶紧跪下向比丘叩头忏悔。

这时比丘露出安详的笑容:"我不怪你,你是做工维生,生活本来就很辛苦,珠宝不见了当然会着急瞋怒;但是一念瞋心起，会产生无明，道理不分，就会造作很多不测之业。"

珠宝师傅听了比丘这番教化，心中非常感恩，也反省自己凡事应该三思而后行。

比丘为了护生，愿意承受肉体的痛苦，这就是一念慈心，因为一念慈心能利益安乐众生，而且无损恼意及嫌恨心。

学佛最重要的，就是学习佛的这分慈心——诸恶莫做，众善奉行；害人之心不可有，助人之心不可无，若能如此，众生就可以平安、幸福。

"各各欢悦，于自所受，生于喜足"，虽然自己被人伤害，却能原谅别人；原谅别人之后，自己会心生欢喜、满足之心。"不相侵凌，互为饶益"，虽然遭逢委屈磨难，并不想报复，不想与人计较，甚至能"互为饶益"，感动更多的人共同来做好事。

譬如前面提过的湖口爆炸案，慈济人前往送食却意外被撞，范居士能以慈心原谅肇事者，肇事者在感动之余，不只成为会员，也乐捐善款，这就是互为饶益。

凡夫难免会与人有心结，既然要修心养性，就不要有凡夫的心态——结怨连仇，不能容纳彼此，无法以欢喜心互相饶益；否则就枉费修行了。

"师父引进门，修行在弟子"。多么不容易得了人身，听闻佛法更难得，更加难得的是能同师、同道、同志愿，我们应该要合心、和气、互爱、协力，才能成就一个清净的修行道场，对个人而言，修德才能圆满；如果常存不满之心，对自己的修为就有所亏损。

因此要经常自省，是否能做到"展转皆起慈心，无损恼意及嫌恨心"？彼此之间不仅去除成见，也没有嫌恨之心；互相勉励，起于慈心利益安乐一切众生，不分别什么样的人与事喜不喜欢，一切皆平等，若能如此"各各欢悦"，大家都会很欢喜。

每天生活所感受的都是"喜足"——很欢喜、很满足，这一生就会很幸福。若能如此，世间就没有"互相侵凌"，人人便能"互为饶益"，这就是世间之美。难得来人间、难得相会遇、难得有缘居住在同一个地方，有很多的难得，大家要懂得惜缘。

学佛修行，就要日日自我反省：有没有和生活周遭同心、同道、同志愿的人结好缘？对周围的人是否有不满、排斥等心态？若有心结，就要赶快解开。此外，若不幸发生意外，是否能保持平静的心面对？是否能以对方的立场设想？

若能如此,这个社会就是净土。这就是佛陀对我们的教育,也是药师佛在人间所教示的净化心灵。

受持学处闻正法

"复次,曼殊室利!若有四众:苾刍、苾刍尼、邬波索迦、邬波斯迦,及余净信善男子、善女人等,有能受持八分斋戒,或经一年,或复三月,受持学处,以此善根,愿生西方极乐世界无量寿佛所,听闻正法,而未定者。"

"苾刍、苾刍尼",经典上常见的写法为"比丘、比丘尼","苾刍、苾刍尼"是音译而字不同。在开经时就说过,比丘有破恶、怖魔和乞士的意义。

出家人与在家人的生活不同,在家人有士、农、工、商各种行业,可以建立家庭,拥有自己的财产。出家就不同了,离开世俗的家庭,自己所拥有的,在佛制时代是三衣一钵。

因为在印度,天气比较炎热,不需要很多衣服,三衣一钵,目的在调伏人的心欲。出家就是要去除一切欲念、烦恼,因此辞亲割爱,离开家庭进入僧团生活,没有必要积存或拥有很多东西,虽然身体离不开衣、食,但是也只要求最低的限度,有三衣可以替换、清洗;有一钵之食,能维持身体健康就足够了。

在住的方面,最初僧团还没有精舍可住,多数是"树下一宿",只要能遮阳、清凉的地方,就是比丘居住之处。这表示将生活条件降到最低限度,具有刻苦耐劳的精神,能适应自然气候,这就是修行者要抱持的清贫、刻苦精神。相较于"树下一宿,日中一食,三衣一钵",现代的僧团生活好多了,我们更要惜福。

凡夫心会有贪、瞋、痴,尤其痴念一起,恶业就会现前,佛陀教导我们"诸恶莫做,众善奉行",这就是破烦恼恶。

"诸恶莫做"听起来很简单,只要不做坏事就好,其实与内心的烦恼有非常密切的关连,要将所有的烦恼破除掉,才能产生智慧,而不会再有人我是非。表面上,大家都在修行,没有做坏事情;但是内心烦恼未除,就是很危险的事,因为烦恼是一粒种子,永远埋在心底,只要因缘会遇,这粒种子就会现前。所以必须从内心彻底清除,破烦恼恶,就是我们常说的"大忏悔"。

要时时不断地向内自省:我今天有没有对某人不满?

看到或听到他的话,是否起烦恼心?倘若有,就要赶快忏悔,绝不能生出这分恶念,所以诸恶莫做,也要诸烦恼不生。

"众善奉行",就是把握因缘做好事。做好事不一定得行于外,内心也可以常做,我们常说"普天三无"——普天下没有我不爱的人、没有我不能原谅的人、没有我不信任的人,如此便能推动大爱,使人心祥和。

大爱的这念心就是智慧,没有智慧的人,无法视所有人都平等。宇宙诸佛菩萨就是以平等心、平常心、普遍心,怜视一切众生,观普天下无不是可怜悯的人,因怜悯而生出疼惜的心。

美国九一一事件后,慈济推动"爱洒人间"运动,也做了一首歌曲,有段歌词是"他们默默怜视着人间,他们不忍地球受毁伤,他们心疼苍生多苦难,他们永远陪伴、肤慰人间"。怜,就是不忍心、要疼惜,不忍心众生烦恼、受苦难,所以要疼爱他,这就是佛心;要怜视一切众生,自然就能做到"普天下没有我不爱的人"。

只要是凡夫,谁不会犯错?自己犯错,如果别人不肯原谅,带着怨恨的种子而去,将来再相遇,彼此还是有心结;所以我们要先原谅人,别人才会原谅我们。在心中要常常自我反省,对他人存有心结吗?如果有,就要赶快解开,如此就"没有不能原谅的人"了。

"信为道源功德母",人与人之间要互信,不要认为他人都是虚假的;要相信对方即使是一个微笑,都是出自真心,这就是向内自省、破恶,向外不造恶、不结恶缘。如此,"就没有我不信任的人"。

总之,心要照顾好,人人都有与生俱来和佛同等的慈悲、智慧与清净的本性,只因为一念无明而污染,随着业力不断地牵引;有这种凡夫心,就会有凡夫事,结仇连祸绵延不断。既然发心修行,无论在家、出家,必须调伏这念杂乱心,精进之人,自然就会时时提起觉悟,而不会放纵、懈怠,常常沉沦在三界中。

比丘尼是出家女众,修行与比丘一样。佛有四众或说七众弟子,无论什么身份,只要想学佛,就要调伏这念心思,去除所有的欲念,在生活上力求简单朴实,过清寒的生活;在心灵上,要提高警觉,不要有一丝烦恼在内心作怪。

出家在僧团中,必须具足"六和敬"——外同他善,谓之和;内自谦卑,谓之敬。"外同他善",意思是大家应该互相赞叹,既然是破恶、怖魔、乞士,就表示身心清净,要以这分清净与他人共同修行。后学之人,要随着前人的脚步,不破轨则,以善从之;前人有好的模范,后学便向他学习,这叫做

"外同他善谓之和"。

我们都是凡夫,有的人行谊也许不端正,我们应抱持着一分爱去关心、劝诫;重要的是,先调伏好自己的心,要"内自谦卑",才能对人起一分敬重心。所以要有六和敬,必须有爱、敬与和,心中若是缺少这分爱,绝对无法与人和同。

"六和敬"中,第一,"同戒和敬"。既然出家,除了持戒之外,还必须守团体规则,所谓"不破轨则",表示大家共同相处要守戒、守轨则。

第二,"同见和敬"。学佛者必须守持住正知、正见,既然为佛弟子,在僧团中,大家的见解要和同,不要受到环境、人事的影响;若见解偏差,就容易变成邪知、邪见。

第三,"同行和敬"。"行"就是轨则,常和大家说,"修行"二字,"修"是内能调心,修心养性;"行"就是不破轨则,端正行为,守持清净行。

第四,"身慈和敬",也就是身行慈悲。身有三善行,不但不杀生,还要护爱众生;不但不淫,还要修清净心;不但不偷盗,还要多行布施,这是利益一切众生的行为,都归纳在"身慈和敬"。

身是载道器,修行必须依靠这个身体,身体能健康,不仅自己修行能轻安自在,还能利益他人,所以"身慈和敬"是很重要的。一个僧团的美,美在团体的行动,所以彼此要"身慈",不论行动、语言都要照顾好,一切以善的行为为依归。

第五,"口慈和敬"。口业有四:恶口、妄言、绮语、两舌;学佛者,应该要有柔软语、爱语;修行就要做到"口慈",说出的话能让人安心、欢喜;有时刚强的众生,听到我们的言语、声音,就能调伏他的心。

一个人内心的好坏,无人知晓,需要开口动舌表达心意,但常会听到有人说:"我没恶意,只是为你好,口气才比较差。"这是自圆其说,虽无恶意,终究还是伤了他人的心。"说话"真是一门大学问,一句话伤别人,就结下恶种子;一个人即使心地好,嘴巴不好,也不能算是好人。心好,说话也恰当,才是真正的好人。

第六,"意慈和敬"。这是最重要的,心地如果调整得好,开口动舌自然都会很用心。身口意三业调和,自然能表达出那分"同他善",团体就能和合;时时把心照顾好,就能做到"自谦卑",处处对人尊敬。

修行最重要的,在僧团中要和敬;对个人而言,要过破恶、怖魔、乞士的生活,身心清净,这是出家人的本分。

接下来的经文是"邬波索迦、邬波斯迦"。常见的翻译是"优婆塞、优婆夷",或称"近事男、近事女",一般也称为居士;能亲近佛法僧,事奉供养,受三皈、持五戒的在家修行者。

"净信善男子、善女人",就是相信佛法僧,但是尚未皈依的人。他们发心、有信心,也付出一分爱心,只是没有皈依,也没有受持五戒,称为"净信善男子、善女人",在《药师经》中是指社会一般人士。

现在社会上很多人都认为信佛很好,但是并没有皈依;也有人虽然没有皈依,同样守持"诸恶莫做,众善奉行"。

"诸恶莫做",就是守规戒。佛教的在家居士要受持"八分斋戒",除了一般所谓的"不杀生、不偷盗、不淫、不妄语、不饮酒"五戒之外,第六是"不着香花鬘、不香涂身",身上不要装饰得珠光宝气,或是涂抹香水,以免心念起伏不定。

有些人很爱漂亮,心里所想的是如何妆扮外表,总是打扮得花枝招展,而费尽心思,也连带着影响他人。经常听到女人在一起,就是谈论衣服、珠宝的流行、价格多少等话题。一般人容易生起虚荣心而随之起心动念,自然就会比较;一旦有所比较,难免就会心生不满,夫妻有时也会因而产生摩擦。

我常说:"有智慧的人,会欣赏别人,不和别人比较。"世间原本就充满宝藏,以欣赏的眼光来看,就不会起贪著心。细想:拥有财宝有时也是一种拖累,除了花钱购买,还得费心思保养和保管;放在家里担心被偷,就要再花笔钱存在银行保险箱,想要佩戴再去拿。究竟珠宝是自己的,还是银行的?实在分不清。

倘若能将这些珠宝化为爱心,只要舍出一点,就能使许多贫穷、苦难的家庭得到温饱。人往往为了自己的身体与虚荣心,而悭贪一切,只为了炫耀自己的财富。身为佛教徒,即使是在家居士,佛陀也要我们调伏内心,不要有贪念。

守斋戒时,应素净、简单。只要身体干净,在语默动静中展现我们的德香,以及修行的气质,就不需要珠宝的装饰,或是在身上喷洒香水。在慈济团体所有的委员或慈诚队,不分贫富贵贱,穿着一律平等;只要身形、衣着能保持素净、简洁,对自心的修行也很有帮助。因此只要身体健康、心理健全,就不需要涂香着花鬘,妆扮得珠光宝气。

第七是"不歌舞观听"。跳舞、唱歌都只是娱乐,若陷入纸醉金迷的生活,更是颠倒人生。学佛的时间很宝贵,若将时间用在这种迷醉的生活,真是浪费生命、扰乱心念。

第八,"不睡高广大床"。光阴难得,睡眠只是每天的生理循环,必须有适当的休息以保养身体,但不是让我们贪睡在高广大床上，舒服地浪费时间。

从前的出家人只有一条尼师坛，很简单的一块布，在自己的位置铺平就可以睡了；如果太舒服，早上反而会不想起床。以前的人，为了要自我警惕与鼓励，愿意卧薪尝胆，就是不让自己沉溺于舒服的环境中。

我们在精舍的修行，每天早上还不到四点，就敲板起床；对在家人而言，是正好眠的时候；对修行人，则是最好的修行时刻，没有什么杂务，能专心礼佛，周围的环境也很宁静，可以帮助心念定静，聆听内在的声音、聆听大地之声，因此是段很宝贵的时间。

倘若睡的地方太过享受，就会贪恋不肯起身；而精舍的床约二尺多宽，木板铺上薄薄的垫被，就是我们最享受的生活。佛陀在世时，还只是在地上铺一块布就睡了，这叫做修行。

当然在家人都有各自的家庭，若在生活中能节俭朴实，也是居家修行。除了五戒是佛教徒必须守持之外，生活中的穿着、居家环境也不浪费，能让我们的心安住于修行，这就叫做"戒"。

还有"斋"——有人认为素食就是持斋，并不尽然相等，素食最重要的意义是不杀生，以此培养慈悲、善根。持斋，意思是过午不食。佛陀是智慧者，也是大医王，在僧团中为了让大家能安心修行，所选择修行的精舍，都在市郊。僧众每天要出去托钵，必须步行到聚落，还要挨家挨户托钵，有时要走上好几个小时。

早上出门，往往走到中午才回到精舍用餐；用餐之后，又要为晚餐出去托钵，实在很浪费时间。佛陀考量身体所需之后，认为一钵（应量器）所装的食物，就已足够一天的营养，所以一天托钵一次就可以。在中午用餐之后，大家就能静心听佛说法，不必再为晚餐奔波，这也是日中一食的原因之一。

另一个促使佛陀制戒的原因：有一次黄昏时，大家出去托钵，正好遇上雷雨交加之时，佛陀弟子中很有修行的迦留陀夷尊者也去托钵。因为风雨很大，家家户户都关着门，他就去敲门，正好有位怀孕的妇女前来应门，门一打开正好闪电，看到外面站着面目黝黑、牙齿森白的迦留陀夷尊者，顿时因惊吓摔坐在地上，而不幸流产。

这件事传到佛陀那里，佛陀觉得很不忍心，若不是出家人黄昏出去托钵，又遇到风雨，就不至于害了这个妇女。于是就向僧团严格制定斋戒——过午不食。

"树下一宿，日中一食"，这是对出家人而言；在家人若肯发心，持八戒加上持斋过午不食，就是守"八分斋戒"。但是有的人身体不好，佛陀也开放段食，也就是分段进食，以因应各人的身体状况。

佛陀时代，大家的心比较单纯，就是听佛说法、静修，或是行脚托钵、游化，身体上的劳动比较少。现在修行的环境比较不同，一切的生活都不离人群，必须照顾自己的身体状况，因此晚上进餐称作"药石"，将过午之后所吃的食物都当成是药，以保健身体为主。

"或经一年，或复三月，受持学处"，所说的一年或复三月，意思是持一整年的斋戒，或者是一年之中的一月、五月、九月三个月持斋，无非是要让我们的心保持虔诚。这也是佛陀应众生的方便，让在家人分段修行，叫做"受持学处"，意在培养善根；只要有善根，发愿投生何处，就可以随愿而去。

"以此善根，愿生西方极乐世界无量寿佛所，听闻正法，而未定者"，学佛者都有一个目标，有的人是专持"阿弥陀佛"圣号，修西方净土法门；有人是修药师法门，也就是东方琉璃世界。不论修西方或东方净土法门，讲究的就是一念心，我们必须培养善根，而善根是来自于受持学处。

已经受持学处、戒规了，就要发愿——将来要生西方极乐世界，期待要到无量寿佛的佛土听闻正法，这是持西方净土法门的人所受持的学处，心愿就是要到西方极乐世界，去听闻阿弥陀佛教示的正法。

要注意的是《阿弥陀经》中有一段经文，"不可以少善根、福德、因缘得生彼国"。如果少善根、福德、因缘，都不得往生西方极乐世界，这就是因缘不成熟。

"若闻世尊药师琉璃光如来名号，临命终时，有八大菩萨，其名曰：文殊师利菩萨，观世音菩萨，得大势菩萨，无尽意菩萨，宝檀华菩萨，药王菩萨，药上菩萨，弥勒菩萨。是八大菩萨乘空而来，示其道路，即于彼界种种杂色众宝华中，自然化生。"

"若闻世尊药师琉璃光如来名号"，虽然发愿生往西方极乐世界，但是并不那么容易。有的平时念佛念得很虔诚，却欠缺善根、福德，因缘尚未具足，这就是"未定者"，还是无法如愿。

药师法门开得很宽广，因缘尚未具足的人，只要听过药师佛名号，或是奉行药师佛的法门，临命终时，就有八位大菩萨——文殊师利菩萨、观世音菩萨、得大势菩萨、无尽意菩萨、宝檀华菩萨、药王菩萨、药上菩萨、弥勒菩萨现前接引,指示一条光明的道路。

"临命终时",人生于世间,就有离开的一天;生死是自然的法则,也是人人必然的来去。世间事,有些事学不到,也不必去学;只有一件事必须学,那就是"死";人,如何而"生"？我们懵懂不知,但是应该要知道死的去向,才能知道来生的处所。

"生是死的开头,死是生的起点。"在生死之间的这段路,到底如何走？过去的人生,也许很懵懂地将时间耗费在无明的贪、瞋、痴、慢、疑;也许从小到老,我们的无明习气非但没有消除,还不断地熏习累积。身在人群中,习气增长愈让自己愚昧、黑暗,遮盖了内心光明的智慧。

然而有幸能听闻佛法,更有幸的是有同心、同道、同志愿的人,能共同修行、互相鞭策勉励,所以自己也要好好擦亮心镜,让彼此的心镜都很光明,能将外面的境界映照得清清楚楚,每个人都明白这一生来到人间的目标、道路的方向;各人也都能接受方法,来消弭心中的无明。

贪、瞋、痴,最大的问题就在于"痴",因为痴,才会起瞋;别人随意的一句话,不能以智慧分辨,瞋恨、瞋怒的形态很快地就显现出来。

修行人要去除"贪"，方向很清楚，要去掉瞋与痴的毛病，就不容易了。大家自我反省，一天当中到底有几次心起无明？听到不顺心的话就生气，或看到不称意的事情就不欢喜？这种痴念发作、不欢喜，有没有在别人面前展露现形？

瞋怒的心与行动若存在生活中，就表示还没有去除"痴"，无明是痴，痴则是烦恼；修行就是要去除烦恼、无明，偏偏我们的根本烦恼却无法断，因此每个人的心镜常常都是朦胧的；如何照亮此生与未来的道路？

"生是死的开头"，既然生是开头，就要立定目标往前走。若不知道要往哪里走，也不确定未来的归处，如此懵懵懂懂、来来回回于六道轮回中，岂不可惜？

"死是生的起点"，当我们了解临命终时的重要性，到了生死关头，心念才能保持自在。

有人会问："我怎么知道那时候会去哪里？要用什么心面对？只想到死就很害怕，要怎么学？"其实死不必怕，最怕的是这一生中的无明。如果在临命终时，还能保持坚定的勇猛心，则如有句话"临终心猛胜百年功"，精进的心若能坚固不移，将胜于百年的修行，也就是说，临终时如果意识清楚，心无颠倒，意无贪恋，知道生死去向，比一辈子在念佛还重要。

大林慈院的志工曾分享一则个案,有位很有责任感的中年人,一天,他只是一阵咳嗽之后,忽然休克昏倒,连呼吸都停止了。还好旁边有人懂得急救,一边急救一边将他送到大林慈济医院,幸而及时送医,开刀后并无大碍,人也清醒了。

志工到加护病房关心病人时,看到这位中年人好像没什么事,还在加护病房里看杂志,就走近关怀他。这位先生就说:"我并没有什么重病,只是会忽然停止呼吸。医师说我的气管多长了一片薄膜,有时盖住气管,我就无法呼吸了。还好医师做了详细的检查,才找到这层薄膜,也已经用内视镜手术处理好,现在只是在这里观察。"

这位先生又说:"在我没有呼吸时,其实意识十分清楚,可以看到我的家人,也知道被人送来医院,看到医师、护士在为我急救。当时还听到很多人一直对我说:'来啊!来啊!我带你去玩。'只是我的心很坚定,说:'不可以,我还要回家养妻儿。'当我又醒来可以呼吸时,已经在这里了。"听到这位先生描述生死关头时,历历分明,他心里知道责任未了不能去,所以他没有跟着走。

类似这种走过生死边缘的心得分享,已经听过好几位了。有位荣董林居士,有一次昏迷不醒,住进台大的加护病房,当时医师已经发出病危通知。我行脚在外,顺道到医院去看他,医师向我解释:"这位林先生的心脏说停就停,一旦停了人就走了。"

我在病床边和他说:"林居士,师父来看你了。你知道吗？现在要做的事情很多,菩萨道很长,你还没有走到。要知道,你还有很重大的责任。"当时便看到他睁开眼睛,手动了一下。我就牵着他的手,他也使出一点力气握了我一下,我说:"记得,菩萨道很远,师父还很需要你帮忙,要多发心发愿。"

大约两天后,就听说他已经转出加护病房。当我要离开台北时,就已经是到普通病房看他。他说:"感恩师父,是您把我叫回来的。"

我问:"怎么说？"

他说在昏迷中,好像听到很多好听的音乐;迷迷糊糊中看到眼前有一些光芒,他的祖先及父母走了过来,像要带他走,他也起了欢喜心要跟着去。

此时却听到师父的声音说:"路还很远,我们一起走,师父需要你。"因此决心回来做慈济、走菩萨道,就醒过来了。从此之后,呼吸日渐顺畅,连医师也觉得不可思议。林居士一天天健康起来,现在常与大家分享,当他在昏迷中、生死关键时所看到的境界。

只因为有责任心——"慈济有很多事情,我还要做",就回来了。所以临命终时毋需恐惧,重要的是要记得守好自己的心念。

生死实在没什么可怕,最怕的是痴心未除,被无明遮盖;无明不除,到了生命最后,还是缠缚着我们,使人不知生死去向。修行就在坚定心念,时时戒护自心、不犯规戒。

"万般带不去,唯有业随身",从生到死之间,多数人都生活在随心所欲、无明中,因此到了生命终点,总是陷入惶恐随业而去。若有缘修学佛法,这是非常难得的机会,定要时时依教奉行,照顾好心念。

历来的大德法师,为了延续传承佛陀教法,发心出家、专心研讨,适应大众根机而深入浅出地说法、教育。其实千经万论,都能以两句话概括——教我们如何"众善奉行,诸恶莫做",丝毫恶念都不要生起,因为起心动念就是一颗业种落在心地。

出家修行者名为"福田僧",表示内心如同一亩田,人人都是心田的农夫。殷勤的农夫能将这片田地照顾得很好,选择好的品种耕作;若是懈怠的农夫,不只没有好好地耕耘，还会恣意破坏。

而今天下多灾难，皆起因于众生的"心灵灾难"、"心地的土石流"。修行不只要在心田中播下好的种子，还要殷勤除杂草，才能增长善念、培养好意，消除所有的杂念与恶意；还要更进一步能够不执著，就如慈济人认为：为大众付出是本分事，付出的同时还心存感恩，这就是已经体会到"为善而不执善"。

生活在社会中，难免有爱恶、对错，种种人我是非，也有了分别心，就容易在内心生起欢喜贪著或瞋怒，追求情爱、财利、物欲，都容易引起心灵上的烦恼无明；一旦触引无明，埋怨、忧愁、彼此的摩擦便接踵而至。

这就是一般凡夫的心地繁杂，不仅种一些无用的东西，甚至还去破坏田地，内心充满了爱恨仇怨，有朝一日，终会形成"心灵的土石流"，一发不可收拾，这实在是很可怕的事。

如何照顾好自心？有句话"冤可解不可结"。世间有什么不可以改变？要改变就趁现在，有错就要赶快做一个大忏悔，彻底去除过去的怨与恨。人心的怨恨对立如同杂草，当下就要拔除，才有空间播下好的种子。

有位大林慈济医院的志工分享心得，她年轻时婚姻不理

受持学处闻正法

想,先生有外遇,她将内心的埋怨、忧愁,转成与婆婆的对立,最后导致婚姻破裂,离婚后搬出婆家,一二十年都不再往来。

在一次的因缘际会下,慈济人引她进入慈济,后来也当了委员。她说有一天来到精舍,正好听到"普天三无"——普天下没有我不爱的人、普天下没有我不信任的人、普天下没有我不原谅的人。心中要存有一念清净的爱,无所求的付出,充满包容的大爱。她当下即自我检讨:自己一生到底给人多少爱?她觉得非但没有做到爱人,甚至还有怨恨,她知道若不消除心中的怨恼,就无法建立无我不爱、清净的大爱。

她一直思考,当初与公婆对立冲突,尽管离婚、离开了,并未消除怨恨,所以现在第一步要做的,就是先去解除怨结。但是如何走出第一步?那时正好快过年了,她认为这是最好的时机,就准备了两个红包,要回去孝敬公婆,借此消除过去的怨恨。

虽然有点质疑:离家一二十年了,我做得到吗?不过随即心念一转:我已经学佛了,就将公公当成阿弥陀佛,婆婆当成观世音菩萨,过年期间理应供养佛菩萨。她抱着虔诚的心回去。

她按了门铃,开门的是她儿子,一看见妈妈,并没有开门,反而说:"阿嬷还很怨恨你,你最好不要进来。"转头就进屋了。她当时心里很难过,连自己的儿子都这么说,到底自己以前是如何造成这种局面?

她告诉自己:既然来了,就一定要做到!于是她又再度按门铃,这回是媳妇来开门了,就对她说:"阿嬷在里面,你要进来吗?进来会被赶出去。"

她说:"没关系,过年快到了,我来拜年。"

婆婆在里面听到就说:"让她进来吧!"她才终于进去。

进去之后,便对着婆婆喊了一声"妈妈",婆婆却说:"我家不欢迎你,你来做什么?既然出去就出去了,我们家不需要你回来,我也没有你这个媳妇。"

这样的回应实在令她很难堪,但是她告诉自己:我要大爱,今天来,就是要解开心结,不要再结恶缘。她在内心一直祈求佛菩萨,让她有智慧面对这个境界;她心念一转,说:"过去我比较不懂事。您不承认我是您的媳妇没关系,我做您的女儿,可不可以?"

当时公公在一旁就劝说:"好了,事情都过去了。"她拿出红包,呈给公公、婆婆,公公高兴地收下来,婆婆的心结却还无法解开。她和颜悦色地不断向婆婆道歉,表示知道自己过去的错误,现在事情都想通了,要当婆婆的女儿。

这时,婆婆神情也缓和了,她见状就赶快牵起婆婆的手,将红包放在她的手中,婆婆就说:"有时间再回来。"

"好,有时间,我会再回来。"说完不敢多做停留,担心婆婆万一再说几句不好听的话,自己可能又会起心动念,就赶紧离开了。

她觉得很欢喜,积压在内心的怨仇终于放下了。有一次她回精舍,向常住师父说起这段经过,常住师父就对她说:"这才是'上集'而已,你还有'下集'要继续努力。"

她问:"'下集'要怎么做?"

"那就要看你自己!你应该知道怎么做才是。"

回去之后,她认真地思考,想起过去那位第三者,当时对她又恨又气,这次一定要化解。于是打电话邀对方见面,对方也没有拒绝。

见面时,她温柔地问候这位第三者,又与对方话家常;对方觉得她并无恶意,尤其已经过了这么久的时间,事情早就过去了,对方也敞开心胸,与她善意地互动。

这位志工问:"现在家里的情形怎么样?很感恩你,这段时间照顾我的孩子。"

对方回答:"这没什么,你的孩子都很乖。不知道你现在在做什么?"

"我现在在做慈济。"

"什么是慈济?"

她就说起慈济,谈到"爱洒人间"的活动时,对方觉得很有意义,就问:"我能参加吗?""当然可以!"于是对方就开始做她的会员,救灾或建设都愿意支持。

过了一阵子,这位第三者对她说:"其实我也很感叹,因为他又有外遇了。"这时换成她辅导对方:"普天三无,要爱他所爱的人。你看,我都能做到,你同样也可以做得到。"

对方听到她这么说,也能够体会到当初她的心境。经过与第三者的互动后,这位委员终于破茧而出。

常说不要轻视自己的一分力量,也决不能疏忽自己一念恶念。学佛就是要重视这念心,心像一块土地,不只是出家修行者,必须做好福田僧、心地耕耘者,人人都是一样,这片心地若不好好地耕耘反而破坏,终究是自己遭殃。

天灾、人祸频传,不就是因为人人心地充满了怨恨,彼此为敌,做出祸延人间的事? 人人都有责任,照顾好自己的心地,还能教别人怎么做。就像这位委员的人生历程,怨结并非不能解开,只要下决心,数十年的心结都可以化解,再久的仇恨也能消弭。

许多业障都是因为恶缘障碍,所以叫做"业缘成障"。

用智慧消除一分恶缘,就减少一分业障,学佛必须去除业障,守持好心地的清净,耕耘好一片福田。

佛菩萨慈悲,时时护念众生,只要众生愿意种下这颗善根种子,佛菩萨就会想尽办法救度。临命终时,心念要很清楚坚定,而且到底能往生何处,还必须看因缘是否具足,菩萨会指示道路,也许前往东方琉璃世界,或西方极乐世界其中一处,化生于多彩宝花的净土中,不再落入轮回;也可能生于天界,享受天福。

虽然学佛者都想往生净土,但是因缘若未成熟,即使能生在天上,也还不能达到自然化生净土。天上有乐无苦,寿命又长,总是不像人间苦难多;只是天道仍在六道之中,天人的寿命尽时,仍要落入轮回。

善根立愿菩萨道

"或有因此生于天上,虽生天上,而本善根亦未穷尽,不复更生诸余恶趣。"

虽然生在天上,仍有寿尽的一天,不过由于曾听闻药师佛的名号,"虽生天上,而本善根亦未穷尽",尽管在天堂容易迷失,只因曾种下一念善根,所以往生天上时,仍能善根不息。

人间有的人很有福,就如生于天道一般,生来没有受过苦,苦难犹如与他处于两个不同的世界;这样的人往往认为享受是权利,而不认为世间有苦。过去常常听到一些企业家,对于慈济在做救济,都会怀疑地表示:大家都丰衣足食,还有哪里需要救济?

这时慈济委员就会运用智慧带他们去看,同样在社会上有如此不同的人生。让他们知道:原来我的生活像在天堂,人间也有如同地狱的景象。从此就会珍惜福缘而知足、感恩,也会发心去扶助无力的人,伸援贫穷苦难。人在福中能知福,还能再造福,就是人间的天人,如此善根实无穷尽。

因此生在天上,虽是享受快乐,却也会有穷尽之时;但如果有善根存在,福即无穷尽;能知福惜福再造福,便能"不复更生诸余恶趣",至少不会再投生于恶趣,也就是地狱、畜生、饿鬼这三恶道。

人世间五趣杂居,有的人享受如天人,有的则过着一般人间的生活,也有人造了恶业,如同身处地狱、饿鬼、畜生。其实天堂、地狱并非不存在,只要用心,在人间都可以看到。

现在的媒体科技很发达,我们能藉之遍观世界,在地球上,有多少地狱、饿鬼的景象,例如埃塞俄比亚这个国家,他们至今仍过着很原始的生活。

当初慈济人踏上这个国家予以援助时,十分关心他们的饮水问题,看他们有一小洼又黑又脏的水池,水里还有很多小虫,当地人将水舀进壶中,就带回家饮用。原来这一洼污浊的水池,竟是村中唯一的水源,而且村民要走上十多公里的路,才能取得这样一壶水。一早出门取水,回到家里已经中午,中午之后再出门提水,走回家里已经傍晚了,光提两次水,一天的时间就过去了,这就是他们的生活。

我们也在拍摄回来的影片中,看到当地人民的生活点滴:在一处露天的洼地,有只牛在洼地里泡水翻滚,有个男人站在旁边,竟弯身趴下去吸了一口水,又吐出来清洗双手,可见他们的生活真的很原始。

同时生活物质极度缺乏,粮食与用水严重不足,以致当地居民营养不良,腹胀如鼓,再不然就是枯瘦如柴。

看到他们因饥饿缺乏营养,卫生条件又很不好,生病了没有医药,苍蝇肆意停在头上、嘴唇上,连赶苍蝇的力气都没有;晚上还与牲畜共眠,看到这种景象,我们做何感想?这是他们的真实世界,在我们看来却是苦不堪言,真正是人间的恶道。

当我们了解他们饮水的条件如此恶劣,于是踏上这块土地去帮助他们,实施三年扶困计划,先找寻水源头,再利用水管集水、输水,分散到每个村落,又在每个村落造贮水池,让他们就近取水,一开水龙头就有水流出。

三年后与三年前,同一个地方两种截然不同的景象,现在的水质清澈,居民还可以就近提水,不必再走那么远的路。这就是慈济人走到了,也做到了。

无论生在天上或是人间,福是很重要的;但是福也有享尽的时候,所以还是要有智慧,能了解人生疾苦,进一步造福,才是开启智慧。

要生天必须福慧双具,要得慧,就要好好守规戒;要得福,就要好好多造福。生于人间能让我们看尽苦难,知苦而有所警惕,人间能修福也能修慧,有乐与苦,确实是个修行的好道场。

"天上寿尽,还生人间,或为轮王,统摄四洲,威德自在,安立无量百千有情于十善道;或生刹帝利、婆罗门、居士大家,多饶财宝,仓库盈溢,形相端严,眷属具足,聪明智慧,勇健威猛,如大力士。"

学佛,就是要学大爱,不仅对人有爱,对普天之下万物都不能离开一个"爱"字。当然要爱普天下之人事物,也需要爱自己的生命,更重要的是爱惜自己的慧命,播撒清净无染的大爱,就叫做智慧;完全无私、透彻无染污,可以扩大心量去爱人,智慧就从内心生起。假如内心有了烦恼,贪、瞋、痴就会污染我们光明、清净本具的智慧,而学佛修行就是要学习去除这些烦恼、痴念。

修行不能离开人间,离开人间就无行可修;有人说要求生天堂,其实天堂也无行可修,因为天上多享乐,不会想到需要修行,而且"天上寿尽",天人的寿命也有穷尽的时候,届时同样要下堕。只是"而本善根,亦未穷尽",有的人善根深植,没有在享乐安逸的生活中断灭,于是在出离天堂的刹那,还能"还生人间",不堕入恶道中。

在天堂能享乐却不究竟,若过去生只知造福而没有修心,福大慧少,将来生天了,因欠缺智慧,起心动念间仍是烦恼纠缠。

平时我们读经时,看到天人"五衰相现"的描述:在天上能够珠光宝气,过着美好的生活,一旦福享尽时,衰相就会现前,比如衣服肮脏、邋遢不合身,身上的花鬘枯萎,天冠珠宝失色无光等等,这就是堕落的前兆。

生天并无保障；修行最终目标不是为了生天，而是为了解脱、超越六道。念佛往生西方净土，或是持念药师佛往生东方净土，这都是佛的世界，在佛的净土永远不会再堕落，因为能时时听闻正法，心念清净，没有贪、瞋、痴的念头，因此能不退转，一直常住净土。

东方是"药师佛的世界"，西方是"阿弥陀佛的世界"，娑婆世界则是释迦牟尼佛所教化的世界。无论西方、东方或是十方诸佛，成佛之前必定要来娑婆世界，因为娑婆世界是五趣杂居地，正是修行磨练的大道场。

我们有幸得人身、闻佛法，接受佛陀的教育"诸恶莫做，众善奉行"，如此就能修得福慧，而不会下堕三恶道。布施钱财固然是修福，但能否做到布施同时感恩呢？若能做到三轮体空，没有施者、受施者，或施予之物的差别，进一步还要感恩对方接受布施，让自己有机会付出，这才是真正有智慧、有价值的人生。

记得有位小姐捐赠骨髓，事后来到精舍分享心得，她说："我只有几句话：第一、感恩慈济建立骨髓资料库，让我有机会捐髓；第二、感恩这么多慈济师姑、师伯的疼爱，让我得到很好的照顾；更感恩那位受尽病苦折磨的受髓者，若不是他需要骨髓的移植，我哪有机会去付出，体会到救人的感觉真好。"

她付出，只是为了要救人，全然忘记自己全身麻醉、扎针抽骨髓的不适，甚至还满怀感恩，这就是大爱。

修行者若能守于学处，持念佛号自然有福，天上寿尽后再生人间，也会出生在礼仪之邦、富有文明的境界，甚至"或为轮王，统摄四洲"。在佛陀时代，印度人的理想观念认为有统领天下的转轮圣王，如金轮王、银轮王、铜轮王、铁轮王。

金轮王能统摄四洲，"四洲"即是以须弥山为中心，四周围绕着东胜身洲、西牛货洲、南赡部洲及北俱卢洲等四大部洲；我们所住的地方属于南赡部洲，也就是佛经中的南阎浮提。

佛经云，统摄四洲的轮王若做个领导人群的国王，必定施行德政，让人人生活在富而好礼之邦。"威德自在，安立无量百千有情于十善道"，威就是威仪，德就是德行，百千有情即指群众人民，有威仪、德行的圣王以德政设教，非以威力相胁迫，使人民安心立于十善道，过着风俗淳厚、安居乐业的生活。

学佛重要的是身、口、意要恒持十善，这是佛陀对我们的教育，人人若能守于善道，人间就能不治而平。

有人会问："师父,全球有这么多慈济人,大家的气质为什么都这么好？您是如何管理的？"

我说："最好的管理,就是自我管理。慈济有这么多人,都是以戒为制度,人人若守戒就能自爱,自爱的人就会守规则,力行爱的管理。如果天下人都能以戒为制度,以爱为管理,人间就会很祥和。"

"或生刹帝利、婆罗门、居士大家,多饶财宝,仓库盈溢",古代印度分成四种社会阶级,社会地位高者,如刹帝利,就是贵族武士之家,包括国王、大臣等有名望的贵族,还有婆罗门,即宗教家；再来是一般社会上从事农、工、商的平民阶级,称为居士大家；最末等的是首陀罗,也就是奴隶阶级。

婆罗门、刹帝利、居士大家,这些人"多饶财宝,仓库盈溢",在人间能享受极大的福报。即使求生西方、东方净土不成,不能上生天上,至少还能再来人间,生于贵族、富裕之家；不仅富有权势、钱财,而且"形相端严,眷属具足",身相庄严具足、家庭亲属和乐,这也是人人所追求的。中国人讲究的是"福禄寿",是人人心目中理想的生活。

"聪明智慧,勇健威猛",在福禄寿之外又兼具聪明智慧。当然聪明只是世智,世智辩聪的人分别心强,往往只是虚浮地追求计较自己的利益；智慧则是能以平等心、同理心对待周遭的人事，做到孔子所说的"己欲立而立人，己欲达而达人"；佛教中，地藏菩萨所发的愿是"众生度尽，方证菩提"，正是"先达人后达己"的精神，这就是智慧。

所谓的"勇健威猛"，不是指现代社会上，孔武有力、逞强斗乱的这类人，原义是指刹帝利贵族等，有勇武的精神，才能统领天下。现在可以视之为"精进"，因为落实道德也需要勇气，具备道德勇气即能令人精进。

这让我想起数十年前，台湾曾发生石油危机，当时公家机关派了许多农业、医疗方面的专业技术人员，组团前往阿拉伯国家，协助当地发展，以专业技术换取当地的石油运回台湾。

有位在公家机构举足轻重的电力专家，他接到派遣令，受命前往指导利用石油转换电力的技术。出国前，先到医院做例行的健康检查，赫然发现罹患癌症，刹那间心情沉入谷底。他的太太就打电话给他一位住在花莲的结拜兄弟。

好朋友一听到这个讯息，赶紧去探望他，看到他消瘦、憔悴的形貌，便安慰他："没关系，你一方面靠医药治疗，一方面要有信仰。我妈妈认识一位师父，我回花莲就替你求师父，请师父为你诵经，让你能恢复健康，为国家做事情，你安心吧！"

有一天中午下着雨，这位好朋友和太太骑着摩托车到精舍来了。我觉得奇怪，问他们："下这么大的雨，你们怎么没有开车，骑摩托车来？"

他告诉我："今天应该要步行进来，才能表现我们是虔诚地求师父。"

"什么事情这么严重？"

他说："我的一位结拜大哥，身怀顶尖的技术，如果他顺利出国，不仅能协助阿拉伯国家，对台湾也会有很大的助益。所以来求师父为他加持，让他赶紧健康起来，为国奉献。"

这个请求令人为难：我何德何能，如何为人加持？他接着又说："师父，无论如何，一定要让我对他有所交代。"

最后实在没办法，我就拿了一张小型的西方三圣相，及一本随身版的《普门品》说："你将这些东西带给你的结拜兄弟，告诉他师父为他祝福。但是有三个条件，第一、要恢复过去的生活及信心；第二、配合医师的治疗；最后，也是最重要的是，这本《普门品》，每天早上出门前先诵一遍。除此之外，请他要发愿为国家出力，让我们的社会繁荣，有这个机会必定要去付出，如果能健康回来，更要继续利益人群。"

这位朋友原原本本地将这席话带到了。

那位专家起先还有点迟疑:"真的有效吗?"

"师父说的一定有效,你一定要相信,师父说:'信心就是生命的泉源。'"

他说:"好,从今天开始我就照常活动。"

从此,他一早起来就念诵《普门品》,也和过去一样常去打球,恢复正常的生活,并定期回诊。不可思议的,一段时间后再去检查,疑似的癌细胞消失了,可以前往沙特阿拉伯。

经过三年,他完成任务回到台湾,好朋友陪着他来到精舍,夫妻俩频频表达感恩。他从身上取出那本《普门品》以及西方三圣相,对我说:"感恩,师父!您看这本《普门品》及圣相我一直不离身,已经三四年了,的确'信心就是力量'。"

回台之后,他历任政府要职,对慈济的事也很关心,直到数年前才往生。

一个人要为人群付出,真的需要提起信心及勇气。与慈济合作援助阿富汗的爱德华博士、罗斯医师,为了救人不顾自身危险,深入枪林弹雨之地,主动争取救人的机会,这就是具备人道精神的勇士。他们不求名利,值得人们敬爱赞佩,这才是真正的"勇健威猛,如大力士"。

阿富汗争战多年，许多难民为了保住生命远离家园，然而哪里才是安全的地方？何处才能逃离炮弹的威胁？好不容易逃到边界，早已是一无所有了。寒冬来临必须面临饥寒交迫的窘境，非常需要人道团体伸出援手，援助帐篷、衣服、粮食，才有希望度过寒冷的冬天。

慈济与爱德华博士所属的美国"骑士桥国际救援组织（Knightsbridge International）"合作，在二〇〇一年十月十四日从纽约运载毛毯及食品、医药启程。到达阿富汗之前，近半个月的时间，让我很挂念、担心，因为途中需要经过重重关卡，又是深入危险境地，那段时间若有两三天没有接到他们的消息，我就很担忧。

有一次从电子邮件中，知道他们又遇到难关，爱德华博士在最末写着："但愿大家来祈祷！"他是一位虔诚的基督教徒，与我们佛教徒合作，无论是佛教或基督教，都是秉持宗教的情操与人道精神救人。

上帝是基督徒心灵的依靠，遇到困难就赶紧向主祈祷；而我们知道他们遭遇困难，也很虔诚地向佛菩萨祈祷。以佛教的观点来看，爱德华博士及罗斯医师就是人间的活菩萨，所以我们虔诚祈求，希望身负重任的活菩萨，能够平安到达难民区完成使命。

善根立愿菩萨道

直到从电视画面上,看到慈济的旗帜在难民营中飘扬,爱德华博士与罗斯医师从车上将一包包物资搬下来,送到难民手上,多么令人感动也很感恩!

十多年前,南非发生暴动时,造成非常紧张的局势。

有位慈济的荣誉董事在南非开设成衣厂,在暴动下,不仅产业受震荡,身家性命也受威胁,因而打算结束工厂。他来电询问我的意见时,我对他说:"你有没有想过?你踏在别人的土地上,取当地的资源,用当地的劳工,营利之余是否曾回馈当地?你不就是因为工资便宜,才到那里设厂的吗?"

"是啊!"

"那就应该要回馈,要懂得取诸当地,用诸当地,用爱去疼惜他们。若能在当地付出,才能真正获得尊重。"

我又告诉他:"在这之前,美国也曾经发生黑人暴动事件,他们只要看到黄种人就会问:'你是中国人、韩国人还是日本人?'若回答是台湾人,就能受到尊重及保护,并指点往安全的路线,那就是因为慈济与许多爱心人士辛勤耕耘的结果。"

"师父,我了解了。"

他真的开始投入,说服当地台商回馈南非——付出爱心去爱南非人,他们成立了坚定的慈济团队,经常载运民生物资到黑人社区发放。当时局势仍然紧张,抢劫、杀人事件频传,然而南非慈济人用真诚无私的爱,慢慢融入黑人社区,终能得到他们的敬重。

甚至还有黑人表达:"你们运送物品很危险,我们来保护你们。"从此只要贴上慈济的标志,黑人朋友就会前来护车,还一起去发放救济;本来被救济的人,后来也变成去救济别人了。

发放的对象,不只是黑人,白人也在领取物品的行列中。在数年前,黑人、白人还对立纷争,我们用这分爱去抚平,终于使他们能够和平相处。

一九九五年七月一日,当地举行"和平烛光晚会",黑人、白人一起分享心得,无不是满怀感恩。白人也表示过去十分骄傲,轻视黑人。他们能够亲口说出来,就是最大的忏悔;他们虔诚的祈祷,这不就是感恩吗?

慈济人甘冒危险,以人道精神协助南非的人民,而后为黑人举办职业训练所,并且做得非常成功,许多黑人都成为慈济志工。

要做天下事并不难,只要观念稍转,懂得感恩,先去爱人,而后必定是被爱的。大爱无国界,无种族、宗教的分别,更需要智慧与勇气不断地推动才能成就。

"若是女人,得闻世尊药师琉璃光如来名号,至心受持,于后不复更受女身。"

如果有女人能听到药师佛的名号,并且很虔诚地用心受持,以后就不会再投生为女。

自古以来,中外历史对女人都有不同程度的轻视,女人也确实具有许多先天上的缺陷。虽说母性光辉,但那是为人母的本分,女人一旦在思想、意念上有所偏差,也会导致祸国殃民的大灾祸。看看历史上有多少帝王高官,为了女人国破家亡,近代也有这样的例子,而且中外皆然。

之前有意大利杂志记者来访,想要了解台湾的宗教形态,以及慈济团体对台湾社会的影响力;记者就问:"您对台湾社会的女性有什么感想?"

我说:"中、外都说女人多苦难,这些苦难来自身与心,因为女人的心思微细,而且自古以来社会地位较受压抑。其实人人平等,都有一念清净的本性,具有人道精神与伟大的爱,只要理念能够导正,发挥母爱的心去爱天下的众生,那股爱的力量就很大。"

记者又问:"从旧礼教时代到现在的台湾,您如何看待女人的苦难?"

我告诉他:"那是生理及心理的问题,有许多是过去的传统观念,现在已经改观了。就佛教而言,众生平等,无论男人、女人都一样,端视个人如何创造生命的价值。"

慈济有很多人间活菩萨,不只认清楚生命的价值,而且真正身体力行,运用得很恰当,也表现得很勇敢。

前文曾提及琬华老菩萨,为了提振春梅做人的尊严,帮她走出被毁容的阴霾,甚至愿意捐赠自己的皮肤;老菩萨真诚的爱,终于打开春梅冰封已久的心,以残缺的面容勇敢走出生命的光彩。

琬华老菩萨临终前,春梅前去探望,老菩萨面露笑容对她说:"我没有挂碍了,只有一件事情还记挂着。"

"什么事情?"

"你要认真、精进一点,一定要做委员,我才会安心。"

春梅经她这么一说,便当面承诺:"你安心,我绝对会精进,成为委员。"老菩萨这才安心往生,也捐出大体做病理解剖,做一位"无语良师"。

她是一位上了年纪的女人,在慈济走过一段很长的路,对待任何人都是真诚恳切,临终的期待仍是一心助人。春梅后来如愿成为慈济委员,慈济在街头募款时,她也捧着爱心箱穿梭在人群中;为了持续行善与自立,摆路边摊卖衣服,自在地面对来往的人潮。虽然她们都是女人,但都是人间的活菩萨,也是生命的勇者。

尽管如此,还是会有人质疑:为什么在佛经里,对女人似乎有不平等的看法?譬如在《法华经·提婆达多品第十二》,舍利弗也对龙女开导,谓女人不得为梵天王、帝释、魔王、转轮圣王,亦不得佛身,龙女受教因而转女成男、立时于他方世界成佛。

这是因为女人在生理与心理上天生的缺陷,并非佛陀有意歧视。不过,大乘佛法能转女成男,透过修行将女人的怨恨、嫉妒等等缺点去除,展现勇健威猛的坦荡心胸,具有大力士的魄力。

看看慈济团体中,这些女众成员总是不畏辛苦、勇敢地去付出,到处做救灾救难的工作,就如观世音菩萨千处祈求千处现,发扬母性之爱,视众生如己子;同时也与男众居士配合,相互支持,女性发挥慈悲,男性发挥智慧,突破藩篱,实践大无畏的人道精神,每个人都将生命发挥得淋漓尽致。

像乐生疗养院的林叶居士，虽然自幼罹患麻风病，导致五官、手脚变形，不过她的本性依然清净，能够走出自卑，不再逃避人群，这就是勇敢。为了慈济，她到过数个国家，坦然地现身说法；她总是说："我是来让大家看的，虽然我有残缺的身体，但是我并不是没有用的人，一样能为人群付出。"

她一生未婚，自愿为一些离家打拼的劳工朋友照顾孩子，用不齐全的双手煮饭、洗衣，流露真心的关怀，以爱弥补肢体上的缺陷。现在她不仅有许多"孩子"，还有许多"孙子"，这些曾受她照顾的儿孙都很孝顺；因为真诚、尽心的付出，赢得了这分尊重与敬爱。

虽然她是女人身，肢体、五官也不齐全，却具有这分勇健威猛的力量。乐生疗养院里有许多人都是如此，所以我称赞他们是"超越人间的天堂"，更是"超越天堂的净土"；他们都是菩萨，现身人间示范苦相，启发人人知苦行道。

虽然女人身，自古以来受到轻视，但是能自重自爱，也可以发挥无限量的光辉及力量。学佛要"闻、思、修"，听法之后用心思惟，否则只看到经文，不了解深义就会轻视女人。例如天主教也有圣母玛丽亚，受信众尊重，在佛教中有观世音菩萨,也是人人祈求礼拜的对象;所以重点不在于外形如何,而是在于内心,以及身体力行上。

受持药师佛名号有四种利益:第一、"得生西方极乐世界,闻阿弥陀佛正法",持念佛号、受持佛名,或者为一切善,将来就可以往生净土;第二、若因缘不具足,只要持念药师佛名号,也可以生于天上,享受天乐长寿;第三、善根未穷尽,还生人间,能成为轮王统摄四洲,或是生刹帝利、婆罗门、居士大家,多饶财宝,这是生人间的利益;第四、转丈夫身,不再受女身。

每个人都要培养大丈夫心,具备威德勇猛、人道精神,及生命勇者的精神。而出家是现大丈夫相,也必须要有大丈夫、君子坦荡荡的心量。

依本愿力祛病苦

"复次,曼殊室利!彼药师琉璃光如来得菩提时,由本愿力,观诸有情,遇众病苦,瘦癣、干消、黄热等病;或被厌魅、蛊毒所中;或复短命;或时横死;欲令是等病苦消除,所求愿满。"

释迦牟尼佛的慈悲，担心众生根机不同、耐心有限，不知能否虔诚听受，因此再次叮咛。

"复次"就是再次，"曼殊室利！彼药师琉璃光如来得菩提时"，药师佛修行而发愿将来"得菩提时"，即从凡夫地进入菩萨道，一路精进，到达正等正觉的最高悟境，即成佛时。

"由本愿力，观诸有情，遇众病苦"，由于菩萨因地所发之愿力，即为救济一切众生苦，因此观察有情众生所遭遇的种种病苦，进而应病下药，就如医师开药给病人服用，吃了有效就能恢复健康；若是无效，医师就要再换药。众生有很多心病、身病，释迦牟尼佛慈悲度众，总是想办法因应众生不同的根机，而开启不同的法门。

佛世时的印度，社会生活贫富悬殊，医药也很不发达，容易罹患难缠的疾病。"瘦癵"就是不断地消瘦，好像干瘪了一般；以前的人说是痨伤病，就是现代的肺病。从前这种病不但无药可医，又具有传染性，营养失调的人很容易感染而往生；现在一些发展较落后、卫生条件较差的地方，仍然还有这样的病例。

印尼的慈济人在举办义诊时，还发现乡下贫穷的地方，有几乎全村都得到肺病的案例,于是请医师为他们看诊、开药。尔后又发现村民们普遍缺乏营养概念,影响肺病治愈。有段时间慈济人每周都到村子里去,追踪村民们服药情形,并为他们送去奶粉、米粮、食油等营养品。

慈济人用心照顾,直到全村的人肺病都痊愈了,再为他们加强卫生教育,这才告一段落。接着又到另外的村子,如此一村接着一村,不仅为他们看病,还帮助他们生活所需,为他们补充营养。这种用心的救助非常难得。

"干消"则是整个人又干又瘦,无论喝多少水、吃多少东西,还是经常感到饥渴,这种病过去叫做"消渴症",有点类似现在的糖尿病。糖尿病患也很容易口渴,食量大增,容易饥饿,有时不及时补充、血糖迅速降低,就有昏倒之虞。

"黄热"就是黄疸病,眼睛、皮肤泛黄,全身高烧不退。

现代医疗发达,光是以上三种病症,透过现代医学检查,可能还伴随着多种并发症,甚至连现代医学也不易治疗,遑论是两千多年前。现代人物质丰富,又有完善的医疗设备,病人都已经苦不堪言了,何况是身处医药不发达时代的贫穷苦难人,就能想象是多么苦。

"或被厌魅、蛊毒所中",古代科学、医药不发达,只要久病不愈,就以为是冲犯到鬼神;或是有的人睡不安稳,觉得有什么东西在作弄他,这都归类为"厌魅"。

"蛊毒"就是饲养许多毒虫,让它们互相斗咬,使得最后存活的虫吸收了很多毒素,以此制成剧烈的毒药。

以现代医学而论,就是集中毒菌;不禁令人想起近代可怕的生化武器,扩散的毒菌在不知觉中致人于死。如果警觉性高,还可以及早发现、及时就医,有时还能挽救;但是有的病菌并不容易发觉,譬如"炭疽菌"无色无味,飘浮在空气中,不慎吸入感染后,病症就像感冒,不容易察觉中毒,倘若没有及时治疗就有生命危险,这也是现代生化毒物令大众恐惧的主因。

以上包括身体与心理的疾病,若加上欠缺医药,真是很苦恼的事。

人生的苦难,除了贫穷之外,就是病痛最难堪。所以首要提高警觉、预防疫疾,照顾好生活周围的环境,具备身心卫生常识,有病不要忌讳就医。

健康就是福,现在的人实在有福多了,自己健康,还要关心别人的病痛,如果能懂得病痛是人生最苦,就能生起怜悯心去付出。

"或复短命,或时横死","短命"就是寿命很短,有的婴儿一出生就夭折;有的虽然平安出生,"命不全活",就是指不久之后还是往生。在医院的婴儿加护病房里，有些是尚未足月的早产儿，诸如才五六个月就出生了，大概只有成人的手掌般大；幸而现代的科技发达，能够在保温箱中小心地照顾这些早产儿，有些就能活下来。慈济医院也曾收治早产的"巴掌宝宝"，有的发育不全，紧急施行心脏手术后才保住生命。

　　生命的过程确实奇妙，要是在早年，就不可能存活。在大林慈济医院有一则案例，一个小婴孩出生时，阿嬷用一般的剪刀剪断脐带，结果孩子感染破伤风，呼吸困难、全身僵硬，紧急转送大林慈院；医师用心检查、急救，终于将孩子的命救了回来，这就是命不该绝。

　　由于婴儿的母亲是外籍新娘，没有加入健保；乡下人又很单纯，阿嬷心想：自己剪脐带就好了。不料发生细菌感染，险些断送小孙女的性命。

　　命不该绝的，只要寿未尽、福未尽，总是会活下来。"短命"是指没有经过年老的过程，有的幼年就夭折了，有的英年早逝，这都算是短命。

　　"或时横死"，生命若是注定短暂，横死的情形也无法抵挡，不论是车祸、意外的伤亡，或遭人砍杀、枪伤而死，不经意的横祸而损害人命，就叫做横死。

有的人不一定遭遇横祸而往生，而是身体失去功能，以致求生不得、求死不能，也很痛苦。

有一天到慈济医院时，一进电梯就看到一位先生，整个头、脸、身体和手都有灼伤的痕迹。我就问他："你发生了什么事？"

他用轻松的口气回答我："我被人泼硫酸。"

"你很勇敢。"

此时正好电梯门打开了，他笑着说："没有啦！没有啦！"就离去了。

听志工说，这位先生是家计程车行的老板，因为靠行的司机行为不轨，影响生意，他就拒绝这位司机继续靠行，以致司机怀恨在心，伺机报复。有一天，他在慈济医院外排班时，因为还没有客人，他就在计程车上休息。

忽然有人敲他的车窗，他将窗子摇下来，刹时整桶硫酸泼在他身上，不仅衣服被腐蚀，全身也都波及了。幸好当时他就在医院外，反应也很快，赶紧跑进急诊室。

在慈院治疗的这段时间，有医师、护士非常有爱心地照顾他的身体，志工们也十分用心地和他互动、陪伴、安慰，照顾到他的心灵深处，开导他的思想，教他打开心门看待人生，以及将来的方向应该如何走，这位先生都听进去了。

身体的创伤一天天好转,同时心灵的创伤也一天天抚平,他更加乐观了。朋友对他说:"竟然有这么可恶的人,你应该告他。"他反而规劝朋友:"算了吧!事情都已经发生了,这也是很无奈。我如果告他,让他坐监服刑,他的妻儿怎么办?就当作我运气不好,现在我只希望身体赶快好起来,就可以回去认真做生意,我还能照顾妻儿。"

听志工分享这件个案,真的很感动,看到他展露出笑容,虽然那张脸毁容了,不过他的心灵很开朗,笑起来实在很灿烂,真是个善良、可爱又很美的人。《心经》云:"心无罣碍,无罣碍故,无有恐怖",他是如此轻安自在,真的很洒脱。

这位计程车行老板,从生死挣扎中回来,受到这么多人的抚慰,不仅解脱,连身心的病苦都消除了——能以宽大的心,善解包容伤害他的人。

这是我们亲眼的见证。释迦牟尼佛不断地提醒我们,修行重在发愿,要针对苦难的众生给予救济;而他方世界的佛,也是恒持这分悲愿,即使成佛依然不舍众生。这是释迦牟尼佛的慈悲,介绍他方佛来教导、提醒我们。

众生最怕的,就是病苦或意外伤亡,如前文提到的瘦癃、干消、黄热、厌魅蛊毒、短命横死等等。我们每天在过日子,时时都要提起佛陀教育的"无常观";生、老、病、死之外,在日常生活中，也要时时警惕意外无常的灾难。

凡夫疑心重，若身体、睡眠等不安定，就会怀疑是否有人作怪；也有人心念较为歹毒，一旦与人结了仇怨，就会狠心下毒害人，这都是人的心病。

释迦牟尼佛乘着过去药师佛的愿力，不仅在两千多年前教化当时众生，还警惕未来——即现在的我们。十方诸佛皆是为度众生而发愿，在娑婆世界中修行具足而成佛，继而转法轮教化众生；五趣杂居的娑婆世界，众生多烦恼，故而需要殷勤的老师不断地教导。

时彼世尊入三摩地，名曰除灭一切众生苦恼；既入定已，于肉髻中出大光明，光中演说大陀罗尼曰……

"彼世尊"就是指药师琉璃光如来，为了圆满苦难众生祈求消除一切灾难、苦难的愿望，所以药师佛就入"三摩地"。

"三摩地"就是"定"的意思。其实每尊佛的心，无时不在定中，但是为了教化众生，凡是要说法或说咒之前，总是会入定说法，目的是示范给大家看，心定才能集中精神，发挥智慧的光明。

佛陀讲演《法华经》之前，也要先入定，在定中阐释"无量义"；《地藏经》中也看到，释迦牟尼佛同样入定发光启发众生。看到佛陀定中的慧光，在场的听众就能把心定下来，深入体会经教的道理。同理，药师佛为了让众生得以消除病苦或是意外、无常等苦难，满足大家的愿望，所以他进入定中示范教育。

"名曰除灭一切众生苦恼"，让大家的心能安定下来，一切苦恼就能由这念定心而消除。

"既入定已，于肉髻中出大光明，光中演说大陀罗尼曰"，释迦牟尼佛对大众说，药师佛为了拔除众生的苦难，教导众生要专心持咒。持咒之前药师佛首先入定，"无见顶相"是三十二相中的一相，从顶上肉髻所发出，是高不见顶的一种尊贵之相，表示佛的智慧伟大在于思想；所以入定是最能发挥智慧的时刻。

什么是智慧？就是清净无污染的良知，必须由虔诚、专心一念生起。凡夫都是心有所染，无法将心神集中；已成就的每一尊佛则皆展现清净无染的智慧，藉以指引我们体会专心的力量，去除颠倒梦想，专心一致回归清净光明的本性。

"出大光明"，现在看到很多佛像身后皆雕绘毫光，即表达佛陀智慧的圆满;这道光明从"无见顶相"发出,接着药师佛就在光中"演说大陀罗尼"。"大"说明功用之大;"陀罗尼"就是"咒",也是"总持门"的意思——总一切法,持一切善。这和《阿弥陀经》中"不可少善根福德因缘得生彼国"的意思相同,功用就在提醒人人,无论念佛或持咒,必须心念归一,定心而后念佛、持咒。

南谟薄伽伐帝,鞞杀社窭噜,薛琉璃,钵喇婆,喝啰阇也,怛陀揭多耶,阿啰喝帝,三藐三勃陀耶。怛侄他:唵!鞞杀逝,鞞杀逝,鞞杀社,三没揭帝,娑诃!

在佛经中译的过程,经文中的咒语向来只是音译,不作意译,这是因为咒语的含义广泛,包含的层面也很多,不容易精准地翻译,因此多数只是音译。

"南谟"就是皈依、皈命的意思,平时大多译成"南无",南谟、南无都是音译,表示虔诚地皈投依止。

"薄伽伐帝"即薄伽梵,也就是世尊;"鞞杀社窭噜"是药师之意;"薛琉璃"就是琉璃;"钵喇婆"是光、光明的意思;"喝啰阇也"就是王;"怛陀揭多耶"是如来;"阿啰喝帝"是应供的意思;"三藐三勃陀耶"就是等正觉。综合起来,就是

"皈命世尊药师琉璃光王如来、应、等正觉",这些佛的不同称谓,前文已有解释。

"怛侄他"是"即说咒曰"之意;"唵"是佛经咒语的发声字,具有警惕的意味,既然虔诚皈依皈命,依靠药师佛的指引,心念就要集中不散乱。

"鞞杀逝,鞞杀逝,鞞杀社",就是药、药、药。药师如来为了医治众生种种身心病苦,希望他们的病痛得到解除,就要对症用"药"医治众生之病,所以连续强调三个药字。"三没揭帝"即是普度——普遍地救度一切众生。

"娑诃"亦作娑婆诃,意思是速成就;一般人生病或发生意外送医急救时,都会急切地希望医师快点医治,医师也会赶紧使用医疗器材或药物控制病情。就如药师佛运用灵方妙药,速来救治所有病苦的众生,不只是身病,心病也能解除。

众生的心病需要良药医治,而最好的心药就是专心,去除杂念;称念佛名或持咒的功用就在此。这段"药师神咒",完全是针对众生身体上的病痛,及内心的惶恐,希望众生能虔诚地持名、持咒,以求身心解脱自在,能够圆满成就。

平时我们就要注意心的调适和身的修行,持佛名、立佛心、行佛愿。念佛要真正地念入心中,以佛心为己心,总一切法,持一切善,就不会有所匮乏。

学佛,就是要学得心理上能解开一切疑惑,不被贪瞋痴等烦恼遮蔽心念;若能去除贪瞋痴这三毒所造成的心理烦恼,对于身体的病痛就能看得开,接受病痛是人生自然的过程,就不会负担那么多辛苦、惊惶。佛陀宣说"药师神咒",目的是让大家的心有所依归,远离惊惶,自然心理病态也能解除。

在宜兰,有几位慈济委员经常到监狱关怀,给予受刑人正念、正信的辅导。这些受刑人都是因心灵的偏差,身体造作错误,才失去自由;而这几位委员就是有一分心,希望能导正受刑人的心思,因此接受狱方的邀请,定期到狱中和大家作心灵分享。

人人心中都有善念,只是一时胡涂偏差而犯罪;既然犯了罪,就应该接受法律制裁,然而错了以后能否改过?其实就是一念心。心灵的毛病没有戒除,只是禁锢他的身躯,无论刑期的制裁有多久,对于心灵的根本疗治并没有帮助。就和凡夫一样,我们也是随业流转,很多事情都是身不由己,这就是心灵的牢狱。

有一次,这几位慈济人在前往监狱途中,一不留意开车撞上电线杆,车上的五个人都受伤了,有的伤势较轻,也有人重伤，就从罗东转回花莲慈济医学中心。开车的居士幸而只是轻伤，但是太太不仅身受重伤，内心更是十分自责，因为车子是由先生驾驶，而且另一位师姊脑部严重受创，开刀将头盖骨取出，需要长时间做复健。因此她自我封闭，不愿意再开口说话。

我去医院看他们时，就对她说："虽然大家不同年、不同月、不同日出生，却是同年同月同日'再生'，大家应该要感恩。你要常常做复健，多去看看那位师姊，和她聊天，打开心门彼此祝福，珍惜这分缘。"

伤势最重的一位委员，我也对她说："你如果也是缄口不语，第一没有复健的机会，其次你可知道师姊的内心很自责，你愈不说话，她心中的压力会愈大。慈济人平时都在辅导别人，此刻也要自我辅导，去和她说说话，让她知道你没有责怪她，这就是真正的爱。"

和她们说过话后，她们终于露出笑容，也对我说："师父，您不要担心。"这就叫做"打开心门"。

人常常都是由不得自己，业报何时降临？谁也不知道，心念稍微偏差，无常的意外就可能发生在自己身上。碰到意外时，要运用智慧面对；身体有病痛，心念又纠结无法解开，病痛就会拖得愈久。学佛就要学得"打开心门"，凡事想得通，病痛就会消除。

念佛、持咒，都是治众生心病的良方，都能够解开心灵的密码；心灵能打开，凡事便能想得通，身心就健康，智慧开启了，就不会怨天尤人、惶恐不安，不仅治愈身病，心病也康复了。

尔时，光中说此咒已，大地震动，放大光明，一切众生病苦皆除，受安隐乐。

药师佛入定后，以虔诚的心示范持咒之法，而感得大地震动。这并非持咒造成地震，而是药师佛的一念虔诚，不只感动人的心地，即使万物生灵也感受到佛的威德而震动。

虽然这是药师佛的威德，但是人人若有虔诚的意念，心地同样也能"大放光明"。常说"心、佛、众生三无差别"，凡夫和佛有同等的智慧，只是我们本具的佛性受到染著，光明的本性像一盏被黑布罩住的灯，无法透出光亮。

学佛就是要去除这些无明染著，因此持佛号或念咒都要很虔诚，感得与佛同等的智慧，才能去除身心的垢染，使众生的病苦得以消除，并得到安稳快乐。平时我们存好心、说好话，也等于持咒，能够让人际关系和谐安详。

大林慈济医院的志工,曾分享一则急诊室的故事——

救护车送来一位全身瘀青的阿嬷,由女儿和老先生陪同前来。到了急诊室,志工听到阿嬷不断地骂人,阿公和女儿也很愤慨,就上前询问:"到底发生了什么事?"原来阿嬷是来验伤,请医师开具诊断书,预备控告打伤她的媳妇。

志工很讶异:"媳妇怎么会打您?"阿嬷就说:"已经二十多年了,媳妇不只是不听话,只要稍微念她几句,就会出手打人。"看来婆媳之间结了很不好的缘。

儿子也来了,志工将他带到一旁,问:"为什么你太太会打妈妈?"

这位先生也很无奈,处在母亲和妻子中间,确实左右为难!志工就对这位先生说:"无论如何,你太太打人就是不对!应该让太太来向妈妈赔个不是。"

这位先生就说:"我也想叫她来向妈妈道歉,只是担心妈妈不能接受。"

志工就回到病床边,对阿嬷说:"媳妇真是不应该!她若知道错了,来向你赔不是,你可不可以原谅她?"

阿嬷就说:"她不可能来向我道歉的,这个女人实在是很可恶!"

志工见势便转移话题:"阿嬷,等医师来看诊的这段时间,和您分享我的故事好不好?"阿嬷本来很生气,一听到志工要讲故事,就说:"好啊!"

志工亲切地牵起阿嬷的手,就说:"其实我也是人家的婆婆,而且这个媳妇还是我自己挑的。媳妇娶过门之后,对家事都没兴趣,所有大小家事都是我儿子在做,我这个做母亲的,看了也很舍不得;不久,媳妇怀孕了,看着她的肚子一天比一天大,我担心她不爱运动,生产时可能会比较痛苦,就好心地对她说:'你也快生了,若觉得体力还好,就要多运动,偶尔扫扫地,也可以当作运动。'"从此,媳妇就不和她说话了。

因为他们夫妻自己住,有时候年轻人想出门玩几天,儿子就会拜托母亲帮忙看家。她便趁此机会,赶紧帮他们打扫屋子,儿子回来就会轻松一些。

经过五年,自己也常想:媳妇都不和我说话,看到我就像看到仇人一般;可是师父说要和人结好缘,更何况是自己的媳妇。有一天,她打电话给媳妇,说想去和她聊天,不知道好不好?媳妇说:"好啊!"

"我见了媳妇就说:'唉!这五年来,妈妈不知道是哪里做得不好,你对我好像有误会?如果对妈妈有什么不满的,尽管说出来,不要放在心里。'媳妇就说:'没有啦!只是在生头一胎的时候,我都快生了,您还叫我扫地,是不是认为我很懒惰?''难道就是为了这句话?''是啊!我快生了已经很辛苦,您还叫我做事,分明就是不疼我!'

'原来是这样!傻孩子,如果早点告诉我,妈妈就可以解释给你听了。我只是认为你怀头一胎要多运动,生产时比较顺利,我是好意,不是恶意。现在你了解了吗?我是真心地将你当成女儿。'我们的心结打开之后,心中再也无怨无恨,开始互通往来,两人的心就慢慢地愈贴愈近。"

志工讲完自己的故事,就对阿嬷说:"您看,我们有五年都没讲话,也没有住在一起,我还得等他们不在家时,才能去帮他们做家事。台湾有句俗谚'惜花连盆,惜子连孙。'哪个妈妈不疼孩子?但是也不要让儿子难做人。我现在和媳妇的感情很好,每次出来做志工,回去时媳妇和儿子都会到车站接我;看到妈妈回来了,他们很欢喜,我也很快乐。

您和媳妇相处二十几年了,这分怨如果常在,彼此都不会和颜悦色。何况你们同住一个屋檐下,不要让儿子难做人,媳妇若来赔不是,您就接受好吗?"这位阿嬷就说:"她不会来的!如果真的来了再说。"过了一会儿,她儿子真的带媳妇来了。

志工就赶紧上前牵着媳妇说:"你真的做错事了,看看婆婆都受伤了,赶快去跪着赔不是。"

这位媳妇就乖乖地跪下,对阿嬷说:"妈妈,我错了,您可以原谅我吗?对不起。"

但是阿嬷没有回应她。志工就在中间劝解:"媳妇都认错了,就不要再生气了。阿嬷,您有没有想吃什么?让媳妇去买。"

媳妇就说:"是啊,妈妈您要吃什么?我去买。"

阿嬷就说:"不饿啦,只是口渴而已。"媳妇就赶快倒水给妈妈喝。这时志工对阿嬷说:"媳妇是自己的,您就把心打开吧!"

这时另一位志工也将媳妇拉到一边去,小声地对她说:"你这回要真正悔改,虔诚地向妈妈道歉、忏悔,否则妈妈手上有验伤单,随时都可以提出告诉。"

媳妇说:"我真的知道错了!"

志工就在这对婆媳之间尽力协调安抚,这种爱的"肤慰",终于让阿嬷开口:"好啦!希望以后大家能和睦相处。"

志工就说:"没事了!医师说可以回去了。"

媳妇接着说:"那我赶快去缴费。"

志工不忘再对她叮咛:"你回去一定要孝顺。"

她说:"我知道以前错了,现在会很注意。"儿子和媳妇欢欢喜喜地陪着妈妈回去了。

　　这个个案,志工就是用好言好语劝解,这和说咒、持咒的作用一样;倘若是"诅咒"、说坏话,人与人之间不欢喜,互相怨恨,这对双方都没有利益,只是彼此伤害。

　　当然也有善的咒,善咒就是虔诚的愿,看看药师佛为了拔除众生身心的苦难,入定说咒,这就是善咒。依着虔诚祈祷的心愿持咒,就如在说好话,常常对人说好话,心结、烦恼就能打开,人与人之间有任何不愉快也能抚平。

　　药师佛为了使众生有病痛时,能够得到身心解脱,于是放光宣说神咒,希望开启众生的心门与智慧,所有身心的病苦都能消除,而"受安隐乐"。

"曼殊室利!若见男子、女人,有病苦者,应当一心为彼病人,常清净澡漱,或食、或药、或无虫水,咒一百八遍,与彼服食,所有病苦悉皆消灭。若有所求,至心念诵,皆得如是无病延年;命终之后,生彼世界,得不退转,乃至菩提。"

　　佛陀说,倘若见到有病苦的人,应该清净自己的身、口,沐浴、漱口之后,一心虔诚取病人所吃的食物、药物或是干净的水,持《药师咒》一百零八遍,让病人服用,就能消除病人的苦痛。

我们要竭诚发愿、祈祷,无论念佛或持咒,必须"身、口、意"三业皆清净。在日常生活中,要时时扫除内心的杂念;因为一念无明,常使我们杂念纷飞,若要再把心收摄回来十分不容易,所以佛陀时时提醒我们,要放下杂念使心念专一。

佛陀教示的方法,就是持名、念佛,或持念佛陀所教的咒愿;有时候为发愿而持咒,发愿就是祈祷,让心清净、专注,是收摄杂念的方法。若为病人祈祷,除了清净心之外,身也要清净。

正如每天早上做早课,内心是最宁静的,先漱口、洗脸,将身口都清净,再穿着整齐的海青、袈裟入大殿礼拜、念佛、持咒,即表示最高的敬重。然而并非每天只有此时才维持身心清净。在日常生活中,分分秒秒都要顾好心念,让心毫无杂念、垢秽,从有形的身清净透彻到内心。

穿着整齐也是一种礼貌的表达,就如慈济人,依不同场合穿适宜的服装;以女众为例,在外活动穿着"蓝天白云(编按:蓝上衣、白长裤)",简单又清爽;平时的团队活动都穿"八正道(编按:慈济委员服,以衣服上八颗扣子得名)",多么庄严;若是更正式的场合则穿旗袍,服装整齐、身心清净,就是表达恭敬。当然不能蓬首垢面,头发要梳理得整齐干净,这就是身的清净。

学佛,就要依循佛菩萨的教化,在日常生活中实践,以及人与人之间表达那分礼节、互爱。

当我们推动"爱洒人间,一人一善"运动期间,大林慈院有位志工分享:他被分派收取"发愿卡"。许多人都在卡片上写下自己的心愿,然后虔诚地祈祷,将发愿卡放入箱中。

那位志工每天都去收,就会看到许许多多不同的心愿:有人是为自己的病痛而写,譬如:"祈祷我今天牙齿都不会痛,赶快治好!"这是牙痛者的心愿。

又有一位写着:"祈愿在 ICU(Intensive Care Unit,加护病房)里的病患,不要再打人。"这可能是加护病房的护士写的,我们知道在加护病房里都是重症病患,有的病人神识不清,力气却特别大,护士为了帮助病人,时常遭到无端的拳打脚踢,所以才有这张发愿卡。

甚至也有人发愿:希望医院里的病人都能早日康复。这是很好的愿,不是为自己,而是为别人发愿、祈祷。

曾经有位捐髓者到精舍,听了志工们的心得分享,他也上台分享:"很高兴能有捐髓救人的机会,希望我的骨髓注入受髓者体内,能像善的种子播种在他的心中。期待受髓者能早日康复，以健康的身体服务别人，让爱的种子代代相传。"

这番话真是令人感动。抽髓手术要经过全身麻醉，进开刀房从肠骨中抽出足量的髓，整个手术过程约需一至二个小时，这是很辛苦的事，他不仅勇敢地愿意这么做，之后并不居功，还非常谦卑地为对方祈祷；对方和他非亲非故，只因相配对的髓缘，他就很关心，希望对方能早日恢复健康，同时也期待康复之后，能继续发挥爱心，多伟大，这是最虔诚的愿。

好的咒愿就是祈祷，平时常说好话、修口业，不但清净自己的身心，也能净化别人，引导人人走向康庄大道。

虔诚持咒的力量不可思议。记得初到花莲时，曾在许聪敏老居士家里住过一段时间。许老居士早年曾经罹患口腔癌，幸好发现得早，立刻开刀治疗。

许老居士和他的太太都是虔诚的佛教徒，许老太太会持《大悲咒》，听她说，当时开刀是很危险的事，因为整个牙床的骨头都要取出来，正当危急时，老太太就以很虔诚的心，取一杯清净的水，端得高高的，虔诚地持念了四十九遍大悲咒。之后，她看到杯子里，似乎浮现三尊佛像。

这赋予她很大的信心，她也以虔诚的心祈愿，每天都持大悲咒水让开刀治疗后的许老居士服用。在医疗和信仰的双重助力下,许老居士康复了,继续作佛教的大护法,救了很多人,而且因为有罹患癌症的经历,使他学佛的心更加坚定。

"咒一百八遍",前述持《大悲咒》四十九遍,所持诵的次数都是表示在这段时间里心无散乱,虔诚一心地祈求;俗云"心诚则灵",只要虔诚就会有感应。持咒不是口中念咒却心猿意马,这是没有用的,必须身、口、意三业清净,持咒才有用。

持咒一百零八遍后"与彼服食",如此"所有病苦悉皆消灭",病人的一切痛苦就会因对方的爱、虔诚的祈求而解脱。

"若有所求,至心念诵,皆得如是无病延年",身体的病痛康复后,倘若还有要祈求的事情,只要"至心",十分专心"念诵",还能"无病延年",就是健康长寿。

重要的是,并非持咒之后获得健康,就不会往生。生、老、病、死是自然法则,有了健康的身体,更要把握生命的价值,用心为社会付出,好好地发挥生命的良能。

人生不在于能吃、能玩、能享受,对整个社会毫无贡献,只是来人间做个消费者,寿命再长也没有意义;要像《药师经》这段经文,所求的是利益他人的愿,才能彰显生命的价值。

"命终之后,生彼世界,得不退转,乃至菩提","彼世界"

就是净土,不论是西方极乐世界或是东方琉璃世界,只要有心发愿,必能固守道心,到达清净、极乐世界,而不退转。除了道心、正念坚定不退转之外,还能常在净土,不再堕入三途、六道中,这就是"得菩提"——达至正等正觉,修行的目标无非就是如此。

平常的生活中,就要好好培养这念心,不是生病时才念佛持咒;以虔诚善良的心,为普天之下人人祈祷,有这种"大我无私、大彻大悟"的胸怀,就能不退转,证得菩提。

"是故曼殊室利!若有男子、女人,于彼药师琉璃光如来,至心殷重恭敬供养者,常持此咒,勿令废忘。"

释迦牟尼佛再度叫唤文殊师利菩萨以提醒大众,若有男子、女人对于药师佛,除了发自内心虔诚地恭敬供养,还能经常称名、持咒,不令废失遗忘,心不离佛,口常持咒,如此养成习惯,就会减少许多是非,因为心中有佛,自然时时说好话,将佛法落实在日常生活中。

有许多佛教徒念佛念得很虔诚,无论何时或身在何处,无不念着"阿弥陀佛",即使不慎险些跌倒,也会自然地脱口而出"阿弥陀佛";念佛已经成为一种习惯。

学佛就是要养成好习惯,我常说"习气不同,各如其面",在过去生中,我们长久以来染上许多不好的习气,在待人接物中,表露出来。现在学佛了,就要将不好的陋习一一去除,培养良好的气质与习惯,让行为举止、开口动舌等都能合宜。

"至心殷重"是指专心虔诚、毫无杂念。佛法有许多法门,无论从哪个方向深入,都要"至心殷重",培养虔诚恭敬的供养心;不仅拜佛时恭敬,待人也要恭敬。所谓"以佛心看人,人人是佛",将对方当作是佛,就会生起尊重恭敬的心。这是人与人之间心念的对待,所以培养好的习惯,就能尊重他人。

"恭敬供养","供养"有许多形式和方法,依《十地经论》有三种:利供养、敬供养、行供养。"利供养"是对在家人而言,一般皆以清茶、素果、清香清净佛前然后献供,虔诚礼拜,这种有形的物质供养称为"利供养"。

"敬供养"则是发自内心敬重。在丛林中修行,大家都是天未亮就起床,集合上大殿,开始整齐地礼拜诵念,这就是敬供养。

"行供养",行就是修行,身口意三业要时时清净,身不犯错,口不犯过,谨慎地以自己的行为、修养来供养。

这三种供养中,"行供养"是最重要的,所以要时时警惕自己,"至心殷重,恭敬供养"。

"常持此咒,勿令废忘",常常受持《药师咒》,不要荒废忘失,这是佛陀的慈悲,对我们殷勤叮咛。

供养受持益

"复次,曼殊室利!若有净信男子、女人,得闻药师琉璃光如来应正等觉所有名号,闻已诵持;晨嚼齿木,澡漱清净,以诸香华、烧香、涂香、作众伎乐,供养形像。"

若有皈依持戒、信仰虔诚的在家居士,能够守持规戒,以清净心依教奉行,听闻药师佛的任何一种名号,听闻之后还要虔诚口诵心持。诵持佛号之前,为了表示虔敬,就要身、口、心皆清净。

印度有一种树,树枝就像杨柳枝一样,可以嚼碎拿来擦牙齿,就叫做"齿木",作用就像现在的牙刷、牙膏一样,先清净口腔,以示尊重恭敬。身、口、意清净了,就献香,有"香华"即香花,"烧香"及"涂香",涂身用的香膏等等。

现在也是如此，每天早晨起床先漱口、洗脸，然后衣着清净，上大殿供养香、花、果，表达恭敬。

"作众伎乐"，现在可解释为持法器、唱念赞偈；当然在印度的风俗，则有类似歌唱、跳舞的韵律，非常优美，表示以十分欢乐的心态供养。

"供养形像"，是因为药师琉璃光如来不在娑婆世界，而是在他方世界，所以画出他的形象供养，以表对药师佛的尊崇与敬爱。

"于此经典，若自书，若教人书，一心受持，听闻其义。"

供养的方法有很多种，能够虔诚抄写这部经，或是教人抄写，都是一种供养。

古代还没有印刷术，书籍并不普遍，流传经典、弘扬法门都需要人力抄写，才能广为传诵；"敬佛如佛在，敬法如法在"，无论自己抄经或是教别人抄写，都是功德；因为在抄写中能一边吸收法义，再去教导别人，就是将佛法流传下去，这都是供养。

现在印刷十分发达，不需一字一字地抄写；由于抄经能将心念摄于一处而不散乱，所以抄经也是修行的方法之一。

"一心受持，听闻其义"，无论抄经或教人抄，都要一心受持，不是随意写写就好了；每句经文都是道理，都是修行的方法，所以抄经要深入经文的义理，如此佛法才能入心而身体力行。

若不抄经，听经也是功德，所谓"闻、思、修"，即是用心听经之后好好地思考，领会出道理而后身体力行，就是真正受持于法，供养于法。

有十种关于受持经典之方法行义，称为"十种法行"：

第一、"书写"，因为过去经教文字少，都是靠手抄流传，需要有人发心抄写。

第二、"供养"，有的人自己无法抄写，出钱买纸、笔、墨供给大家写，也是一种供养。

第三、"施他"，为他人解说正法并教化。佛陀教育的道理无不是奉献，若不懂得"舍"，就无法体会经教，学习佛法应该要懂得施舍，教导他人，使别人得到幸福。

第四、"谛听"，有人抄写佛经，有人供养，有人讲经说法，我们都要以虔诚敬重的心，前往听闻。

第五、"披读"，经文抄写完或讲经完毕，也要以恭敬心再次读诵，因为听了之后很容易忘记，需要时常读诵。

第六、"受持"，指受纳教法，忆持不忘。

第七、"开演",经常读诵,体会出佛法的道理;若能自己理解而后奉行不悖,也希望他人同沾法益,就要能"开演",说给别人听,让人也能了解佛陀的教理,去除心中的烦恼,得到清净欢喜。

第八、"讽诵",不只会对人演讲,自己还是要时时讽诵,增加印象。

第九、"思惟",无论是听经、讲经或读经,都要用心思考,到底哪种法门适合自己的根机,能在日常中受用?到底哪一句教法是内心最有感受的?必须细心思惟。思惟之后,就要在日常生活中实践,这就叫做"修习"。

这十种供养的方法,是修菩萨道者必备的,尤其是过去经典尚未普遍印刷之前,必须依靠大众虔诚地以这十种方法流通经教,以净化人心。

佛陀来人间无非是要教导众生。"教"就是因为众生不懂,所以佛陀来到娑婆世界,面对芸芸众生孜孜不倦地教育,并且以身作则引导大众,我们对佛陀的教法,必须真正虔诚地奉持,不要散乱杂心。

"于彼法师应修供养,一切所有资身之具,悉皆施与,勿令乏少。如是便蒙诸佛护念,所求愿满,乃至菩提。"

听经，必须对讲经的法师生起恭敬心，"法师"是能深入经藏，为人解释经教的人。要知道"人能弘道，非道弘人"，释迦牟尼佛住世八十年，说法的时间四十九年，佛陀入灭后，法就要依靠出家僧众受持佛陀的教法，延续、弘扬佛陀的真理，佛法的慧命才能不间断。

"一切所有资身之具，悉皆施与，勿令乏少"，法师专心研究教义，弘传佛道使众生受益，他的生活、饮食、衣服等等，则由在家闻法的居士起恭敬心供养，不令有所欠缺，让这些研究佛法的法师、大德，不必为了生活辛苦奔波，能够专心精研佛法，以便流传教义。

法师也是生活在这个世间，需要有资生器具，学佛者若能以最恭敬的心，供养流传弘通教法的人，让佛法绵绵不绝，这就是功德。大家都期待佛法能永存人世，这就要尊重、敬仰弘传佛法的人，并且"依教奉行"。

"如是便蒙诸佛护念，所求愿满，乃至菩提"，若能如此供养三宝，不仅药师佛欢喜护念，十方诸佛亦欢喜护持，使众生所求的愿望，皆得以圆满实现，而至证悟成佛。

尔时，曼殊室利童子白佛言："世尊！我当誓于像法转时，以种种方便，令诸净信善男子、善女人等，得闻世尊药师琉璃光如来名号,乃至睡中亦以佛名觉悟其耳。"

以文殊师利菩萨的智慧,佛法无不通达,只为了利益未来的众生,因而作为当机者请教佛陀,让佛陀可以详细地为我们解说。

佛陀讲解药师法门至此,文殊师利菩萨感于药师佛对娑婆众生的教法,有这么好的利益,只要能诵持药师佛的圣号,一切所求皆办,于是也在佛前发愿;"誓"就是发愿。

文殊师利菩萨此举也是以身作则引导我们,学佛之人,"信、愿、行"三者必须平行,要相信佛陀的教法及经典中的教义,信受奉行继之发愿。有信无愿就无法受持,常说"信为道源功德母,长养一切诸善根",净信善男子、善女人,即是具备清净信心的在家居士,净信之外还需要有愿。

慈济人都会身体力行常说的一句话——有心就有福,有愿就有力。大家有心愿意奉献,就能造福人群;倘若有心又能立愿,这分身体力行的付出就能持久,这就是"以愿立行"。

"于像法转时,以种种方便,令诸净信善男子、善女人等",佛法住世有正法时期、像法时期和末法时期。正法是指在佛世能够听佛亲口说法、亲近佛陀,甚至看到当时的僧团修行；等到佛陀入灭，跟随佛陀出家的僧团还能藉由口耳相传，延续佛陀的教法，那是正法时期，是佛陀精神教化的正传。

随着时日不断流逝，正法就转为像法时代，佛法的流传慢慢变成礼拜佛像，信众以虔诚的心礼拜、祈求，使得有段时间佛教很昌盛，到处造佛像，比如敦煌佛窟，或是阿富汗——玄奘法师西行取道丝路的一站，都还保留许多瑰丽宏伟的佛陀造像。

一九九八年，慈济人曾经前往阿富汗巴米扬省援助医药，亲眼目睹当地高耸入云的大佛，最高的一尊五十三米高，人站在佛的脚背上就像只蚂蚁，可见这是多么壮观、伟大的工程！除此之外，还有一尊三十八米高，以及一尊十米高的石山大佛(注)。

围绕大佛四周的山壁，则布满密密麻麻的山洞，成为当地无家可归者的栖居之所。我们的人员进入探访，山洞里黑漆漆的，手电筒一照，只见墙上隐约留有佛像雕刻的遗迹，也有彩绘的壁画。

注：巴米扬峡谷巨佛已在二〇〇一年三月九日，由塔利班政权下令炸毁。

据考证,这些大佛已有一千五百年的历史,而现今距离佛世二千五六百年,如此推算,正是像法时期的佛教古迹。当时为什么会造这么多佛像?就是因为人们的"信心",认为雕塑佛像有功德,所以出钱出力"造像供养"。

后来佛教东传到中国,佛像在丛林中也很兴盛;写经、译经、抄经更是形象上尊重的表现。

像法之后,还会慢慢地转到末法时期,现在就是像法转末法的时代,学佛一定要更加虔诚。记得三四十年前,在一部经中看到,由像法到末法,佛法会渐渐式微,直到末法的末端时,佛法会忽然消失,经典文字也会完全消失。当时还觉得不可能,大藏经出版数量如此庞大,怎么可能突然消失?

直到近年电脑的普及,不禁令人担心真有此可能。古代没有印刷术,全依赖人工抄写,之后才有石版、木版拓印;接着是泥版、铜版印刷,到活字版机器大量印刷。随着时代进步,现在则是直接输入电脑存档。

从前寺院都要盖藏经阁,现在只需一部电脑,就可以浏览、查询三藏十二部经,确实十分便利。不过人生没有十全十美的事情,电脑虽然方便,也有极大的危机。经常听到电脑中毒,有些电脑病毒会破坏整个资料,因此经典突然消失,并非不可能。

"像法转时"应是指正法转为像法,及像法转为末法时。文殊师利菩萨运用智慧启发我们,佛世之后的众生必定要十分虔诚,无论时间是正法转为像法,或是像法转为末法,只要能保持敬法的心态奉行受持正法,如此一来,永远处于"正法"时期。

"以种种方便,令诸净信善男子、善女人,得闻世尊药师琉璃光如来名号",这无非是运用智慧,开启种种方便,适应众生参差不齐的根机施以引导、教化,令诸善男子、善女人得以听闻、持诵药师佛的名号。这就是耐心,教育若没有耐心,一味地要求听从,受教者听归听,内心无法受到感动,当然不能于法中实行。

文殊师利菩萨发愿护持药师法门,无论是像法或末法时代,凡是娑婆世界的芸芸众生,他都愿意教导,这就是文殊师利菩萨的慈悲,承接释迦牟尼佛的教法,延续教导众生的愿力。学佛行菩萨道,也要学习文殊师利菩萨这分殷勤的慈悲教法。

现在是末法时期,多数人道心衰微,真正舍身为佛法、为众生的人比较少,一般人虽容易感动,却缺乏行动,多数都是为自身利益计较。

现代寺院中生活大多安定，不必如佛世时，为了衣、食等日常所需，四处托钵化缘，若能善加运用时间，应是利于修行。当然不是整天坐着念佛诵经就叫修行，读经也是法门之一；若不读经，就不知道经中的道理，因此听经、读经是不可缺少的。

在僧团中生活，重要的是懂得合心，大家来自不同的家庭，有不同的生活习惯，常住在一起，人与人之间要有那分互爱，才能和气相处，互相体贴、倚赖。出家要有"六和敬"，并且将"和"推动到社会上，引导人人和睦相处，这就是在弘扬教法了。有时会觉得：现在的佛法，法运已经转到末法时代，如果不加紧用功，将徒留形式而已。

末法时期有多长？其实只是一念心，若能发心如初，依照佛陀的教法实行，生起正念的心，就能回归佛世时的正法，丝毫没有差别。假如心中只想懈怠、逃避，即使生在佛世时代，也同样有破坏佛法、不受佛陀教育的人存在。

总之，心念很重要。文殊师利菩萨是七佛之师，他仍然不断地来回娑婆世界教化众生，即使佛陀入灭后，依旧不懈地传递大乘教法，从正法到像法，从像法到末法，即使现在，相信诸佛菩萨还是一样不舍众生。

"心中有佛，人人是佛；心中有文殊师利菩萨，人人都是文殊师利菩萨"。子曰:"三人行必有我师焉",多看看别人,谁能启发我们的道心,引导、开启我们的心门,那就是最好的老师。

释迦牟尼佛一直在教育我们,忆持药师琉璃光如来的名号,就会得到种种利益,文殊师利菩萨乘此愿力,要延续释迦牟尼佛的教育。人人都要辗转相教,好好用心奉持。

但愿人人都有发心如初的勇猛精进,不要懈怠。不要认为:现在是末法时期,道心退失是应该的。"一切唯心",正法就在我们心中,不论正法、末法都取决于心念;现在众生的心和两千多年前佛世时众生的心都一样,佛世时有教有行有证,难道现在就有教无行无证吗?应该只在人人的一念心而已。

"乃至睡中亦以佛名觉悟其耳",文殊师利菩萨发愿使净信居士们听闻药师佛名号后,不只是平时能够常持佛名,甚至睡着了,还是持念着药师佛的名号;意思是要我们专一心念持诵,白天能够忆持,晚上也不要间断。

有的人说:好像耳边有人在和我说话,耳边在念佛……这实在是很危险的事情;学佛不要学成幻听、幻觉,而是在心念上不间断。什么是真正的念佛?我常说,念得佛心为己心,起心动念无不是爱与智慧,才是真正念懂佛心。

人与人之间离不开一分尊重与敬爱,"不要将人事当是非",因为有"人"就有"是"与"非"、"对"与"错"的分别;人际关系中,若有对错、有缘与否的差别,就容易生烦恼。学佛不要将人事当作烦恼、是非,即使有了烦恼是非,也应该将之当成"教育"。

看到别人生起摩擦,不要加入批评,应该感恩他们现境教育,并且常以此自我警惕,这就是智慧,才是学佛的心。在日常生活中,学佛之心不间断,并能常常自我警觉,如此不只是白天,即使晚上睡着了,还是会有警觉性存在。

大林慈济医院有位志工分享,她说她以前脾气很坏,对家人很唠叨、爱骂人,像九官鸟一样叫个不停。进入慈济以后慢慢改变,结果先生对她说:"你从九官鸟变凤凰了,而且一直说好话,就像只漂亮的鹦鹉。"

同一个人,以前凡事不顺心就骂人;进入慈济,闻法之后能体会了解,因此能够时时善解而口出莲花,常说好话,对人包容、感恩。以这样的心态当志工,也做得很欢喜。

她也说,做志工的第一天,看到人就是问安,对阿公、阿嬷也很殷勤地牵扶招呼。隔天早上,和她同房的师姊就说:"你怎么整夜都在说梦话?'你好、你好、感恩!'"

原来她白天十分殷勤,看到人就说"你好啊!""健康吗？""感恩啊！"心存好念，口出好话，她付出得很甘愿，感受得很欢喜，于是睡梦中一样讲好话，这就是"入心"。

人在入睡之后，潜意识仍会继续活动，俗话说"日有所思，夜有所梦"。即使从未见过面的人，会突然出现在梦中，这应该是有因缘的。

十多年前，有一位专程从美国来精舍的妇人，一见到我就说："没有错！就是师父，和我梦到的一模一样，您也是穿这件衣服。"

我说："我每天都是穿这件灰色的僧服。"

她说："不过，我见过的师父只有您是穿这种颜色，所以是您没有错！"

我就问她是什么事？她说，她梦见我对她说"回来"，因此才专程回到台湾；与我谈过一席话之后，她还要回美国照顾孩子。我就对她说："你可以加入慈济！"因此她回到美国，便加入委员的行列。这是不是很有缘？

睡眠中的梦境，有的是"独头意识"，就是独自运作的意识；过去不曾遇见的境界，只要有缘，独头意识就会和有缘的力量牵引在一起。

如同当初辗转来到普明寺时，一眼见到觉得很熟悉，才想起年少时曾为生病的母亲发愿，结果连续三天梦到一座小庙,正是普明寺;因此觉得自己的缘在这里,就留在花莲。

在那之前我不曾来过花莲,那座寺院也不是原本就有。供奉的地藏王菩萨,是日据时代原住民所造,当时是露天的,后来有许多不可思议的传说,许聪敏老居士才在原地建造这间普明寺,让地藏王菩萨有个遮蔽之所。

我和修道法师来到花莲时,普明寺才正要落成,为什么在它尚未落成之前会梦见过这里?应该就是一分缘吧!冥冥中业缘的牵引,所以独头意识与此业缘会合。人生的因缘不可思议,都是"业的种子",无论是潜意识或是独头意识,都与那颗早已埋下的种子有关连。

因此我们要时时照顾好自己的意识、念头,不要动辄与人结怨成仇,这颗种子应该保持单纯,在人群中互爱、互谅、善解、包容。若将人事当成是非,就会结下不欢喜的缘;若能从是非中排解误会,进而善解、包容,就能和人人结好缘。

所谓"任劳容易耐怨难",修行不只是修任劳而已,还要耐怨;在意识中,要播撒好的种子,来生来世这颗好的种子就会现前。所以即使在"睡中",也要有佛心存在。

"乃至睡中亦以佛名觉悟其耳",佛就是觉者,我们还是要明明觉觉地以佛心为己心,即使在睡眠中,也要保持做救人的工作，和人结好缘的心念，这就是药师佛的法门。

"若于此经受持读诵，或复为他演说开示；若自书，若教人书；恭敬尊重，以种种华香、涂香、末香、烧香、华鬘、璎珞、幡盖、伎乐，而为供养。以五色彩，作囊盛之；扫洒净处，敷设高座，而用安处。尔时，四大天王与其眷属，及余无量百千天众，皆诣其所，供养守护。"

若是有人愿意受持读诵《药师经》，"受持"就是依经教奉行；"读诵"则是时时念诵以自我警觉，反复读诵，了解其中意义，就能再向他人解释宣说，让他人用同样的方法虔诚奉持。

"若自书，若教人书"，自己抄写经书的同时，也教他人抄写，这叫做辗转相教；被教的人对这部经也能起恭敬心，辗转相教下去，同样那么虔诚、恭敬尊重。表达恭敬的方式，则是以"种种华香、涂香、末香、烧香、华鬘、幡盖、伎乐"等作为供养。

这就是庄严道场，表示对经典的尊重，放置经书的地方，必须整理得干干净净，还要供香花、涂上有香味的东西、以香油擦拭供具，或是将檀香、沉香等香木磨成粉来涂抹、焚烧，香烟缭绕发出香味。此外，还可以将花朵串成花鬘；就像现在印度或是夏威夷，当地风俗会对远地光临的贵宾献上花环，表示欢迎与尊重。

敬佛、敬法要有同样敬重的心态。除了摆放的位置干净清香之外，还要用花鬘、璎珞宝石或幡盖装饰；"幡"是长条形的刺绣布幔，"盖"则是伞形的绣品，这些都是作为道场布置的装饰。"伎乐"是奏乐的乐器。以世间珍稀之宝奉献，或是以乐器音乐表达尊重敬仰与慎重，意义就在付出中表达内心的虔诚。

"以五色彩，作囊盛之；扫洒净处，敷设高座，而用安处"，如果要收藏经书，则用五色绸缎制成袋子妥善装好。放置经书的场所，除了要清净整洁之外，经书也不能随便放在低处，要"敷设高座"；看看佛龛大都做得很高；放置经书也要如供奉佛像一样，放得高一些以示敬重。

对经典有恭敬心，就表示内心有法，心中若存有恭敬，外在的形态自然会表达出来，而两者相辅相成；若是随随便便，轻法慢教，就会对佛法经教起我慢心。敬佛要礼佛，敬师要礼师，敬法就要重法，将内心的尊重表现在外，就是虔诚的敬仰。

"尔时，四大天王与其眷属，及余无量百千天众，皆诣其所,供养守护",无论读经或抄经,自书或教人书,都能如此虔诚恭敬庄严道场,届时四大天王及其眷属,以及无数的天神、天将,都会一起降临道场同来供养与护持。"皆诣其所,供养守护",诣就是到、前往的意思,共同在这个道场周围守护,这就是吉祥的道场。

四大天王居住在欲界六天的第一层,离人间最近,分别守护四大部洲,持国天王守护东胜身洲,增长天王护守南赡部洲,广目天王庇护西牛货洲,多闻天王则佑护北俱卢洲,到现在都还可以看到有些寺院一进门,就有四大天王的画像或雕刻,是佛教的大护法。

有人会说:"凡人又看不到,如何证明四大天王来过道场?"据说为了庄严道场都会插花;一般花朵约三五天就枯萎了;倘若很虔诚,所插的花草就能维持很长的时间,仍然新鲜嫩绿,水质也能保持清澈,以此证明四大天王以及眷属都围绕在此,而呈现出茂盛、吉祥、清净的现象。

"世尊!若此经宝流行之处,有能受持,以彼世尊药师琉璃光如来本愿功德,及闻名号,当知是处无复横死;亦复不为诸恶鬼神,夺其精气;设已夺者,还得如故,身心安乐。"

《药师经》针对末法众生身心疾病所讲,有了心病,就会造下诸多恶业,自然招致天灾人祸,在人心险恶的时代,更需要这部《药师经》的指引,因为药师佛是为娑婆世界的众生而发愿,和娑婆众生的因缘很密切。

娑婆世界的众生若能以真正虔诚的心,自书、教人书,或是口耳相传、信受奉行者,都是这部经宝流传的地方。经书不是只拿来放在藏经阁中,所谓"经者,道也;道者,路也"。"经"本来就是一条康庄大道,佛陀开拓这条道路,并且亲自走过,才返回娑婆世界告诉我们,要了解这条路的道理、方向,脚踏实地去行这条道路。

"经"就是"道",讲经者就是指引道路的人;我们必须身体力行,走了之后还要指引别人,佛法经教才能流通。若放置不动,即使是清水,日久也会成为死水;所以必须要让清水向前流,才能让许多人享用。

这部经是人生之宝,必须让它得以流通,本经所流通的地方,无论何处都能进入人们心中,还能在行动中实践,同样读诵、书写、受持,不断地延续、辗转相教,这就是"流行之处,有能受持"。

"以彼世尊药师琉璃光如来本愿功德",药师佛初发十二大愿,愿愿都是利益众生,人人若能了解十二大愿的道理,时时受持、听闻药师佛的名号,"当知是处不复横死",在受持药师法门、经常诵念药师佛名号的地方,就是吉祥之地,不会有诸多不幸的意外发生。

"亦复不为诸恶鬼神夺其精气",有的人本来很活泼、神采奕奕,但是突然间整个人变得十分消沉、无精打采,精神逐渐退化。古代医学不发达,当有类似的情形时,都觉得是鬼神作怪,夺走了他的魂魄。

这种不明原因的精神消退,就像是现代医学所说的"老年痴呆症",向来很有智慧的人,突然精神起了变化,开始说话颠三倒四或是记忆退化,在古代,就被认为是精气的消磨。

"设已夺者,还得如故",即使真有鬼神作怪,夺走其精神气力,若能受持药师法门或时时持念药师佛名,就会慢慢回复正常。"身心安乐",身心两方面都恢复精神和力气;心能安定,身体也平安,人就快乐轻松了。

受持获福益

佛告曼殊室利:"如是!如是!如汝所说。曼殊室利!若有净信善男子、善女人等,欲供养彼世尊药师琉璃光如来者,应先造立彼佛形像,敷清净座而安处之;散种种华,烧种种香,以种种幢幡,庄严其处;七日七夜,受八分斋戒,食清净食,澡浴香洁,著清净衣,应生无垢浊心,无怒害心,于一切有情,起利益安乐、慈悲喜舍,平等之心;鼓乐歌赞,右绕佛像。复应念彼如来本愿功德,读诵此经,思惟其义,演说开示。"

文殊师利菩萨响应佛陀的说法,向后世之人示范,证明受持《药师经》的利益,佛陀听了文殊师利菩萨的示范很欢喜,亲切地赞叹:"对了!你说得很对,就像你说的一样。"

"曼殊室利!若有净信善男子、善女人等,欲供养彼世尊药师琉璃光如来者",释迦牟尼佛再次强调,应如何受持药师法门,因而说:具有清净信心的在家居士,若愿意供养药师如来,要具备以下条件——

"应先造立彼佛形像,敷清净座而安处之;散种种华,烧种种香,以种种幢幡庄严其处",首先是造立药师佛的形像,还要敷设清净庄严的佛龛安置,散花或是梵烧种种香气作供养,并以经幢、幡盖等,诸多庄严器具装饰道场,以表达心中敬意。

"七日七夜,受八分斋戒,食清净食",受持药师法门的在家修行者为了表示虔诚敬重,应以七日七夜的时间受持"八分斋戒":守五戒——不杀生、不偷盗、不淫、不妄语、不饮酒之外,还有不坐卧高广大床,不以花蔓装饰自身,不歌舞观听及不非时食。除了受持平日的轨则之外,斋戒期间的生活要与出家人一样严谨,这是"戒"。另外还要持"斋",也就是过午不食,饮食简单不过量,维持身体健康即可。

常闻台湾民间风俗"作醮"(按:闽南语,意祈福、超度等法事活动),三日茹素、不能杀生,这就类似持斋戒。佛教的在家信众,平日就守持这样的生活,若要进一步受持这部《药师经》,就要特别持"八分斋戒"以示敬重。

对出家人而言,守戒是本分事,必须终身奉持,时时保持身心清净。再者"食清净食",清净食就是素食。佛世时的印度,出家人托钵是别人布施什么就吃什么,何况是在家人;不过既然要受八分斋戒,就一定要素食,吃没有污染的清净食。

"澡浴香洁,着清净衣",身上要特别保持清净,穿上干净的衣服。印度从古至今四姓阶级分明,贫富贵贱分得很清楚,富贵人家衣着十分华贵,贫穷人家则是缺乏资生之具，不仅衣服破旧，身上也是污秽不堪。

佛陀的教育，希望能够普遍于社会，不仅富有人家能受持，贫穷的众生也能受持，只是必须身心清净整洁，这就表示尊重。过去也曾说过一则故事——佛世时有位妇女，她的工作是清扫马路。

印度当时都是用畜力拉车，这些牲畜边走边留下粪便，有人就会捡回去，晒干之后当生火的燃料，或是拿来糊墙壁，所以捡拾牲畜的粪便，也是贫穷人家维生的资源。

这位妇女平常就在街道上捡拾粪便及清扫马路。有一天，她听大家说佛陀要来村里讲经，看到大家穿着整洁的衣服，手上捧着香花等供养品，准备听闻佛陀说法；她很羡慕，心想：我是不是也能去见见佛陀，并且听闻佛法？最后终于提起勇气，赶紧回家洗浴，换上一件最干净的衣服去了。

看见很多人欢喜地围绕在佛陀周围，这位扫街妇女很自卑，觉得自己贫贱而卑微，就站在远处。佛陀看到她，慈悲地说："我看到一位最洁净的女人，来吧！善女人，到前面来。"佛陀向她招手，这位善女人不由自主地向前走去。

众人回过头看，原来是一个清扫街道的贱民，为什么佛陀会对她如此慈祥地召唤？虽然大家心里疑惑，还是自然地退出一条路，让扫街妇人来到佛陀面前，她五体投地向佛陀跪拜,感恩佛陀的恩召。

佛陀就对大众说:"你们知道吗?这么多人前来听法,身心最干净的就是这位善女人。"

有人就说:"佛陀,她身份卑贱,而且在路上扫街捡牛粪,是最不干净的。"

佛陀很慈祥看着大家说:"表面上她贫穷、身份低微,不过她的内心很富有;虽然穿着粗布衣服,却很干净,尤其是她的内心最虔诚。"

佛陀开始为大众宣说"众生平等"的法义,最重要的是内心这分虔诚、尊重与恭敬。扫街妇人的心中没有贡高我慢,没有复杂的烦恼,所以她的内心最清净。

由这则故事可知,"澡浴香洁,着清净衣"是外象上能看到的,重要的是内心"应生无垢浊心,无怒害心,于一切有情,起利益安乐、慈悲喜舍平等之心"。释迦牟尼佛讲演药师佛的法门,从第一大愿到十二大愿,都是慈悲的济世法门,也是慈济的法门,旨在利益众生,教导我们实践慈悲喜舍、平等的精神。

在家人只要无垢浊心,内心清净,甚至还能"无怒"——心中不起瞋怒,对人无怨害之心,不仅如此,还要对一切有情,具足慈悲平等之心,远离贪、瞋、痴、慢、疑种种人我是非，这就是修行。

不仅在斋戒期间，平时就要心中有佛，视众生如子，父母不都是期待孩子幸福？有哪对父母看孩子在受苦而不悲伤？以佛心看待一切众生，当然能使一切有情得到利益安乐；付出使人人远离苦难、灾祸，得到安乐，这就是慈悲心。

"慈而无悔，悲而无怨，喜而无忧，舍而无求"，这是每位慈济人的目标，既然学佛，必须勇于付出。所谓"大慈无悔"，就是毫无亲缘关系的人，我们也愿意为他奉献，不计较别人能否了解，是赞叹、嫉妒，还是怨恨、毁谤等等。一个行菩萨道者，付出绝对不后悔，因为这是自己发愿、立志要做的事。

"大悲无怨"，众生受苦难，即使舍身命也愿意付出；无论对方得救后是否懂得感恩，还是秉持着"人伤我痛、人苦我悲"的精神，只要众生能够平安和乐，再辛苦的付出都毫无埋怨，这就是菩萨本具的条件。

"大喜无忧"，看到众生能够平安快乐、无灾无难，还能更进一步，引导众生的心到达轻安自在的境界；也就是不只帮助他人度过世间的苦难，还要引导他人超越世间，得到心灵的法喜，这是菩萨的心愿。所以看到众生能够得到法喜、轻安自在，遇到任何境界能够以智慧超越苦难，我们就能无忧而生欢喜心。

"大舍无求"，布施不只是无求，还要感恩。慈济人不都做到了吗？这么多慈济人是真正在为人群付出；看到众生苦难，大家都是奋勇争先，以那分最真诚的爱，肤慰、陪伴苦难人，舍而无求，不只是在台湾的慈济人，全球的慈济人都一样，这就是慈悲喜舍。

其实菩萨道并不难走，只要人人肯发心；药师佛的道场并不局限在某处；人人的自性都有一片道场，无论身在何处，都能以种种庄严，在心中恭敬安奉着药师佛。

此外也要敬重释迦牟尼佛的教法，依教奉行，清净内心的道场，真正接受佛陀的教育。以这分利益安乐、慈悲喜舍、平等的心，奉持佛陀教法中药师佛的法门，这才是真正内修外行、持斋持戒。

"鼓乐歌赞"，供养的方法，除了内心虔诚安定之外，也可以配合鼓乐歌赞。就如每日早课，从唱诵香赞开始，接着念经、念赞或念偈文，都是虔诚于内心，赞叹从口出，无论是引磬、木鱼、铃鼓，或是法会上种种法器，全是帮助气氛的凝聚及唱诵的和谐；以这些法器伴奏，将内心虔诚的赞叹歌颂出来。

"右绕佛像"，印度习惯以右边为尊，我们既是学佛法，就随顺印度的右绕以表达崇仰敬重。"复应念彼如来本愿功德",除了绕佛之外,还要口中念佛、心中有佛,身心虔诚随着佛号而绕转。

许多道场绕佛时,脚步都很整齐,看了就令人起欢喜心。四十年前,因缘际会来到花莲,成立"佛教克难慈济功德会",每年的三月廿四日是功德会的创办纪念日,早期都会举办佛七。那时就觉得绕佛不只是调心也要调身,甚至还要调和脚步,因此就不断地提倡"身心合一";绕佛时,左右步伐要随着佛号而起落。

看到一群人在绕佛,脚步整齐,大家肩膀一致地左右移动,好像划龙船一样,很美、很整齐、很摄心,让我们的心能够定静下来。这虽然不是佛陀制定的,但是我们以真、善、美为原则,从内心的真诚出发,专心一意念佛,这是好心好愿;念出美的声音,绕佛绕出美的形态,身口意整齐平行,一心宁静,才是真善美的表现。

有的人绕佛,只是脚步跟着走,口中没有念出佛号,念佛只是自己在念。与众人一起念,必须要出声,虽然不必特别大声,但是一定要"异口同声",和别人的韵调合齐,以表示对佛陀的尊重。所以心中有佛,口要念佛,行动要整齐,这也是修行方法之一。

假如外在有形的都调和不来,如何证明内心的整齐?在丛林中要六和敬,无论是身和、口和、意和、戒和、见和、行和,我们都要好好地用心表达,这也是丛林修行的规则。

念佛是每个人的本分事,佛陀教导我们称念药师佛的名号,"复应念彼如来本愿功德",修药师法门还要念药师佛的功德、了解药师佛所发的愿,才能学习并且实践,终至成佛。

药师佛十二大愿真正是娑婆世界的救药,要救治娑婆世界的众生,唯有力行此十二大愿。大家要多用心,去了解、重视这十二大愿,时时"读诵此经"以加强印象,让我们牢牢记住十二大愿的精神;再来"思惟其义",深入思惟、探究经文中的含义;"演说开示",了解其中的意义之后,再辗转宣说给别人听,开启众生的心门,指示他们人生的方向,就能使这帖良药普遍发挥功能。

"随所乐求,一切皆遂:求长寿得长寿,求富饶得富饶,求官位得官位,求男女得男女。"

"随所乐求,一切皆遂",人生的苦,苦在人海茫茫、不知何去何从,倘若能够通达透彻、深入体会这部经的精神,就能身体力行运用自如,心有愿望皆能如意。

"求长寿得长寿,求富饶得富饶,求官位得官位,求男女得男女",世间庸庸碌碌中,人类的追求不外乎长寿、财富、官禄、子嗣这四种。

凡夫要求长寿,到底生命多长才算长寿?无论能活多长,生命还是有止尽;既然终有尽头,还能算是长寿吗?其实人生能够利用的时间,才叫做寿命,若是浪费了没有利用,那就是非寿。

有一件往事很值得玩味——四十年前,有一次在百货行看到一对水晶杯,材质晶莹剔透很好看,就好奇地询问价钱。老板说:"这是用水晶雕刻的,一个一千元。"

当时一斗米二十多元,一个杯子竟然要一千元。我摸一摸它,觉得和玻璃差不多,怎么价钱差那么多?所以看看就离去了。那天和我同行的是位早期的委员,她看到我摸了那个杯子,没多久,就买了两个给我,说:"师父,我看您很喜欢这个杯子,我帮您买两个;一个大的,一个小的。"

听了实在很舍不得,那时候我们还是"竹筒岁月",每人每天存五毛菜钱,想到一个杯子一千元,两个不就是两千元吗?那分喜欢却又不舍的心情很矛盾,忍不住念了她一句:"太浪费了!"还是将杯子留下。

杯子收藏了一段时间后，心想：这么昂贵的杯子，若摆着不用有什么价值？就拿起小的水晶杯，倒了一杯热开水，不料热水一倒，就听到"啪！"的一声，杯子出现一道裂痕。这个杯子现在还摆着，而那个大的我也不敢再去碰了。

我常用这对杯子，作为自己生命的警惕——那个大杯子，我从未用过，虽然价格昂贵，但是它的生命在我手中毫无用处；而另一个杯子，虽然只有一道裂痕，但是已经不能发挥作用了。所以物品的价值在于有用，能够发挥良能，才是生命的真谛。

以前曾买过一支表，表店的人说，这支手表的"寿命"有十五年，问他："你怎么说'寿命'呢？"他就说："表能走、还走得准，就是它的寿命。"这意思不就是"寿命，在于能利用"。

有些人在职场上服务时，知识、身体都很健全，因为他发挥了生命的价值。反观很多人一退休，才五六十岁就开始衰老，老年的病症也接踵而来，这是因为觉得自己已经退休了，因此完全放松下来，生命力也就随之衰退。

我常说，时间累积一切。我们来人间，善与恶存在每个人心中，就像拔河一样，有时恶念增强就会造恶业，活一天就造一天的恶业；若寿命愈长，恶业造得愈多，这样的寿命有什么用？只是徒增自己的恶业与无明烦恼，往生时再带到来生，多可怜。

常说"爱惜人身"，因为人身难得，既得人身，就要善加利用；"佛法难闻"，能得人身也不一定能听闻佛法。我们很有福，因此能听闻佛法；但听闻佛法之后，是否人人都能身体力行？

慈济人都说"多做多得，少做多失"。他们走入社会，为独居老人洗澡、打扫居家环境，乃至整修房屋，或是在医院中为病人服务，这都是在发挥生命的良能。所以欢喜付出，也是自我造福；再看看环保志工，他们有的已高龄七八十岁了，还是做得那么起劲，那分精神、毅力真令人敬爱也教人羡慕。

如宜兰礁溪有位环保阿嬷，每天一大早天未亮，就戴上斗笠、推着车，出门做资源回收。已经九十多岁了，身手还是很俐落，精神又好，真是人见人爱，大家看到她都会热情地招呼："阿嬷，来坐！喝杯水休息一下。"

有人问她："阿嬷，为什么要做得这么辛苦？"

她就会说："一点也不辛苦，这是在造福。资源回收不仅是照顾我们的地球，也是庇荫我们的子孙。师父说'活动、活动，要活就要动'，我还能做的时候，就要多活动。"

像这样的生命，多么有价值！假若生命长却为非作歹，这样的人在世间,除了是"消费者"之外,还是"造业者",累积许多恶业和无明烦恼。我常说,"生命没有所有权,只有使用权",能够利用的时候,才是真正的"寿命"。

犹记一二十年前,我们开始规划兴建医院时,有位医师太太到精舍,看见我就哭哭啼啼,问她怎么了?她说:"我先生过世四五年了,我还是很舍不得;他才五十多岁,实在走得太早了。"

我说:"他自己当医师,怎么会那么早就过世?"

"我先生自己开业,每天一大早,天还未亮就起床整理环境、消毒医疗器具,忙碌地到处清扫。"

"这样不是很好吗?"

"这是很好的习惯。但是每天都有很多病患前来就诊,有人半夜敲门,他也起来应诊;遇到无法前来的病患,他还是骑着脚踏车往诊,就是操劳过度,才那么早就往生。"

我就对她说:"你知道吗?你先生的寿命至少有八九十岁。"

她说:"怎么可能?他明明五十多岁就过世了。"

我说:"你想想看,人生真正的价值就在为人服务。他每天从天未亮一直做到晚上,有时半夜还出去看诊,别人一天工作八小时,他工作十多个小时,生命价值早就比别人多出许多;以工作量换算他的寿命,至少也有八九十岁,甚至超过百岁,你应该要为他高兴。"

她听了也认同地说:"师父,您说得很对,我想,他差不多有一百二十岁的生命,因为他一个人做了三个人的分量、时间,这样我真该替他高兴!"

最后这位太太破涕为笑,欢喜地回去了。生命的道理如果想通了,还需要计较寿命长短吗?假使迷迷糊糊,生命再长也没有用。

《药师经》因应众生的希望祈求,开设方便法门,想要求长寿,就要来了解这部经,体会其中的道理。事实上,若能真正体会经中道理,也就不会执著于求长寿了。

学佛者若真要有所求,应该求取佛陀"法身、报身、应身"(注)三身之德,才能圆满成就永恒的慧命。

"法身"之性寿命无穷,世间万物其法性之身皆不变不异、不生不灭,常住永存,法身慧命的寿命与作用也是无量。

注:"法身"即指佛所说之正法,佛所得之无漏法,及佛之自性真如如来藏。"报身"即指佛之果报身,酬报因位无量愿行之报果,为万德圆满之佛身。"应身"即指佛为教化众生,应众生之根机而变化显现之身。

"报身"之德即"般若",也就是智慧;体会佛法后,更能身体力行,己行教人行,这就是亲身实践所得的智慧。"应身"之德则是"解脱",一悟而永生解脱;倘若不悟,就永远沉迷六道中。

所以若是要求,就求清净无染的智慧,真正体会大自然不生不灭的法性,而人身是载道器,能够利用身躯体会佛法,就能得到解脱。凡事能心开意解,烦恼尽除,懂得知足、善解、包容,对人人感恩,心中清明无烦恼就是解脱;并非要等到最后一口气断了才叫解脱,生命结束了,还有业力的延续。因此生命的长短并不重要,重要的是能否得到"法身慧命"、"报身智慧"以及"应身解脱"?

"求富饶得富饶",财富谁不爱?求得寿命,生活却贫穷困苦,连资生之具都匮乏,一样是痛苦的人生。所以一般人求长寿的同时,也会求富饶。然而富饶的定义因人而异,大部分的人对于财富总是需索无度,"有一缺九",为了追求钱财而烦恼不断;若是为富不仁的人生,更是可怜。

幸好社会上还是有许多"富中之富"或是"贫中之富"的人。有一则电视新闻报导,在日前景气低迷、企业难以为继的情况下,有位善心企业主慨捐三亿元协助某所学校办学,嘉惠学子,这才是真正富有的人生,实在令人赞叹。

在慈济世界里，不乏喜舍付出的富有人生。当初筹划兴建花莲慈济医院，劝募得很辛苦，有次我到屏东，一对穿着简朴的夫妻，带着四个年幼的孩子来看我，一家六口虔诚、整齐地跪着，先生和太太一起递给我一包东西。我请他们坐下来后问："这是什么？"夫妻俩说："师父，只要您肯收下，我们就很感恩了。"我将那包东西一层层地打开，原来里面是太太的嫁妆，有手环、戒指、手链、项链。

等我了解这家人的生活环境后，真感动。他们是以贩售"爆米香"（闽南语）为业，夫妻俩每天一大早就载着机器出门，辛劳地工作养家，住家的门户甚至还破旧得无法上锁；只要一出门，都只是随手关上而已，所以每天回家第一件事，就是到床底下摸摸看，这些首饰还在就安心了。

我说："你们做生意那么辛苦，这些又是结婚纪念物，哪好捐出来呢？"

太太就说："师父，嫁妆是妈妈给我的，我们没地方放反而烦恼。"

先生也接着说："请师父收下来，不要让我们有压力，不然整天担心东西丢掉也很辛苦。"

夫妻俩还说："只要我们身体健康，每天出门做生意，所赚的钱虽然不多，但要养这些孩子还不成问题。"说着很自然地伸手摸一摸孩子,孩子们也赶紧靠过来抱着爸爸妈妈。

事隔多年,那幅美丽的画面至今仍鲜明地留在脑海中,让人觉得这就是最富有、最幸福的家庭,因为他们一家人都很知足。

想起当初在台北讲《药师经》,让大众了解慈济建院的目的,每次都是晚间七点半开讲。有一回将近七点半时,一位女士汗流浃背、蓬头垢面地出现,看得出来她刚下工,爬楼梯爬得气喘吁吁,一来就将一包东西拿给我,说:"师父,我知道您很忙,要去讲经了,拜托您将这些东西收下。"

我接过来,发现这个包裹也是用好几层报纸包着,打开原来是一个铁罐装着十几块金条。我问她:"你怎么有这么多金条?"

她说:"师父,这是我做了二十多年的工,一块一块慢慢存的。本来是为了买房子,但是存了二十多年还是没凑足;我知道师父要盖医院,很需要钱。既然房子买不成,不如给您换成钢筋盖医院,这样很快就能发挥功能。"

她的穿着很简单,容易让人误以为是来求助的,没想到她是来助人的。她说:"我中午一下班就赶紧回家拿东西,从板桥骑脚踏车过来。结果道路不熟,绕了五个多小时才找到这里,我看到很多人在这里进出,一问之下果然没错,终于被我找到了。"

一个在工厂做工的女人,骑了五个多小时的车,专程来捐出积蓄,怎不教人感恩又感动!这分助人的心,就是智慧也是解脱,真是一位智慧的解脱者;人生就是要懂得放下烦恼,能把握当下及时付出。

财富要懂得使用,有的人很有钱却纸醉金迷,真是造业又辛苦,伤身又伤神。若能把钱财分为四份:一份孝养父母,一份培育子女,一份投入事业,一份欢喜布施,懂得将世间财好好地应用,无不都是功德。

所以求富饶,不是求有形的钱财,而应该求内心世界的财富,懂得满足,自然就是最富有的人。

在慈济委员中,有位静凫老居士,七十多岁时,在一场空难中失去了大儿子。当时这个打击令她痛不欲生,幸好有人适时将她引进慈济,前来参加"打佛七",使她心开意解,终于了解人世间无常的道理,而愿意放下小爱、付出大爱,将爱儿子的心,用来关怀更多苦难的人,从此走入慈济的行列。

十多年前,她发过一次心脏病,医师诊断后要她马上开刀,这在当时还是一个大手术。她就问医师:"我的病有这么严重吗?"

医师说:"如果不赶紧开刀,万一再发作,就没命了!"她问清楚手术费用大约二三十万元,就对医师说:"好,让我考虑考虑。"

结果她带着儿子为她准备的手术费用,赶来见我:"师父,我考虑过了,依我的岁数,即使开刀成功,也顶多再活几年;万一失败,就什么都没了。我还是将这笔钱交给师父,慈济医院赶紧盖起来,就可以救很多人。"

三十万元的手术费用要捐作建院基金,我实在不敢收,人命关天;然而不敌她再三地要求,圆满了她的心愿。不可思议的是,她回去之后按时服药、专心做慈济,整天在外奔走,没有开刀竟然又活了十多年,直到九十高龄才往生。

有一次她搭公车,看到一位残障人士上车,但是没有人要让座,她就赶紧起身说:"年轻人你来这里坐,我要下车了。"这位残障人士心想老婆婆要下车了,就向她道声谢谢,安心地坐下来。她下车后又在公车站牌前等着。

不久来了一辆同路线的公车,她就对同在等车的先生说:"我的车子来了。"这位先生疑惑地问:"老婆婆,刚才您就是从这一路公车下来的,您要去哪里?"她听了笑嘻嘻地说出刚才让位的事,这就是智慧。直到往生前,她还是每天出门收功德款;她不但长寿又有智慧,这样的典范永远存在

受持获福益

慈济人心中。

无论要求长寿或求财富,都应该懂得应用;行布施,自然就能得到收获。佛教的布施,有财施、法施及无畏施,静奂老居士亲手布施钱财,做到了"财施",并且以身作则感召台北地区许多人投入慈济志业;若有人遭遇烦恼,她就会循循善诱,教人不要计较,做个可爱的人,与人相处要互爱互重;她几句简单的话,就让人如获至宝,这就是"法施"。至于公车上让座,那年她已八十多岁了,为了使那位残障人士坐得安心,她运用智慧,愿意下车再等,这真正是做到了"无畏施"。

能做到无畏的布施,"求富饶"的心境就会更上一层楼,而懂得求取"七圣财"——

第一是"信财"。"信为道源功德母,长养一切诸善根",一切法都是从心中的信念开始,所以第一要建立正信,才能行于正道。

第二是"精进财"。认识佛法后,就知道该做的要赶快做;不该做的,必须赶紧改;善念要令速生、令速增长,心中恶念要即时灭、令不生,这就是精进。

第三是"戒财"。戒是智慧之本,持戒就是精进,能在日常生活中与人无争、与事无争、与世无争,才是真正守戒。

第四是"惭愧财"。时时起惭愧心,"惭自己、愧他人"——看到别人精进、成功,应该起随喜心并自我反省,及时去恶从善,就能逐步去凡就圣,达到圣人的境地。

第五是"闻舍财"。用心听闻佛法,依着"闻、思、修"的次第循序渐进,舍弃过去种种错误,进取未来。已犯的错赶快改,这就是舍错;舍去心中的杂念、烦恼、执著,这是舍念;闻法修习、舍掉烦恼,即是闻舍。

第六是"忍辱财"。俗话说"和气生财",人与人之间要获得好因缘,首要就是和气,就学佛者而言就是行忍辱行,无论他人如何对待,都能欢喜接受。佛教中的"常不轻菩萨"就认为:人人都会成佛,所以不敢轻视任何人;别人对我怎么样,也不敢生气,这就是忍辱。

第七是"定慧财"。心要定,信要坚,要有真正坚定的信仰与信心,才能以智慧破除难关。

以上七圣财,又称作"七法财",这七种法对修行者而言,是滋润慧命的财富、成长慧命的方法,学佛者求富饶,应当求这种"心灵财富"。

"求官位得官位",社会上的选举活动,也算是一种"求官位"的现象。社会需要贤能者执政,若能抱持为民众谋福利、为社会求安定的心态,官位愈高愈能为人民谋福祉。

反之，若有人心存不轨，只想利用权力为自己谋财、扩大势力，就是民之不幸。所以求官位也需要有正确的心态，真正为人群付出，为民服务、除暴安良，做个人民所期待的好官。

"求男女得男女"，大部分家庭皆如此，夫妻结婚之后，假使久不得子，一家人就会很着急。尤其中国的传统观念重男轻女，所谓"不孝有三，无后为大"，如果没有生男孩也很苦恼，就会到处问神、求佛。

其实凡事顺其自然，男女一样好，在二〇〇一年时，日本皇太子妃生了女儿，一样举国欢腾，大家高兴地庆祝。

当然日本国内民众也有一点忧虑：假使皇太子妃只生一个女儿，将来的皇位由谁继承？因此有意酝酿要修宪，使女性也可以继承皇位。再看看英国近代也是女王继位。

在《维摩诘经》中有句话："慈悲心为女，善心诚实男。"女人的心温柔、慈悲又细心，维摩诘居士赞叹"慈悲心为女"。男人的特质则是善心、诚实，比较大方稳重。

男女本就平等的。维摩诘居士所言，具慈悲心可以造福人群，有善心可以引导众生，只要人人发挥一己良能，大家相辅而成，无论男女，皆可利益群生。我们既来人间，扮演什么角色，就得尽什么本分，而无男女轻重分别。

佛陀视普天下众生如己子——罗睺罗。只要我们以佛心、慈心、爱心看待,则天下老者无不都是我们的长辈,年龄相仿视同手足,年幼的即如自己的子女,天下一家亲,谁不是我们的亲人？好好地培养这分开阔的爱心,那么"长寿、富饶、官位、男女"这四样即能不求自得。

佛门课诵本中有一段《黄粱梦》："黄粱梦梦黄粱,一梦黄粱饭未尝,腰金衣紫今何在？白骨荒丘葬地埋。从此去莫思量,富贵功名梦一场。"故事中的秀才寒窗苦读,进京赶考时,半途在一家客栈休息,他向店主要了一碗黄粱粥,因为赶路疲累,不知不觉就趴在桌上睡着了。

在梦境中,他赴京赶考高中状元,正风风光光地在京城游街,接受百姓的祝贺。不久,被宰相选为女婿,娶了美娇娘,接着又有了一大群子女,官位也不断高升,真是一派富丽的人生。

转眼间白发苍苍,尽管家财万贯、高官显赫、子孙满堂,皇帝却突然下诏抄家灭族。慌乱之间他惊醒："啊,我就这样过了一辈子！"此时,店主才将刚煮好、热腾腾的一碗黄粱粥送到面前。一碗粥尚未吃上一口,梦境中已过了一生,人生不就像是一场梦？

生命只在呼吸间,身体健康时,就要好好做事、发挥良能,累积智慧为法王,累积功德为财富,贡献爱心,视天下众生如眷属。要时时警惕自心,好好地精进,唯有功德法财才是永久的。

受持免难益

"若复有人,忽得恶梦,见诸恶相,或怪鸟来集,或于住处,百怪出现;此人若以众妙资具,恭敬供养彼世尊药师琉璃光如来者,恶梦恶相,诸不吉祥,皆悉隐没,不能为患。"

人的心念,除了追求寿命、财富、官禄、子嗣之外,在日常生活中,还有许多"独头意识"的呈现;有的人睡觉时会做恶梦,这也是属于独头意识的作用。俗话说"日有所思,夜有所梦",白天心不安稳,晚上就会做恶梦,在恶梦中"见诸恶相或怪鸟来集",见到令人害怕、恐惧的恐怖景象,或是奇奇怪怪的怪禽野鸟大量聚集,给人不祥的预兆。

"或于住处,百怪出现",在居住之所也有种种奇怪的事情发生。比如听到猫狗、乌鸦异常的叫声,都会让人产生不祥之感。

凡夫人都是迷离颠倒，中国人认为乌鸦不吉祥，在某些地方却认为乌鸦是吉祥鸟，会带来好运。这就是众生的分别心，有了分别，就会带来莫名的惶恐、迷失，心里不自在，当然会"百怪"丛生；要是心地磊落、不做亏心事，哪里不是安稳处？

凡夫的烦恼重重，许多事情都由不得自己，只要有一点风吹草动便疑神疑鬼。

比如有一次我到屏东，有个人来见我，就说："一二十年来，我都无法睡觉。"

我说："不可能一二十年都没有睡觉，你一定有睡着，只是睡不沉。"

他还是说："不是这样，我不仅没有睡，还看到很多东西。"

我就开导他："应该是你自己心中惊怖，内心不自在，才产生幻觉，以为没有睡着。你不妨去看看精神科医师。"

然而他根本拒绝就医，一味地说："唉呀！没有用。"

看他这一二十年来过着惊惶不安的日子，真的很苦。

"此人若以众妙资具，恭敬供养彼世尊药师琉璃光如来者，恶梦恶相，诸不吉祥，皆悉隐没，不能为患"，这种饱受惊慌的人，如果能以最虔诚恭敬的心态，备办种种殊妙的供品，来供养药师琉璃光如来，自然一切恶梦、恐怖、不吉祥的景象都会消失，不再扰乱为患。遇事赶紧虔心念佛祈祷，有佛菩萨作为依归，有了这分虔诚，自然能启发慈悲心，不但安住自己的心，也能安定社会天下的纷乱。

慈济持续推动的"爱洒人间"运动，集合不同宗教、种族、国籍，就是希望大家一起以虔诚的心来祈祷、发愿，启发人人的爱心，期待天下无灾难。

"或有水、火、刀、毒、悬险、恶象、狮子、虎、狼、熊、罴、毒蛇、恶蝎、蜈蚣、蚰蜒、蚊虻等怖；若能至心忆念彼佛，恭敬供养，一切怖畏皆得解脱。"

前面所谈的是内心、精神上的惶恐，现在说的则是周围境界、身外的灾难。"水、火、刀"是天灾与人祸。放眼天下，近年来只要季节一转变，就有地方发生雪灾、水灾，这是"水大不调"带来的灾难。水灾之外，更严重的是随之而来的土石流；以前大水淹没稻田，水退之后还可以重新耕作，现在一场大雨，山上的大石和黄土冲刷而下，农田变成一望无际、无法耕种的废地。

在大自然的境界中，原本就有其自然的循环，该有水的时候自然就下雨；人类若能运用智慧配合，代代传承，好好地用心在建筑与水土保持上，让水源通畅，就不会破坏大地，而祸延子孙。

根据二〇〇〇年底的一项报导，孟加拉人民因长期饮用含剧毒砷的地下水，导致全国近七成人口，遭受水污染威胁，估计过去十年间已超过七千人因而致死。医界并预计在未来十年，饮用地下水的人口中，将有一成人口会因肺癌、膀胱癌和皮肤癌而往生，真是一件惊人的消息。

水、火无情，能损灭世间的一切，无论人为疏失或大自然的循环，都对人类造成大小不一的损伤。看到二〇〇〇年底，墨西哥波波卡特佩特（Popocatepetl）火山爆发时，火焰冲天，吓得附近村庄的民众仓惶逃生，这是大自然中火的威力；也常听闻某处山林，只要吹起焚风，树与树相互摩擦即引发森林大火，火势一起就是数月之久，广大的林木不断延烧，已非人力所能控制，的确很可怕。

不过最可怕的还是人心，有时人心瞋火怒烧，演变成国与国的冲突，人命的损伤就难以计数。"刀"就是指战争。古代的战争，兵士手持刀剑、弓箭，两军阵地号令一发，双方人马就互相冲杀，遇到比较狠毒的领导者，动辄攻入对方领土屠城灭族，造成无辜的百姓尸横遍野。

现代的战争更可怕,不再是两军地面对垒,而是空中轰炸;更有甚者,过去是以飞机运载炸弹轰炸,损伤还有一定范围,现代的战斗则已不限时空,启动飞弹按钮,生命、财产就损失惨重。

人间的灾难全由心起,若不是心里狠毒、偏激,怎么会有这些刀兵战争?所以佛陀教育我们,最重要的就是降伏自心;一念心若没有照顾好,诸多人为的灾难都会发生。

"悬险"则是指较高的地方、暗藏危机之处。在蕞尔小岛的台湾,人口的成长与生活条件的贪取,造成山区大量开发,有的为便利观光景点而大肆辟建交通要道,有的是大量开发山坡地,建筑别墅社区;人与大自然争夺的结果,造成许多无法挽回的破坏,影响大地与人的和谐,这是人为造成的危险。

有的人为了满足个己征服的欲望,装备未周全便冒险登山,因此总会在台风季或假期间传出山难的消息;不但自身受困令家人担忧,也累及救难队的劳命奔波。这种自堕险境又浪费社会资源,实在欠缺思量。

"恶象",平时见到的大象都很温驯,在东南亚等地,聪明的大象能帮忙运载重物,但是象的体型壮硕而且力大无比,若是发起狂,人们是难以招架。

在佛教的故事中，阿阇世王和提婆达多为了杀佛灭僧，也曾将大象灌醉，放出五百头醉象想踩死佛陀，在千钧一发之际，幸而佛陀威德普被，不慌不忙地稳住象群，才化解一场可怕的危机。

"狮子、虎、狼、熊、罴"都是很凶恶的猛兽，尖利的爪牙足以撕碎其他动物，人类若受到攻击是很危险的。通常动物除了觅食之外，并不会任意攻击人，大部分是人类先去伤害它们，动物出于防卫才会反击。

可惜众生都是互相惧怕，若能互爱，人与万物应该都能和平相处。许多高僧传中描述，过去的高僧大德在山林中修行，都有猛兽前来护法。只要我们不去伤害这些动物，先表达出一分善意，即使是猛兽也能驯伏、友善。

"毒蛇"对人的威胁不是体力强，而是毒性强，一般人看到蛇都是很害怕，其实蛇不仅温驯而且胆小。

当初我在小木屋修行时，有一天和平时一样坐着抄经、读经，到了中午起身准备午供，一转过头来，就看到一条蛇盘着身子在我后方的椅子上；由于距离很近，我吓了一跳又坐回位子上，结果那条蛇也因此吓到，很快地溜掉。

只要我们不去伤害众生，众生对人也不会有害意；人心若能平和，众生就能平安，彼此和平相处。

有一回,慈济技术学院的校长带了几张相片给我看,相片中所拍摄的是一只鸟掉进学校的铝窗沟槽飞不出来,大家赶紧想办法让小鸟平安得救,费了不少心神。最后一张相片很温馨,一位年轻人的手中捧着一只小鸟,那只鸟乖乖地停在手上,完全没有飞走的意思。

看看人与动物相处,只要我们表达一分爱,它也能安心。再看到有处日本寺院的庭院,一大群鸽子悠然自在地走来走去,因为人们没有惊动它们的动作,它们就很安然自在。还有泰国的蛇庙,到处都是蛇,进庙里的人不只不会打扰它们,还很恭敬,这些蛇自然也不会伤人,甚至有人去抚摸它们,它们也会对人表达善意而接近。这样的"生命共同体"不是很温馨吗?

学佛就是要学得安定自心,去除恶念,启发善念。在这段经文中,假使遇到身外的种种危险,无论是水、火、刀、高处悬险,或是恶象、狮子、虎、狼、熊、罴、毒蛇、恶蝎这些令人惊惶恐怖的动物,"若能至心忆念彼佛,恭敬供养,一切怖畏皆得解脱",恒持一念不伤害众生的心,视众生如佛陀,有了慈悲的心念,再虔诚忆持诵念佛号,一切怖畏就能平息。

最怕的是,自己的心念没有解脱,人与人之间时常对立,认为事事都是别人的错,其实自己常常出口伤人或是态度恶劣而不自知。台湾俗谚"心歹无人知,口恶很厉害",外伤容易疗治,倘若伤了别人的心,就不容易疗治了;这不啻是心灵世界的毒蛇猛兽,不仅害人也害己。

总而言之,许多怖畏的事或景象,都是自己的内心在作怪,我们应该时时勉励自己,以佛心爱惜一切众生,外在的环境自然就能改善。

"若他国侵扰,盗贼反乱;忆念恭敬彼如来者,亦皆解脱。"

人生的苦难,除了在大自然的境界中,还有众生彼此的对立伤害;"他国侵扰"就是外患,"盗贼反乱"则是内忧。一个国家若能平安,处于平和的社会中,人民就有福了;反之,若国与国起了冲突,互相侵夺,无辜的人民就要受到许多灾难。

在二十世纪这百年间,可见中国受到列强帝国主义的侵略;原本中国所呈现的风土文化、人民的道德思想,不仅历史悠久,也是最优美的传统,却因为外力的侵夺、压迫,使中国人民饱受苦难挣扎,这就是他国侵扰。

同时中国也内忧频起,政治对垒与盗贼反乱交相逼迫,人民生活愈是贫困不安,愈容易有盗贼作乱。譬如早期常有山贼,据山为寨、落草为寇,常常成群结党四处行抢。

记得年轻时曾到八堵结夏安居时,听闻道源老法师讲起过去年少时代,在他的亲族中所发生的真实故事——

他的俗家在地方上是个望族,村里常有山贼出没,山贼要抢劫前都会事先做记号,像是呼朋引伴,互相通知;因此只要村民一发现记号,大家就会互相传告,赶紧将村里的壮丁聚集起来,以防万一。不过村民大多赤手空拳,若遇上凶恶强大、人数众多的山贼,只能将家里值钱的东西收拾好,赶紧离家避祸。

老法师家中的亲戚也一样,听到山贼要来,大家只顾着逃命,竟然忘了有位中风卧病的叔叔,根本无法起身,将他一个人留在家里。

病人听到外面的人逃的逃、跑的跑,躺在床上十分挣扎。忽然间,听到山贼已经进入村里,渐渐地接近他的家,他在房间里惊惶害怕至极;当听到山贼闯进家里来时,不知怎么地竟能使力爬上阁楼躲藏。

山贼进来翻找搜刮,拿了值钱的东西就走了。山贼走后,大伙儿回到家中心定下来,才猛然想起家里的病人,担心他是否受到伤害?

打开房门一看,床上没人却听到求救的声音,循声寻找才发现人在阁楼上。大家都觉得很奇怪，他自己就说："我也不知道怎么上来的，但是现在下不去了。"那时候花费许多人力，才将这个瘫痪的病人扶下来。

道源老法师又说，我们常提到"神通"，说是"神通广大"，其实人人本具神通，只是我们心中有了烦恼，便引出许多身心障碍，以致显不出人人本具的神通。看看山贼来时，那位病人在惊慌害怕中，突然忘记自己、忘记病痛，为了活命一股气逃到阁楼上，显现出神通力量。

不仅过去有盗贼，现在也有，想起一九九三年，我们前往大陆湖南省桑植县等地赈灾。因为一九九一年我们援助安徽省全椒县时，和当地结了一分缘，所以要去湖南救灾的棉被、棉袄等等，都是在全椒的工厂订制，数量多达需五十五辆卡车协助运载。

那时，我坚持请他们以军车护送，南京军方确实帮了很大的忙。二千多公里的路程，沿途渡河、翻山，不只出动军车，为了防范山贼抢劫，每车还派有两名公安荷枪实弹保护，车队前后也有公安车辆开道及殿后。当时山区中不受管束的山贼强盗，真令人惊恐担忧。

此外，二〇〇二年元月上旬，慈济与美国骑士桥组织合作，前往烽火中的阿富汗进行第二波赈济行动。由乌兹别

受持免难益

克进入阿富汗要经过一座"友谊桥",时常听闻粮食、救济品等在过桥后被劫,抢匪首先将援助物资供给反抗军,剩余的才发给当地难民,根本无法到达原本预计救援的地方。这就是他们国内的盗贼反乱,我们前去救灾时也很紧张。

在《药师经》里提到,若是遇到"他国侵扰"或是"盗贼反乱",就"忆念恭敬彼如来者";"彼如来",就是指药师琉璃光如来,因为他发十二大愿,愿愿都是牺牲自己救济他人,无论众生有什么苦难,他都是以慈悲心来覆护。这就是培养内心的虔诚,以爱来看待一切。倘若人人都能依教奉行,则诸多灾难"亦皆解脱";心中有爱,国家就能平顺,而且能得到诸佛菩萨的加被,解脱一切苦厄。

总而言之,学佛要学得心即是佛,"心、佛、众生,三无差别",人人要互重互爱,不要彼此排斥、互相对立。我常说"惊世的灾难,需要有警世的觉悟",在这种"他国侵扰"、"盗贼反乱"之下,更需要人人提高警觉,使社会祥和,弭平人心混乱。

人与人之间若能和善、和睦、和气,无论是团体、社会、国家就能真正强盛;时时刻刻守好药师佛教导的轨则及规戒,人人自修,则国家自治。

"复次,曼殊室利!若有净信善男子、善女人等,乃至尽形不事余天,唯当一心归佛、法、僧,受持禁戒,若五戒、十戒、菩萨四百戒、苾刍二百五十戒、苾刍尼五百戒,于所受中或有毁犯,怖堕恶趣,若能专念彼佛名号,恭敬供养者,必定不受三恶趣生。"

这段经文很重要,所以释迦牟尼佛再度提醒而说"复次",意思就是:大家要用心,认真听清楚。

"净信"就是心专而不杂。一般人在信仰上要精而无杂,心无疑虑、烦恼,很难。曾经有位妇人由慈济委员陪同来见我,委员说这位妇人经常有轻生的念头。她看来很惊惶,口中一直念着:"我就是想不开!"

我问:"什么事让你想不开,你可以说出来。"

她瞻前顾后才说:"能不能请大家都出去?我和师父说就好。"其他人就回避了。

其实说来也没有什么事情,她原本笃信佛教,又很有爱心,只是某日有个人骑机车不慎撞上她家对面的一道墙,头部严重撞击,脑髓都流出来了,血流满地。警察处理后,她担心留下那摊血会吓到别人,就帮忙清洗干净。

之后,她就觉得有个影像经常围绕着她,她一害怕就去拜佛,后来又觉得没有用,转而求助乩童。乩童教她如何祭拜等等,她一一照做,也去寺庙做法事、看过心理医师,还是没有用,一直被那个形影干扰着,常常睡不着。

她觉得这样的人生真痛苦,萌发轻生的念头。因为她独居,就先把后事料理好,将存款分配给一些慈善机构,其中也捐赠慈济,由于这个因缘,慈济委员才发现她的情形,并且主动去关怀。

我就对她说:"你刚才说的都是不存在的事。"

她说:"我明明都去祭拜了!人家教我应该去哪里做什么,我都照做,怎么会不存在?"

"根本没有什么东西跟着你,当然再怎么做都没有用,这全是你自己疑心生暗鬼。那个人和你非亲非故,你却愿意去帮忙清扫血迹,这是一件好事,实在不必害怕。"

她听了这番话仍然放不下,我就说:"你相信师父吗?"

她说:"相信。"

"既然相信就要保持正信,不要怀疑。什么都别再想了,只要相信师父说的'这些都不存在',就不会有什么来缠着你了。如果愿意相信,就要绽开笑容。"

她心一宽,就展露出笑容来了。正好有些委员走进来,看到此景就说:"你笑起来真美!心里是不是安定些了?"

"是啊！我已经想通了。"

学佛，心念必定要真正清净，信仰要专心坚定，常说三宝"加持"，真正的加持来自于"正信与净信"，有正确清净的信仰得以依靠，就没有惊惶、杂乱、疑虑之处，即一般人所说的加持。

"乃至尽形不事余天"，既然信佛，就应该终身奉行不再杂信，也不再盲目地崇拜神天等等。华人大都崇信多神，认为自然界中充满水神、地神、草木神、石头神，常常看到只要树木长得高大些，就会有人挂上红彩、摆个香炉，很多人都会去拜拜，都是民间信仰。

《地藏经》中也举出各种草木神，这是当时民智未开，印度又有许多外道教，所以佛陀讲经也要适应当时的时、地、人。我们既然信仰佛法，就知道无论是天神、地神或草木神等等，全是佛的弟子，和我们一样皈依有共同的目标，大可不必再疑神疑鬼。

"唯当一心归佛、法、僧，受持禁戒"，最重要的就是一心皈依三宝，皈依之后谨守规戒，防非止恶。"禁戒"就是不能做的事，正如国有国法，家有家规，一般人都要守好做人的规矩，何况是学佛者。

"若五戒，十戒，菩萨四百戒，苾刍二百五十戒，苾刍尼五百戒",戒条的多寡在经论中不尽相同,不过我们至少要知道,无论已皈依的在家居士或是出家众,都应该守好根本的"五戒"——不杀、不偷盗、不邪淫、不妄语、不饮酒,这五项很简单,但是只要犯了一项,人生就会有缺陷。

"杀"是一种残酷的行为,众生平等"蠢动含灵皆有佛性",无论是什么身形的众生,我们都一样要爱。即使是一只蚂蚁也会怕死,看蚁群在行进间很有次序,倘若稍微拨动它们一下,马上会看到万头奔窜的惊惶模样,只要多用心观察它们的生活形态,便可以借此反省自己。

例如用粉笔画条线,蚂蚁碰到就会停下转向。这是不是蚂蚁的规戒?有时候觉得,众生应该都有它们的规戒,我们对所有的众生都应该起尊重心,"尊重生命"不只是尊重人命而已,更要尊重一切众生的生命。佛教徒主张素食,目的就在培养慈悲心,不忍食众生肉,所以严守不杀的戒律。

"偷盗"则是连国法也不容的,学佛者一定不能起贪心,有贪心就会起盗念;修行要守分乐道,即使生活艰困,也要坚守志节。

其他"不淫、不邪淫"、"不妄语"、"不饮酒"也都是做人的规戒,若能守好根本的五戒,其他的事就容易了。

"十戒",初入佛门修行,已经圆顶而尚未受具足戒者,称为沙弥。"沙弥十戒"是初入佛门的沙弥、沙弥尼必须坚守的,在生活中先训练自我清净不起贪念,才进一步受持比丘、比丘尼戒。其内容相似于"八分斋戒",只是多加上"不捉持金银宝物戒",并且受持的时间不仅是一日一夜或七日七夜,既要出家修行,就要日日持戒奉行。

《八大人觉经》云:"常念三衣、瓦钵、法器,志愿出家,守道清白,梵行高远,慈悲一切。"出家人生活清贫,内心清净,所谓"一钵千家饭,孤僧万里游",多么简单洒脱;假若再执著于金银宝物,实在是极大的拖累。

在慈济团体中也有十戒,"慈济十戒"同样要守持佛教徒基本的"五戒",另外则是适应现代社会需求、规范自我身心的五项规定。

第六戒是"不吃槟榔、不抽烟",戒掉这些坏习惯,不但有益身体健康,也能美化一个人的外表。光说吃槟榔,原本斯斯文文的人,吃了槟榔变成血盆大口,完全破坏形象;何况吃槟榔容易得口腔癌,对我们的身体有害无益;生意人为了促销槟榔,还衍生"槟榔西施"的歪风。

我们推动"爱洒人间"运动之后,有位委员看到这些槟榔西施,在寒冷的冬天还穿得非常单薄、袒胸露背,实在很可怜,就去关怀其中一个女孩子。这个女孩无奈地说:"我也没有办法,为了赚取学费只好如此,如果不穿成这样,客人就不上门。希望我能赶快毕业,就可以脱离这种生活。"

想想,这种吸引的手段,当然会造成色情问题,引发许多社会的罪恶。所以吃槟榔除了对自己身心和人格形象有损之外,也造成这个行业的不正规。

抽烟则容易导致肺癌,二手烟害更是危及周围的亲友,百害而无一益。所以要成为慈济的一分子,一定要戒烟、戒槟榔。

第七是"不赌博"。赌有很多种,比如投机取巧玩股票、六合彩、大家乐等,都是赌博的行为,尤其现在彩券再度盛行,沉迷于玩彩券的人口愈来愈多,年龄层也愈来愈低,使得家庭、人心都混乱了。倘若人人守好自己的本分,社会经济自然稳定;人人努力认真,无论各行各业都能顺畅发达。假使人心倾向赌博的心态,整个社会绝对会懈怠堕落。

第八要"孝顺父母,调和声色"。我们看到很多独居老人,他们不一定没有子女,而且有的子女还很有成就,物资供应不虞匮乏,可是却让父母亲独居,这实在是犯了很大的错误。

俗话说"父母是孩子的模",现在弃养父母,将来自己也会被子女弃养,就如过去传说有"弃老国",假使造了这样的国家,就像是水上没有根的浮萍,如何稳定社会。所以慈济人必须固守做人的根本——"百善孝为先",守持孝道。

第九"遵守交通规则"。现代人出门都需倚赖交通工具,而且大家都在赶时间,在人口急速增加、交通日趋复杂的情况下,马路上的车祸肇事率年年提高。为了爱惜生命,必须有维护交通秩序的规戒,提醒大家做到"行的安全";骑摩托车一定要戴安全帽,开车要系上安全带,人人都能遵守交通规则,就不会发生交通事故。

第十是"不参与政治活动"。为了社会安定,人人都要好好守住自己的本分,士、农、工、商各白谨守岗位,大家应该关心政治,但是不要参与政治活动。

以上就是慈济人的十戒;"戒"就是防范我们的身心不犯规戒。身为佛弟子,必须以身作则,不要任意动摇该有的信念,或是造了身行的业。所以我们对于戒律,要多用心去坚持守戒。

"菩萨四百戒,苾刍二百五十戒,苾刍尼五百戒"。菩萨戒的内容一般说有"十重四十八轻戒",在《药师琉璃光七佛本愿功德经》是"菩萨二十四戒",这里则是"菩萨四百戒",连同"比丘二百五十戒,比丘尼五百戒",戒条好像都和其他经典所载不太一样。

读经时，不必太过执著，许多戒条都是很微细的，想想做人都有许多规矩，何况做菩萨？更需谨慎不逾矩。出家人生活中有很多细微的规则，必定要恭谨严持。《地藏经》中一再昭示："举止动念，无不是业，无不是罪。"守持戒律本来就是学佛者的本分。

学佛者应该兼顾身心修养，身、心不犯错，因此佛陀制定规戒，使学佛的人明是非、知进退，这就是佛陀的慈悲教育。倘若人人能好好地受持戒律，就能保持身心清净，不受污染。

"于所受中或有毁犯，怖堕恶趣"，既然愿意接受戒律的规范，受戒之后，从根本的五戒乃至出家戒律，就要终身守持不能越轨。

倘若没有守好应持的戒律，而明知故犯，因为知道犯了戒，将来会堕入何种恶道，因而生起恐惧之心，这就是"有所毁犯，怖堕恶趣"。

"若能专念彼佛名号，恭敬供养者，必定不受三恶趣生"，这就是释迦牟尼佛的慈悲，先教育我们不要犯戒，让众生了解犯戒后会有什么果报；但是他也很担心，若有知情的人不慎犯戒，随之而来的惊惶恐惧可能会造成心理上的负担，衍生出心病。佛陀又教导一个补救的方法，就是专心持念药师佛名号，恭敬供养药师琉璃光如来，即能免除堕落三途的恶报。

犯戒而生怖畏，是由心念偏差所起，所以佛陀教导我们不要犯戒；若不慎犯了，就要虔诚地忏悔改过，彻底将内心的罪垢发露出来，向人表白自己的过失，并且决不再犯，这就是"忏悔"。

一般人总觉得，对佛菩萨像说话比较容易，面对人忏悔就比较困难，所以我们每天在早晚课中都会诚心念诵忏悔文；忏悔的范围很广，包括自己每日的言语动作乃至与他人的互动，如果犯了错误，就要赶紧向佛菩萨忏悔，知过必改，还有得救的机会。最好的方式是对人表白，能诚心向人表达歉意，自然对方也能谅解，双方尽释前嫌后，彼此之间没有心结，自然不会有怨怼的种子种在心田。

忏悔则清净，所以"若能专念彼佛名号"，就是让我们有忏悔的机会，以虔诚念佛的心代替过去的恩恩怨怨，进而起恭敬心发愿供养，就能转恶为善，"必定不受三恶趣生"，不会堕入地狱、饿鬼、畜生三恶道。

"或有女人，临当产时，受于极苦，若能至心称名礼赞，恭敬供养彼如来者，众苦皆除。所生之子，身分具足，形色端正，见者欢喜,利根聪明,安隐少病,无有非人夺其精气。"

女子怀孕、生产都是很辛苦的事,所以我们常说父母恩重,尤其是母亲。女子怀孕的苦,一是在怀孕期没有好好地调养身体,包括饮食失调、起居动作容易瞋怒,或是夫妻间没有好好节制,以致多瞋或淫;其次是过于娇生惯养,一怀孕就什么事都不敢碰、不肯动,稍有不适,就难过地大呼小叫,这种娇嫩的人,比较心浮气躁,自然容易耗尽体力,无法顺利生产。

怀孕生子本是自然的生理变化,应该保持平常心,起居、饮食、动作都不必过分刻意,过度的调理反而会增加负担。

从前的女人有些都是自己接生、处理善后,将所有的污秽清理干净后,又照常工作,所以从前吃苦耐劳的女人,生命的韧力自然强多了,凡事都很有毅力。

现在的女人,尤其在富足的社会,生产过程安全多了,甚至还能挑选时刻剖腹生产,觉得这样比较不痛;其实生产如果怕痛,就没有尽到为人母亲的天职。

佛教也提倡做好胎教,怀孕中的妈妈不能发脾气,凡事要善解包容,如果妈妈的思想行为都是平和、善良,所说、所做的都是好事,也会带给孩子很好的"胎教"。

俗话说"母子连心",有的人赞叹孩子遗传得很好,以现代科学而言就是好的"基因",佛教的说法则是"业因";有主体的业因,也需要有助缘,好的业因、业缘和合,就会成为好的结果。虽然不知道来受生的胎儿,从过去生带来的业因如何,然而父母若能用一分善缘加以感化,即使是一颗不好的种子,经过爱心的培养,也会受到好的影响。

当然也有妈妈怀孕之后,受到腹中胎儿影响的例子,如佛陀智慧第一的大弟子舍利弗,母亲怀他时就突然变得很有智慧,口才无碍。

舍利弗的舅舅属于婆罗门教,也是一位宗教家,他看到姊姊怀孕后的改变,觉得这个外甥将来必定是智慧高超,自己若不赶快再进修不行;于是离开家乡,出外参访游学,希望回乡时能和这个外甥做场辩论。

舍利弗一出生,果然异于常人,非常聪明利根、辩才无碍。直到舅舅回来之后,原本想度化外甥,却反而被外甥舍利弗度化了。从这则公案,就能知道母子相连的影响。

女人临产时,遭遇身心挣扎的苦难,此时"若能至心称名礼赞,恭敬供养彼如来者",这是释迦牟尼佛的智慧,他希望女人怀孕开始就懂得称念佛名、礼赞佛德,培养信仰之心,多多行善布施,心中有什么不愉快、不如意时,就懂得方法调伏自心。若能如此,"众苦皆除",这就是调伏身心的方法,起尊重心恭敬礼赞,念佛之后,平和了身心的瞋恚,内外调柔,自然一切苦难尽皆消除。

"所生之子身分具足,形色端正,见者欢喜,利根聪明,安隐少病,无有非人夺其精气。"怀孕的妈妈做好胎教,所生下的孩子一定是"身分具足"——身体、手足、五官全都具足,没有缺陷。

"形色端正",形是形貌,色是色相,意即孩子的相貌端正可爱。"见者欢喜",任何人看到可爱的孩子都会起欢喜心,忍不住想伸手摸摸他。"利根聪明",利根就是反应敏锐,对技巧的学习和事件的体会都没有障碍。

有的孩子虽然出生时很可爱,但是经过一段时间却发现反应、动作迟缓,不同于正常的孩子,这不仅是孩子终身的不幸,也是父母一生的拖累。在慈济的照顾户中,也有不少这样的个案。

有位老荣民婚后生了一个很漂亮的女儿,女儿智能不足伴随脑性麻痹,如今三十多岁了,智力还停留在四五岁的程度,四肢也无法行动,必须依赖这对七十多岁的父母亲抱上抱下。

在父母的心目中,她是永远长不大的娃娃,对她呵护备至。爸爸就曾经和慈济志工说:"我很喜欢我的女儿,别人的娃娃是布做的,我的娃娃不仅眼睛会转动,喂她吃饭,有时候又会对我笑、跟我玩。"无论如何,父母对子女是永远的疼爱。

一个人生下来能四肢健全、头脑清楚,实非容易。所以佛陀教育为人父母者,尤其是妈妈怀孕生产时,心理要多建设,调伏内心不起烦躁,将来出生的孩子就会身心平安健康,顺利长大成人。

人生的问题很多,重要的还是在于心,一个人的出生,有妈妈的助缘,也有家属的助缘,关系十分深切紧密,都是环环相扣的因与缘。

药师佛对娑婆众生慈悲的呵护,发愿只要众生愿意称名礼敬,遇到灾难时自然能得到加持。例如女子怀孕生产,不只母身获得平安,连孩子也能安稳少病,聪明利根,这就是药师佛关怀众生的心怀。

佛菩萨要灵验,也要众生能相应,若缺乏信心,即使诸佛菩萨付出再多关怀,众生还是无法感应。众生必须能够"信受奉行",相信、接受佛菩萨的教育,才能获得解脱。

佛陀介绍东方琉璃世界有尊药师佛发愿救度众生,我

受持免难益

们必定要起恭敬心，才能感应道交，否则一味地求："佛啊！请为我加持一下，让我开智慧、事事如意。"却不接受佛陀的教育，缺乏信心，再怎么求都没有用。

信解难得

尔时，世尊告阿难言："如我称扬彼世尊药师琉璃光如来所有功德，此是诸佛甚深行处，难可解了，汝为信否？"

这段经文谈及信解的重要，"尔时"就是释迦牟尼佛解释了前面这些教法之后，在此之前是文殊师利菩萨代替娑婆世界当时及未来的众生而请法，接下来的话，则是释迦牟尼佛对阿难所说。

文殊师利菩萨是七佛之师，他的智慧德行，足以证明诸佛为娑婆众生发愿修行、悲心不断的心志，所以佛陀以文殊师利菩萨为当机者，文殊师利菩萨也代替未来众生向佛陀提问，释迦牟尼佛即就其所请宣讲《药师经》，并称扬药师佛对娑婆众生的关怀。

《药师经》讲说至此,佛陀为了要让娑婆众生能够信解,因此接下来的法需要转机锋;然而信解佛的境界谈何容易,佛陀慈悲,担心未来众生不能相信东方琉璃净土的存在与殊胜,于是转个机锋,以阿难为当机者。

多闻第一的阿难尊者,对佛陀与人的谈话,或是随缘开示的内容都能一一记忆,并且能以智慧分析,因而受到众人的推崇。阿难当时只是初果罗汉,根机还浅薄,阿难对佛陀的话若能信解,其他僧团的弟子就能明白,再去宣扬佛法,未来的众生就能够了解。

所以佛陀就选择阿难为当机者,问他:"前面介绍药师佛的大愿、称扬药师佛的事迹,以及持念药师佛名的功德等,这是诸佛所行的深理,实在不易理解,而你听闻之后是否相信?"

佛陀讲述这部《药师经》时,就是一部自利利他的大乘经典,更重要的还应未来众生能够信受而得利益,所以经中一方面教我们如何修行,一方面注重如何救济众生,这是自度度人的法门。

"此是诸佛甚深行处",佛的境界对凡夫而言是非常深奥的,后来的修行者就依佛陀所讲的经,分为大小乘,小乘的法门讲究独善其身,大乘法门则是兼利天下。大乘法门对经典的中心论题,大概不出三类:第一是"境相分析";第二是"着重行门";第三则是"果德圆满"。

有的人以为佛教只是拜拜、求佛菩萨加被,其实佛法的精神能含括天地宇宙万物的真理,佛陀把这些真理一一详做分析,称为"境相分析"。

宇宙如何形成?佛陀分析了时空的关系,在宇宙中有无数星球,地球就是其中之一,除了地球有成、住、坏、空以外,其他星球也都会经历这个过程。有时天空出现彗星,以前人都说是扫把星,会带来噩运;而流星则受到大家的喜爱,认为在流星消逝前许下愿望即可美梦成真,实际上这都是大自然的景象。

至于夜空里的星星,当我们看到它的时候,可能早已不存在了,长远空间中的光芒,需历经多少光年才能传到地球上空,使我们肉眼可见。宇宙之大,变幻无穷,然而在二千多年前,释迦牟尼佛即已说出"三千大千世界"的概念,思想境界的开阔不可思议,难以用凡夫的视界、言语去测量述说。

现代科学已经慢慢证实整个宇宙天体,包括地球等所有星球,都处于成、住、坏、空的历程;宇宙中时时有新的星球产生,也时时有星球消失,这就是大宇宙间的"境相"。

其次还有万物的形象,包括地球上的土石、草木、人类、昆虫鸟兽等等,这些有形的境界之相,也都称作"境相"。

在大乘佛法中,佛陀曾解释过宇宙的"三理四相",对过去的凡夫而言可能较难理解,现在的科学已能一一证明;除了万物形相的分析之外,包括众生的心理状态都不出于"三理四相"中。

宇宙星球的"物理"现象有"成、住、坏、空";大地万物及众生的"生理"上都有"生、老、病、死";"心理"上则是"生、住、异、灭",这就是大乘经典中的教法,正是宇宙万物的总相,整体的分析解说就叫做"境相分析"。

佛陀的教法非常科学又富哲理,现在也有专门的学者做研究,一一得到证明了解。

第二大类的大乘经典论题是"行门论述",着重境相理解之外,更深一层的是修行论述。比如"四谛、六度",四谛即苦、集、灭、道;世间有种种苦难,使得我们的身心集聚种种烦恼,想要解脱就必须好好地修行,去除烦恼障碍,求取正道。

大乘经典的思想中心,着重在介绍自度度他、兼利天下的济世法门。兼利天下的菩萨行者,心行总是离不开"六度"法:布施、持戒、忍辱、精进、禅定、智慧。

布施比较普遍,只要心中的爱受到启发,就会发挥本性去解除天下的苦难,即使能力不及,见人布施也能随喜赞叹,称为随喜功德。布施的层次有深浅:有形物资施舍、随喜功德,很多人都做得到,更深一层的法施、无畏施,就需要更大的愿力与智慧。例如教人一技之长以谋生,当然也是功德一桩;若能教人解脱烦恼、超越六道轮回乃至十法界的方法,使人面对生死时坦然无惧,这是真正的大布施。

接着是"持戒"。有的人会认为:做人"修养"好就可以了,为什么还要"修行"?戒的意涵就在"防非止恶"。在人我是非中能清楚分辨,对自己的所思所为时时提高警觉;"未生恶令不生"是"防非";"已生恶令速断"则是"止恶"。

再来是忍辱。常言忍字心上一把刀,难忍能忍已属不易;修行的境界更要做到"忍而无忍",一切挫折煎熬都能以智慧化解,完全不觉得自己在忍耐,这是很大的功夫。

修行是从凡夫的习性进入菩萨的境地,凡夫总是凡事计较,要超脱凡夫进入菩萨的道路,必须经过一番很大的挣扎;无论是大乘或小乘行者,只要发心修行,必会遭遇许多障碍,若是缺乏忍辱的毅力,修行就难有所成,所以要忍——人我是非中,要忍;修行的辛苦过程,更要忍,如果忍不过,业就会延续下去。

在二〇〇二年元月底,台湾有个女孩子独自赴土耳其旅游,不幸遇害。消息传回台湾,父母心痛又焦急,但是语言不通,到了土耳其要如何与人接洽?他们想到慈济,很快地联络上慈济土耳其联络处的负责人胡光中先生,胡先生在机场接到这对父母,隔天就陪伴他们到达事发现场。

当父亲看到女儿遇害的惨状,心中万分悲痛愤慨,幸而胡先生一直在旁陪伴、肤慰,并以两则事例来劝他冷静。

一则是我的俗家弟弟在军中出事后,我劝母亲原谅对方,母亲听从劝导接受了,还帮忙减轻肇事者的刑罚,化小爱为大爱、解冤释结的往事。

另一则是在十多年前,一位知名人士在车库中遭杀害,警察验尸时从口袋中取出几张沾满鲜血的钞票,交给他的太太。这位太太把这些钞票留存起来,每天都拿出来对她年幼的孩子说:"记得,这些钱上面是你爸爸的血,以后长大你要报仇。"

经过两三年后,正好花莲慈济医院落成,这位太太也随着慈济委员前来参观,她见到我就说出心中的怨结,还说每天心里都很烦恼,虽然事隔多年,心结始终打不开,我就对她说了一些劝解的话。

这位太太算来也是利根之人,听了我的话之后,继续参观医院,了解慈济,后来对我说:"师父,我要将这些钱捐给您。"就从她的皮包中拿出几张血迹斑斑的钞票。

我说:"只是把钱捐出来没有用。"

她回答:"是,我把这些钱捐出去,同时也把我的恨丢出去,再也不要留着这些烦恼。"

"这样才对,否则上一代的冤仇还让下一代的人承担,冤冤相报何时了?不要让孩子延续了仇恨,好好地用爱教育他。"

胡先生说完故事之后,女孩的父亲慢慢冷静下来,决定不再追究,也不向当地政府要求赔偿,甚至连机票费也自理。这对夫妇回到台湾后,台湾的慈济人仍然继续陪伴。

"忍"并不容易,一定要自己打开心门,化解人我是非恩怨,凡事做到知足、感恩、善解、包容;与人合心、和气、互爱、协力,才能达到忍而无忍,超越了忍的苦。

以这样的心待天下众生,就能以开阔的心态去包容,用超然的见解观天下事,世间还有什么事情过不去?还有什么令我们起烦恼?无论是在家、出家,修行的是小乘、大乘,若能在"忍"字下工夫,就能够超越出世与入世的种种烦恼。

忍辱之外还要再"精进"。精,是不杂;进,是不退,看到感动的事因而发心并不困难,然而"感动不如行动",只要行动的方向正确,就要专心一志、勇往直前,这叫做"精进"。

就像慈济的菩萨道上,大家都是一路精进不退转,虽然慈济大家庭中,多数都是在家居士,他们需要经营自己的事业、负起家庭责任,却也没有轻忽志业,总是家业、事业、志业并重地向前进,这对在家居士而言即是"正业精进"。更难得的是,他们能够信仰佛法,选择在菩萨道中精进,看看居士们对慈济志业坚定地支持,身体力行地实践,分分秒秒都在精进。

有一次行脚至台北,慈诚大队长提到,有位慈诚队员林居士因癌症住院,病情严重,我就到医院去看他。他一见到师父就要从病床上起身,我赶紧按住他说:"你生病了要多休息,不要起来。"

他就告诉我:"师父,我不能生病,只是身体不太舒服,稍微调整一下就好了,我还要做慈济,不能倒下去。"

我听了就鼓励他:"对啊,你不能倒下去,慈济还有很多事情需要你。"于是他和我约定,赶紧将身体调整好之后,再继续做慈济。

同年,象神台风袭台,北部遭逢大水,三芝、汐止一带传出严重土石流灾情;还遇上新航意外,慈济人在大风大雨中立即动员。

那时我正好在台北，印象深刻的是，当我一抵达关渡，看到许多人在清扫；待黄昏时，勘灾人员陆续返回关渡联络处，赫然发现那位罹患癌症的林居士也在其中，于是问他："你不是住院吗？到哪里去了？"

"我向医院请假，去三芝拍摄灾情，那个地方很可怜！"他是映象志工，看他肩上还扛着一架沉重的摄影机。

我说："那么远的路程，你承受得住吗？"

他说："我做得很欢喜，冲洗完底片，就会回医院。我很好，请师父不必担心。"

后来在大爱台的公益广告上又看到林居士，镜头中的他说："做乎死，卡赢死没做；不过愈做愈不会死！（闽南语发音，意为：做到死，胜过死了没得做，但是愈做愈不会死。）"

人在病中，更能体会"人生无常"。他立下这样的愿，选择正确的人生方向并且身体力行，这就是勇猛精进不退转。

佛菩萨的精进，也是由凡夫不退转的行动中逐步实行。"把握当下，恒持刹那"似是很简单的八个字，却是佛菩萨生生世世在求道成佛路上的行动；"精而不杂、进而不退"，说来浅显，要坚持到底，历经"三大阿僧祇劫"那么长远的时间都不退转，就很深奥了。

"禅定",什么样的境界称为"定"？是否坐下来之后身体不动如钟,不理会外面的境界,就是定？真正的定是超越形态的,担柴运水、语默动静无不是禅,禅定就在生活中,能不受周围境界影响心境的平静,就是最深的"定"。

由定中发"智慧",心境常在禅定中,自然能将心念稳定下来,藉事练心产生智慧。智慧要从人事中磨练,如寒暑假时,有许多慈青或慈少(初、高中生)来参与慈济的各项活动。

社会上大部分的家庭都很富裕,父母亲也总是望子成龙、望女成凤,期待孩子课业、才艺各方面都很优异;学校也给他们很多功课,希望打铁能成钢。结果有些孩子无法体会自己的幸福,反而觉得父母、老师给他们很大的压力,行为就慢慢产生偏差。

行为迷失的孩子,遂变成学校的问题学生,进入社会后则成为问题少年,更是令父母烦恼不断的问题子女。这些失去纯真与正确方向的孩子,非常需要有人拉他一把,转变他的心念,因此很多父母或老师就会用心地将他们带进慈济。

在慈济大家庭中,师姑、师伯以无私的爱引导他们,亲自带他们到医院去看生老病死的各种形态,让他们自己去体会、反省,生命的危脆、亲情的可贵、老年的凄凉、母亲怀孕的辛苦。孩子们终于受到启发,学会服务别人,更加体认到自己是有福的人,就能去除心中的黑暗,拥抱光明人生,发挥智慧的功能。

六度虽然是六种方法,却是一贯相承;布施、持戒、忍辱、精进都需要坚定意志,从禅定中就能发挥智慧,这是从"事"入"理",从"有形"到"无形"的修学进程。

无论是"四圣谛"或"六度波罗蜜",都是阐释有关修行的方法;属于这个层面的佛学议题,就归为"行门论述"一类。

第三,则着重呈现佛的"果德圆满",类似《法华经》、《药师经》、《华严经》、《弥陀经》这一类的经典,即属于"佛果圆满"的宣说陈述。

"境相分析",大抵不出哲学与科学的范围,比较容易理解;"行门论述"则是讲述修行的种种方法,必须由浅入深,修定、发慧而体证毕竟空性,这就较为困难;至于"佛果的圆满功德",一个凡夫要体会圣人的境界,那就更难理解。《法华经》也明白指出:"其智慧门,难解难入。"

《药师经》中有关药师如来行愿及果德的描述,同样是凡夫难以体会。释迦牟尼佛以智慧第一的文殊师利菩萨为当机者,启开东方药师法门,陈说清净庄严的琉璃净土,只要娑婆众生有所求,药师佛就会有所感应。

一般人难以理解,药师如来是东方世界的佛,为什么和娑婆世界的众生也有关系?为什么至今大家仍在持念阿弥陀佛的名号?《阿弥陀经》云,若有人愿生西方极乐世界,阿弥陀佛会再来娑婆世界度化,这也是众生难以理解的。

每尊佛的果德我们很难体会,倘若能用心由浅入门,就会和佛陀对阿难所说的一样,从踏实的人间事真正体会圣人的境界。

阿难白言:"大德世尊!我于如来所说契经,不生疑惑;所以者何?一切如来身语意业,无不清净。世尊!此日月轮,可令堕落;妙高山王,可使倾动,诸佛所言,无有异也。"

阿难听到佛陀提问,立即谦卑恭敬地回答:"佛啊!我对您所说的话从来都没有疑惑过,我相信佛陀所说的一切法。"

在佛世时,"大德"是对佛的尊称,一位人格圆满的觉者、圣人,才得以称为大德。后来逐渐演变,现在对一般居士也称为大德了。

"契经"就是佛陀所宣说,上契诸佛真理、下契众生根机的经教;"经"就是道,也就是真实的道理,这些都是佛佛道同的真理。

"一切如来"就是一切诸佛,诸佛既是成佛了,乘如如理而来人间度众生,必是在之前的修行过程中,达到身、意、口三业皆清净,才能凡垢尽涤而成佛。在《金刚经》中也记载:"如来是真语者、实语者、如语者、不诳语者、不异语者",佛陀所说的法都是真实不虚,这是学佛者丝毫都不必怀疑的。

佛陀讲经是观机逗教,这种智慧的说法,阿难决不生疑惑,因为如果他自己都不相信,就无法将这部经流传给后世众生;再者,佛陀是阿难心目中的人格完美者,只为众生得离苦,不为自己求安乐,这样清净无私的圣人,他的一言一行当然都要一一信受奉行。

阿难为了表达对佛陀坚定无比的信心,于是加强语气提出譬喻:即使天上的日、月坠落,或是险峻高大的须弥山坍塌,我对佛陀所说的话,依然坚信不疑。

当时的阿难只证得初位,如何体会诸佛德行圆满的境界?只是佛陀所言,他都能心无贰志地信服,可见阿难对佛陀的尊重、敬爱与信任,这是我们必须学习的。学佛或信仰任何宗教,都要以智慧选择;选择对了,就要坚信不疑往正道行走。

就如佛世时，有位外道教的长者，听说释迦牟尼佛是位至高无上的圣人，其智慧能透彻宇宙万物真理。这位外道教长者半信半疑，他心想：若真有德行、智慧具足的人，我应该要追随他，但是不知是否果真如此？

于是暗地派他的儿子跟踪佛陀，并从僧团的生活中观察佛陀的身语意业，看看这位人人口中赞叹的智慧者，是否言行一致。

长者之子日夜不离地跟随三个月，而后禀告他的父亲："佛陀确实言行合一。他的语默动静非常清净，生活真正如理如实，绝对没有表里不一的情形。"这位外道教长者深受感动，相信儿子三个月的观察，因而舍弃外道归依佛陀。

每个人都要用心地选择宗教，择定之后必要深信不疑，才能启智、立心，终究入道成就。佛教徒若不信佛陀所说的教法，无法入心，如何启发智慧，入于道行？所以必定要有"信"。

慈济加拿大分会的负责人何居士，曾提起一则"信而得救"的实事，算是一则例证——有位经常参与慈济活动的志工遭到绑架，起初也很惊惶，后来想到师父曾说过："众生皆有善性，千万不要断人善根。"于是就镇定下来。

他一心想着：不能让这个人因我而造恶业，那就断了他的善根，我要想办法让他做不成坏事，最好还能启发他增长善心。

他定下心和对方说了很多好话，也对他说了许多师父的"静思语"，果然歹徒听了之后，凶恶的形态慢慢和缓，也能接受他所说的话。终于这个歹徒说："我没有遇过像你这么善良的人，还是放你回去，相信你也不会害我。"就放他回去了。

后来他很感恩地对何居士说："'静思语'救了我！只是相信一句师父的话，让我的心安定下来后，意念不乱，自然想起更多好话，既能挽救别人不犯错误，也救自己脱离险境。"

由这个生活中的实例，可以看出"信"心的重要，修行者更要信佛所说法，修行得自我身心清净，才能深入微妙的教法。

"世尊！有诸众生，信根不具，闻说诸佛甚深行处，作是思惟：云何但念药师琉璃光如来一佛名号，便获尔所功德胜利？"

阿难向佛陀表达他深信佛陀所说的教法，然而也有众生信念不坚，尽管大致了解、相信佛所说的话，却没有坚固的信念，再遇到一些境界或经过一段时间的松懈，信念很快就会转变，从而失去信心。

信根不坚固的人听闻"诸佛甚深行处"——就如药师佛修行发愿而成就琉璃世界，却仍来关怀娑婆众生，如此慈悲无量的甚深行愿，他们可能就不太相信，因而有所怀疑。

娑婆世界众生刚强难调，当初每尊佛修行时却必须经过这个五浊恶世、苦难众多之地，感受众生心灵中的罪恶思想，或是种种残酷恶劣的行为，才启发悲心愿力，进而发愿救度众生，行走菩萨道以致最终成佛。

药师佛也历经"三大阿僧祇劫"漫长时间的坎坷、艰辛，在众生界中煎熬磨练，才终于修行证果。好不容易成佛了，处在光明无瑕的琉璃净土，为什么还要时常回到娑婆世界，关怀刚强恶劣、难调难伏的众生？

《法华经》中，佛将入灭时为弟子们授记；授记之后，佛陀问大家：将来谁愿意发愿再回到娑婆世界？结果弟子们无人敢发愿再来娑婆世界度众生。连舍利弗也站出来说："我们也想再来，但是娑婆世界的众生难调难伏，令我们畏惧。"反而是他方世界的诸佛菩萨纷纷表示愿意再返娑婆世界度众生。

当时佛陀就向他方世界发愿入娑婆的诸佛菩萨说："不要紧，还有一群菩萨，是我在过去生无量劫中所成就者，他们愿意再来。"于是从地涌出许多菩萨。

在场的大众生起疑惑，为什么突然从四面八方涌出这么多菩萨？释迦牟尼佛说明："这是我累积长久时间所教化、成就的弟子，他们都愿意发心再来娑婆世界。"

可见诸佛菩萨，既已成佛还愿意不断地倒驾慈航救度众生，这种行门、行处确实深奥难以理解。

诸佛发心而力行，果德境界实在玄深，所以信根不坚固的人，就会"作是思惟"，这么想——"云何但念药师琉璃光如来一佛名号，便获尔所功德胜利？"开始怀疑是否只是听闻或持念药师佛的名号，就能获得如此殊胜的功德及利益？这个疑念一生起，对佛法的信念就打了折扣。

众生都有私心，这分私心、私爱，只爱自己或周围的亲人，无法体会大爱广博的理念，所以叫做凡夫。凡夫狭隘之心，当然无法体会诸佛弘愿所成就的功德。就如蝉的成虫寿命极短，它无法体会一年有四季。

人也一样，缺乏信根的人抱持私情小爱，就无法真正普遍；或者尽管在佛法研究的领域中有些成绩，要身体力行时,却走不出来自己的象牙塔;既然跨不出、做不到,如何体会真实风光?

"**由此不信,返生毁谤;彼于长夜,失大利乐,堕诸恶趣,流转无穷。**"

不能坚定信心,就不能身体力行,更无法体证佛法的奥妙。信根没有开启,信行无法力行,不只是"不信不行",反而容易产生毁谤,这样的人在生死长夜中流转,不仅得不到佛法的利益,还容易堕落恶道,苦海沉沦、轮回不息。

信根不具的毁谤,处处都是例子,就如成立慈济,无论是慈善、医疗、教育、人文志业,大家都用心推动,外界各种批评的声浪也很大,有人就说:"慈济是修福不修慧。"

这让信心不坚定的人听了,就容易被影响:"对啊!不断地利益他人、为人付出,自己都没时间拜佛、打坐,研究佛法,也无法修智慧,不就是修福不修慧吗?"这种浅信也是短信,无法长期信仰;不只无法如实体会,说不定反生毁谤。

幸好有更多的人听闻、认识慈济之后,就很认真地做,至今信心坚固,一路走来法喜充满,做到"付出同时感恩",而且"心无挂碍,无挂碍故,无有恐怖,远离颠倒梦想"。

甚至往生后捐出身躯让医学生解剖学习,或是供医师做病理研究,好救治未来芸芸病苦众生。这样洒脱地带着微笑和大家说再见,很快地又会乘着愿力再来;这种透彻生死的人生观,就是起于心灵的深信,行门的坚定;因为他们相信师父所说的"身体没有所有权,只有使用权",所以愿意让身体彻底发挥每一分良能。

每年大体老师的追思会上,家属都会上台分享,他们相信师父所说的话,愿意奉献亲人的遗体。甚至还有全家响应,都签署大体捐赠同意书,看他们自在地谈生论死,对死亡早有具全的准备,这就是信根坚固的利乐。

因为相信,所以得到了"大利"——做得欢喜自在,能够三轮体空,付出无所求。这样的力行,难道这只是修福而已?倘若没有智慧,怎能如此洒脱而无颠倒恐怖?

学佛必定从信中得福慧,信是入佛门的基础,也是登佛地的唯一道路。正信的理念坚定,信仰方向正确,而不受种种诱惑动摇,那么深入佛的境界就没有困难。

佛告阿难:"是诸有情,若闻世尊药师琉璃光如来名号,至心受持,不生疑惑,堕恶趣者,无有是处。"

阿难表达对佛陀的教法心生景仰，同时从释迦牟尼佛语默动静的德行中，也深信诸佛悲愿是佛佛道同，这是无庸置疑的，佛陀听了当然也很欢喜。

阿难担忧："我能相信佛陀所说的一切，但是有些人只是敬仰佛教，信心却不坚固，无法从信入心、从心启行，就无法体会修行更深一层的心态和喜悦。"这真是修行者对众生的真心关怀。

佛陀为消除阿难的忧虑，增加他的信心，同时也要加强未来众生的信仰，于是慈悲地安慰阿难："药师佛所发的大愿真实不虚，有情众生听闻药师佛的名号，只要能生起一念恭敬心，毫无疑惑，就不会堕入恶趣。"

信解难得

"阿难！此是诸佛甚深所行，难可信解；汝今能受，当知皆是如来威力。阿难！一切声闻、独觉，及未登地诸菩萨等，皆悉不能如实信解；唯除一生心系菩萨。"

药师佛发愿：成佛之后还要再回归娑婆，苦难众生只要至心持念药师佛名，不生疑惑，就能得到救度。这分悲心愿力是诸佛甚深行处，凡夫实在不易彻底相信。阿难却是一闻即信、毫无疑问，这都是仰仗佛陀的威德神力，因为佛陀言行磊落无私，感召了阿难坚定的信仰，深信佛陀说的任何话。

"声闻"是靠听闻佛陀说法，而能理解、奉行佛法道理的人。就如学生，根据年龄和智识的进展，接受不同层次的教育，加上老师用心的指导，而一步步认真学习，渐次体会；声闻者也是如此，进入佛法大门后，佛陀同样由浅入深，观其根机而应机说法、开启智慧。

声闻之外还有"独觉"，独觉是出生在无佛世界，没有经过佛的开导、指引，却以自我潜在的觉性，用心体会大自然的变迁，从四季轮转中自行体会人生无常的道理。

有些人虽生值佛世，却还是不得见佛，这就是每个人不同的因缘。佛世时，城市中住有九万人，当佛陀在城中游化说法，只有三万人亲眼见佛陀，并听闻佛陀说法；另外的三万人只是知道这个消息，却无缘前往闻法；而剩余的三万人则根本不曾听说有关佛陀的讯息，更遑论其他。

这些没有亲身聆听佛法的人，并非没有善根、智慧与觉性；清净的觉性人人本具，端视有无因缘遇佛听法。即使无缘遇佛听法，对人生境界也有自己的体会，而想发心修行。就如当时的印度，除了佛教之外，外道教中也有很多智者、修行者，虽然不是受佛之教，但是他们也有觉性启发的机会。

再以现在为例,有些人能一路受到良好的学校教育,从幼稚园、小学、中学、大学,甚至拿到博士学位;但是也有人没机会接受正式的教育,像慈济世界中许多老一辈的环保志工,那一代的人鲜少有受教育的机会;但是他们所说的话,常如当头棒喝,这就是纯真的智慧,从环境中学习,在生活中保存完整的人伦道德。

中国的农民历也是一大智慧,在古远的年代中,老祖先们就能区分出雨水、惊蛰、芒种、白露等节气,让农民们对照节气播种、耕耘、收获。这就是他们所接受的大地教育,虽然没有科学分析,却能凭着对环境的观察,自成一套农耕运作的学问。

"觉性"其实是人人潜在的本能,只是看个人如何开发。

"及未登地诸菩萨等",简单地解释,十地之前有十信、十住、十行、十回向等修行过程,未登地诸菩萨等,对佛法起了信仰心,也已发心发愿行于菩萨道,不过尚未证入十地的阶段。如果能够通过十地的修行再证入等觉、妙觉,完成"菩萨五十二位阶",即到达圆证佛果的成佛之境。

行菩萨道要层层深入,这条道路如此漫长,以凡夫之心测度圆满佛境,更是以管窥天,相差何止千里,尚未证得十地等果位之前,即使是未登地菩萨,"皆悉不能如实信解",还是无法如实体解深妙的佛境。

以慈济从事国际赈灾为例,许多贫穷苦难的地方,如果我们不曾亲自走过,只是听去过的人描述,或是看拍摄回来的影片,尽管心中也感到心疼不忍,和亲眼见闻的心灵撼动还是不同。

行菩萨道是真正从内心发出那分深愿,加上身体力行付出之后,看到苦难众生能解困得救,而轻安自在得欢喜,这就是"法喜";不仅如此,对于他们的苦难还能感同身受,因而对自己所处的现况心存感恩。生命的价值就是和所有众生打成一片,心无挂碍,付出之后欢喜而感恩,这种境界,相信慈济人都能体会。

修行必须经过菩萨五十二位阶,才能圆满菩萨道,若尚未到达这个程度,便"皆悉不能如实信解"。这是释迦牟尼佛提醒阿难,虽然阿难说"此日月轮可令堕落,妙高山王可使倾动",对佛陀所说的教法他绝对相信,但当时的阿难是由仰慕而生信心,还不是真正体证。

"唯除一生所系菩萨",就是发心修行,经过三大阿僧祇劫,完成六度万行,下一生再来时就能成佛,换言之,就是到达了五十一位阶的等觉菩萨,再来生就会使作为一一契合真理而现相成佛了。这种即将成佛的一生补处菩萨，才能如实了解佛的境界，由此可知，要信解诸佛深行，确实不易。

"阿难！人身难得；于三宝中，信敬尊重，亦难可得；闻世尊药师琉璃光如来名号，复难于是。"

佛陀进一步说明，众生在生死轮回中有三件难事：

首先是"人身难得"。在生死六道轮回中，要生为人身是非常难得的，而且得了人身才能听闻佛法。

其次是"敬仰三宝"，这比得人身更难，如今地球上六十多亿的人口中，真正信仰佛教、闻佛名声能起恭敬心的人有多少？信仰佛法的人还是不够普遍，何况有些人尽管形式上已经皈依，却是信根不具易受动摇。

第三难得则是信佛之后，还能读到《药师经》、听闻药师佛的名号；即使接触到，也不一定能虔诚敬信、持念佛名。

众生根机参差不齐，有些人受持阿弥陀佛的名号，选择的是西方法门；有些人则受持药师佛的东方法门；有些人只是志在研究经论。有些人修大乘，有的人修小乘；也有修禅之人……这都是释迦牟尼佛为世间众生所开的方便法门，应机逗教。

佛陀十分提倡《药师经》，因为药师佛的法门能完全深入人间，解救众生疾苦，药师佛所发的愿，都不离人间苦难，愿愿旨在拯救众生。因此释迦牟尼佛非常推崇东方净土，不断地提醒大家要信念药师佛，不只是持念药师佛的名号，还要信念药师佛的精神，对药师佛的心愿能深刻体会。

"阿难！彼药师琉璃光如来，无量菩萨行；无量善巧方便；无量广大愿；我若一劫、若一劫余而广说者，劫可速尽，彼佛行愿，善巧方便，无有尽也！"

每每看到这段经文，内心就很感动，释迦牟尼佛真心称扬他方佛的美德，就觉得我们距离佛的境界还很遥远。

在《静思语》中也和大家分享："赞叹别人，就是美化自己，也是庄严自己。"俗话说"水多高，船才有多高"；一个人的德行有多高，才能赞叹别人的德行有多少，佛陀不断赞叹他方世界的佛，更显现释迦牟尼佛开阔的气度。

释迦牟尼佛再度向大众强调，"彼药师琉璃光如来无量菩萨行"，药师佛所发的十二大愿涵盖人世间的苦难，只要能入药师法门，就能得救。

可见药师佛法门包含众多的菩萨行,要如何救人?即"无量善巧方便",药师佛也如释迦牟尼佛一样,适应众生不同的根机,广开种种善巧方便的法门,以教育娑婆世界刚强众生,观机逗教、应病下药。

"无量广大愿",药师佛的愿力无穷广大,若要一一解释,让大家能够信解、力行、体会而后证悟,即使以旷劫的时间也说不完。佛陀说:"劫可速尽,彼佛行愿,善巧方便,无有尽也。"再漫长的时间也会过去,药师佛济世的行愿、教导众生的种种善巧方便,是永不停止的。因此修学佛法必须有耐心,行经更要有耐力,唯有身体力行,老实修行,历经长久时间,我们也能证入佛的境界。

说延寿法

尔时,众中有一菩萨摩诃萨,名曰救脱,即从座起,偏袒一肩,右膝着地,曲躬合掌而白佛言。

这是一个境界的描述。佛与阿难对答之后,很多人深受感动,其中有位菩萨名叫"救脱",顾名思义,这尊菩萨必定具备大慈悲,发愿救济众生脱离苦难,许多苦难众生也会因这位菩萨的救济而解脱,是以其德为名。

救脱菩萨受到感动,因此从座位起立,向佛陀提出问题。在说话之前,为了表达对佛陀的尊重敬仰,与文殊师利菩萨一样先整理衣服、右肩袒露、右膝着地,以印度人的衣着文化和请法礼节表示谦恭,并且合掌曲躬,然后才禀白佛陀。

如此境界,一方面表达一位大菩萨的谦卑,一方面更显示佛德的崇高伟大,令菩萨以恭敬的形态而请法。

"大德世尊!像法转时,有诸众生,为种种患之所困厄,长病羸瘦,不能饮食,喉唇干燥,见诸方暗,死相现前;父母、亲属、朋友、知识,啼泣围绕。"

在佛世时,唯有佛堪称为"大德",意思是至高无上的德行与人格,救脱菩萨以此表达对佛陀的尊敬,因此尊称"大德世尊"。

佛陀时代是正法住世的时代,"像法转时"则是指正法过后的未来,这尊救脱菩萨同样也为未来众生,向佛陀请法。

像法时期的众生"为种种患",遭受种种疾病的困扰折磨。这是因为佛法逐渐衰微,众生法不入心,即使听闻佛法,也无法善用于日常生活中,故身心得不到安顿,当然就恶业丛生,许多恐怖的病症也接踵而至。

"长病羸瘦,不能饮食,喉唇干燥,见诸方暗",一些过去不曾听闻的罕见疾病,现在却愈来愈多。

譬如一二十年前的台湾,在媒体上出现"二十世纪黑死病",后来才慢慢地正名为"艾滋病"。当时听闻艾滋如见鬼魅,一旦发现病例,连医院都很惶恐,马上封锁隔离,也不敢透露消息,担心没有人敢再上门看病。

直到近来,医学界探究艾滋病源,了解传染途径与治疗方法,艾滋病已非全然无法控制的疾病。但是一些卫生观念不普及,或是性观念复杂的地方,艾滋病却日益猖獗;目前感染艾滋病的年龄层愈来愈低,许多年轻人不爱惜自己,涉足色情场所而感染,令人惋惜。

提到艾滋病,不免就想到泰国的慈青,他们得知我对艾滋病的担忧,心中生起一分不忍,就发愿要深入艾滋关怀团体,并且辅导青少年正确的情操观念。

他们让我既感到安慰也担心:安慰的是,这群年轻人如此勇敢,愿意深入探讨、了解,并从事辅导工作,倘若没有相当的毅力勇气是无法发下这样的愿。

担心的是：他们是否懂得保护自己的安危？幸好这些年轻人很有智慧，事先安排正确认识艾滋的讲习与参观，然后才前往艾滋收容中心，实地关怀艾滋病患，以及前往各级学校宣导防范艾滋卫教，一步步做得很踏实。

现在社会大众提高了医学常识，知道艾滋病并不那么可怕，只要有正确的观念并懂得预防，就能杜绝感染。

像这种病症，佛陀时代应该没有，但是正法过去，像法也转了，现在已是末法时期，很多病症纷纷出现。

"长病羸瘦，喉唇干燥"。看到泰国慈青拍摄回来的影片，病重的艾滋患者根本无力起身，成天躺着，不断地消瘦，最后只剩皮包骨；很多人病得无法饮食，体内发烧、嘴唇干裂、口腔破烂，与经文所描述的情景十分相像。

最后连视力也渐渐模糊，到了临终前便"见诸方暗"，也就是眼睛虽是睁开的，却已经分辨不清眼前的景物，对自己的未来也感到一片黑暗。"死相现前"，有时候在医院的加护病房里，看到一些病患睁着眼睛却没有意识，也许他们正在生死边缘挣扎，努力要看清楚前面的道路。

"父母、亲属、朋友、知识，啼泣围绕"，在生离死别之际，家属们看到最亲爱的人已无法救治，即将要离世，难免情难断、意难舍，尤其是白发人送黑发人，那分心如刀割的痛，真是情何以堪。

除了家人亲属之外，夫妻之情也是在生死间最挂碍的。"朋友"指的是友谊深厚的至交，当然也会很伤心；"知识"则如老师、同学、长官等等，是此生为他增加见闻的善知识，与他结下深浅不一的缘分。这些亲友围绕在临终者身边，想到往日种种，忍不住嚎啕大哭，不舍让他离去。

这是临终时最大的苦痛，因为临命终人已身不由己，心中难以割舍却无法表达，亲属们又不能安他的心——那分心灵挣扎是多么痛苦。

佛陀教导我们，生死是大自然的法则，无论情感多么深厚，这个时刻一定要镇定地帮助临终者，不断地提醒他："世间本无常，你身体健康、行动自由时，已经为家庭、社会尽心付出，完成责任；你所挂心的人也会互相照顾、疼惜；至于事业，来时本就双手空空，去时也不必挂虑。所以安心地去吧！只要记着要快去快回。"

要亡者灵安，必须生者心安，既然已尽人事仍无法挽救，不如安心为他祈祷，祝福他能心灵平静，毫无挂碍、无有恐怖地脱离躯壳，达到生死两相安。

"然彼自身,卧在本处,见琰魔使,引其神识,至于琰魔法王之前。"

"琰魔使"是阎罗王的使者,"琰魔"就是一般所谓的阎罗王。垂危的病人因为由不得自己,无论如何挣扎,还是躺着动弹不得,阎罗王的使者就会引着他的神识,来到阎罗王面前。

"琰魔"意译为"平等王"、"双王",也称为"法王"。他铁面无私,善恶判断分明,不会有所偏颇,称为平等王;"双王"的说法则是,过去有两兄妹,往生之后同时接掌地狱,处理人间的善恶,因此称之为双王。

佛教经典中提到三种"法王",一是铁面无私的琰魔法王,在地狱分别生死与众生的善恶业报;二是转轮法王,是世间的"仁王",领导人民从事十善,推行仁政之法,使百姓都能安居乐业,并且能够去恶从善;再来是"于法自在"的法王,那就是"佛"。

佛陀既已成道,世出世间的万物万法都能了悟透彻,不只能度人,教导人民向善,还能通彻宇宙"万物一统,终归无常"的道理,堪为超越人天智慧的大法王。

一个人临终时,看到形象凶恶的地狱使者现前,神识就不得不跟着走,就如在人间犯了案,铐上手铐脚镣,不跟着警察走也不行。

学佛者都知道人有"八识",神识是指"第六意识"。我们在日常生活中,面对许多境界,这些第六意识的经验会不断地作用,最后再进入第八意识中。

一个人即使到了病末临终时,第六意识仍在作用,旁人看他似乎已经昏迷,医师也往往在此时判断病人生命现象微弱,要家属有所准备,但这不等于已经死亡,只不过病人的意识已无法和外界互动。

因此当亲人病重时,家属不要在其身边哭喊,或说一些让病人伤心的话。倘若在医院当志工更要注意,不要以为病人昏迷了,就在他面前询问病情,或是立即和家属接触互动,因为家属若有怨恨、不舍的话,乃至医师对病情不乐观的说法,都会影响病人的神识。

人在未断气前,神识由不得自己,多造恶业的人,所看到的都是黑暗恐怖的景象;当然多造善业的,也会看到很美的境界。

记得十多年前,有位委员的女儿罹患癌症,妈妈为了鼓励她,带她回花莲打佛七。那天下午我在书房看书时,这位三十多岁的少妇就来找我谈话,说起她开刀前的经过。

她说："师公,我要进开刀房时,妈妈教我念佛,我相信妈妈的话,很用心念佛。当病床经过一间病房,我一听到里面传来的音乐,内心就惊惶害怕起来,突然觉得有数以万计的鸡鸭叫声,随着音乐凶恶地袭来。直到现在,我还是很害怕。"

为什么会这样?原来她的婆家是乡下农村的大家族,逢年过节的祭拜,或是妯娌之间有人生小孩坐月子,她都要杀很多鸡鸭,因此觉得自己杀生太多,尤其在病痛中,这个想法更是严重地困扰着她。

我就对她说："这是过去所造的业,也有过去生的业。业障来临时,我们应该欢喜接受,就像身上有根刺,碰到会痛,就要赶紧将它拔出来,才能解除痛苦。同理,身体有了病痛,心理上要甘愿接受,受一回苦就消一回业,业障虽苦,但是内心要照顾得平安;心灵解脱了,就不会那么辛苦。"

几年后,她癌症复发,病得全身水肿、皮开肉绽,口很渴却无法喝水,生命的起伏非常挣扎痛苦,拖了一段很长的时间。

后来她和妈妈说期待见到我,正好我也行脚到那里,就去看看她。这段印象迄今仍很深刻,她的孩子还很小,她对我说："师公,我知道我的业很重,但是师公说的话我都记得,业报既定就要欢喜接受,这段时间的病痛我都是欢喜以对,只是担心孩子还这么小。"

我告诉她:"一切都是缘,你和父母、先生、子女写下多长的缘,缘尽就要放下,凡事顺其自然,如果业已尽了,何必勉强拖着臭皮囊而受罪?舍离这个毁坏的身体之后,才能够轻安自在,不要再执著了。"

她取出一些结婚时的金饰嫁妆,要捐给我盖医院。我就说:"你这么关心医院,更要快快回来尽一分力,要记得赶快去、赶快回来。"她听了之后点点头。在我离开后不久,她就安然往生了。

人在生死边缘中,情难舍、意难分,生者与临终者彼此的挣扎,苦不堪言。我们经常从志工分享中听到生离死别的故事,面对难以割舍的亲情非常痛苦。

有一则案例是有位母亲发生车祸,因为没有目击者,等到被送进慈济医院,已经回天乏术。

她的儿女接到通知陆续赶来,一位住在外地的女儿无法接受这个事实,哭哭啼啼不断地恳求医师,务必救回妈妈的生命。我们的医师很有爱心,很温柔地劝慰她:"你现在的心情我能了解,我的父亲也是在这样的情形下过世。当时我很痛苦,甚至怨恨自己身为医师,却无法救活父亲,只能眼睁睁地看着他过世,所以我能了解你们现在的心情。"

医师的一席话,仍无法平息这位女儿不舍的情绪,甚至从恳求转为愤怒,以极恶劣的口气责骂医师,在医院里吵闹。医师将心比心,仍然耐心地解释病情。

最后这位老母亲往生了。尽管家属如此孝顺、不舍与恳求,该结束的生命总是留不住;所谓"药医不死病,佛度有缘人",无论医疗如何发达,缘若已尽,还是救不回逝去的生命。

临命终时,为善者的神识飘飘然如处天堂,因为他内心光明富有,乐于付出而无所求,毫无牵挂,所以神识轻安自在,也会听到悦耳的音乐。假如是造恶者,平时心地黑暗,多行不义,临终时就会觉得有阎罗使者牛头、马面来拘他,因而惊恐害怕,痛苦挣扎。

犹记尚未出家前,一位朋友的父亲平时从事屠宰工作,在他临终前,深受病痛折磨,每天从黄昏到天亮前,就会发出如牛猪哭号的声音,痛苦得从床上滚到床下,这个病症医师也束手无策。经过一段很长的时间,他才往生了。当时大家都传言,可能是他生前灵魂就已堕入地狱,才会那么痛苦。

"然诸有情,有俱生神,随其所作,若罪若福,皆具书之,尽持授与琰魔法王。尔时,彼王推问其人,计算所作,随其罪福而处断之。"

"俱生神"据说是有情众生与生俱来,负责观察此人一生罪福,在其死后尽向阎王陈述之善恶二神,其实也就是我们的第八识——藏识。人的一生,无论造福或造恶,这分意识都会像一颗种子,收藏于第八识中,等到临命终时,处在生死边缘之际,就会一幕幕显现此生所造作的一切。

"随其所作,若罪若福,皆具书之,尽持授与琰魔法王",来到琰魔法王面前,善人恶人皆无所遁形。这就是常对大家说的,每个人来到此生,是过去生早已写好的剧本;而今生所做的一切,就是为来生写剧本。一期的生命结束时,到了阎王面前受判,无论肯不肯承认,自己写下的剧本,笔笔清楚地记载着此生的善恶罪福;即使再狡猾的人,到最后的那天,在琰魔法王面前都无法替自己辩护掩饰,因为每个人的第八意识,如一面清明无私的镜子,历历映照现前。

"尔时,彼王推问其人,计算所作,随其罪福而处断之"。我们无需辩驳,因为自己在生命过程中所做的一切,都已经明白地自呈琰魔法王,琰魔法王在推问印证后"计算所作",计算每个人在人间造了多少善恶,然后"随其罪福而处断

说延寿法

之"，造恶者令其前往受罪；造善之人，则能享受福乐。

罪福分明，也就是善恶分明，等到灵魂脱离躯体时，将往何处去、与何种因缘之人相聚、投生什么家庭、未来的生命会经历什么苦乐，都是随着自我的善恶业力牵引而去，万般由不得自己。

人身难得，佛法难闻，在人生中要能得好缘，得闻正确的佛法，甚至有好的环境能够身体力行，都不是容易的事。我们要时时懂得惜缘、惜福，能惜缘的人，才会和人结好缘；懂得惜福的人，才能再造福。

在日常生活中，在人事物的境界里，要好好照顾自己的一念心，心若照顾得好，开口动舌、举手投足所做的就不会成为罪祸，而是事事、时时都在造福中。

"时彼病人亲属、知识，若能为彼归依世尊药师琉璃光如来，请诸众僧，转读此经，燃七层之灯，悬五色续命神幡，或有是处，彼识得还。"

前一段经文，是描述病人死相现前时，神识飘荡所感到的诸多境界；这段经文则是告诉病人的亲属、朋友与知识，能为即将离世的亲友做些什么。

此时即使内心难舍，也不得不舍，若能暂时放下哀伤，就能想办法稳定临终者的心，比如为病人皈依药师佛，请求药师佛加被，再请出家僧众为病人重复地念诵《药师经》。因为众生业重，业相现前时，就得来到琰魔法王面前等待判决，家属若要为其转业，必须依赖许多有品德、修行的出家人诵经，以其修行之德为病人祝福。

当然读经之前，要先布置庄严的道场，点燃七层的灯，悬挂五彩的续命神幡。原因是读经也要慎选场所，若能点上灯烛，无论白天黑夜，周围都会感到十分亮丽，很有朝气与希望；而且点燃七层的灯，整个道场就会大放光明。

至于"五色续命神幡"，就是用五色的布制幡悬挂。在西藏、青海当地广阔的草原上，可见零星散布的小石丘，插上了竹竿和彩带四处随风飘扬，这是当地居民表达最尊重、恭敬的祈祷，也是庄严道场。现在各地许多寺院都能看到悬挂幢幡。

所谓的"续命神幡"，是用许多很长的五色带子，在每一片上面都书写药师佛的名号，为病人祈福延寿。

"或有是处，彼识得还"，若能聚集有德僧众，又布置光明希望的道场，为生死边缘挣扎的病人虔诚祈求，或许病人的神识还可能回返人间。

"如在梦中,明了自见;或经七日,或二十一日,或三十五日,或四十九日,彼识还时,如从梦觉,皆自忆知善不善业所得果报。由自证见业果报故,乃至命难,亦不造作诸恶之业。"

若有死相现前的病人,因受药师如来慈悲愿力的加被,以及亲友为他造功德的助力,而使他回复意识,就如从一场梦中醒来,自己很清楚整个过程,善人的梦境会很美;恶人的梦境就很恐怖。

经过有德僧众诵经祈福,病人也许在七日之内,或在二十一日、三十五日、四十九日之中便会苏醒。这里每段时间都是七日的倍数,而且都是奇数,也就是阳数。当病人大梦初醒,对自己以往所作所为,究竟是善是恶便完全明白,而且会牢记并深引为警惕。

在佛典中,有一段经文提到释迦牟尼佛同父异母的弟弟难陀。佛陀成道后,受邀回国教化人民,同时度化许多王族子弟出家修行,难陀也是其中之一,但是出家后的难陀,时常想念皇宫中美丽的妻子,甚至打算还俗。

佛陀知道难陀的心意,就对他说:"你先坐定将心静下来,好好做一番思考,再决定。"难陀也顺从佛陀的话去做。

坐下不久,就觉得佛陀带着自己,轻飘飘地到了一个很美的境界,有气派非凡的豪宅,还有许多美丽的天女翩翩起舞,优雅的姿态无以言喻。他看得入迷,脱口问道:"这是什么人住的房子?如此富丽堂皇。"天女回答:"佛陀的弟弟难陀已经发心出家,以此福德,将来得以往生天堂,这一切都是为他预备的。"难陀听了很高兴。

佛陀又带他来到一个黑暗又恐怖的地方,看到许多人正在接受残酷的刑罚,有一群人生起油锅,熊熊烈火烧得热油不断地冒烟。他看了很害怕地问:"造这么大的油锅做什么用?"造油锅的人就说:"佛陀的弟弟难陀虽然出家,但是欲心未了,等他犯戒堕落就会来到这里。"难陀一听,立即惊醒过来,从此清净身心,专心致意修行。

心静时,我们的潜意识就会自然作用,是善是恶,终究逃不过内心的审判。

"彼识还时,如从梦觉,皆自忆知善不善业所得果报",从潜意识的境界中醒来之后,对自己过去所造的善、不善业,应该都已了然于胸,也能警惕自己将来会受何种的果报,从而把握当下去恶从善。

就如有人犯罪,受到法律的制裁,在狱中尝尽失去自由的痛苦,而开始懂得自我反省,或是得到善知识的指引,从此洗心革面,改过自新。

经常听到慈济志工分享：他们长期从事监狱关怀，以爱心、耐心和受刑人互相沟通、分享。许多受刑人深受感动而改过从善，出狱之后变成能救人的人，并且回到狱中，以自己的亲身经历引导其他受刑人，从一次次的自我忏悔中彻底洗涤心灵。

在医院中，则见医疗志工以真诚的爱肤慰病患，也有原本习气不好的病人，经过医护人员细心地治疗，同时志工辅导，无形中化解一段家庭纠纷、感情挫折等等，能在临终前解开数十年的恩怨，或者病愈后展开一段崭新的人生。

生命经过灾难之后，若是有善根的人，就能从灾难中看透人生，自我反省与觉悟。

"由自证见业果报故，乃至命难，亦不造作诸恶之业"，知道"万般带不去，唯有业随身"，就不会为了名利、地位和人争斗不休。觉悟之后，绝对不再做损人利己的事，也不与人结恶缘；如此坚持人生的方向，守好做人的规则，即使面对任何威胁仍然坚守，这就是对人生的透彻。

在佛经中，有一则"割肉饲鹰"的故事——一只老鹰追着一只鸽子，鸽子拼命地飞，飞到尸毗王身边，尸毗王见到鸽子求救的眼神，很不忍心，赶紧护住它。

老鹰很生气，恶狠狠地说："我饿极了，我要吃这只鸽子。"

尸毗王说:"同样是生命,你为了活命而吞食别人的生命,很不公平。"

老鹰说:"那只鸽子要活命,我也要活命,你只顾鸽子的性命,为什么不顾我的性命?"

尸毗王就说:"那么我愿意割下我的肉让你果腹。"

老鹰说:"好吧!不过你的肉要和这只鸽子的重量一样,我才接受。"

尸毗王命令侍从:"把秤拿来,将鸽子放在一边,再把刀拿来。"

接过侍卫的刀,尸毗王毫不迟疑地割下自己的肉,一直割到全身鲜血淋漓,还不足鸽子的重量,只好继续将身上的皮肉削尽,筋、骨都露出来,还是不够。

所有的侍从、大臣都哀伤痛哭。尸毗王却说:"即使舍去性命,我也要守信,尽力保护众生的生命。"

此时老鹰和鸽子突然现出原形,在尸毗王面前恭敬礼拜。原来他们是由天人化身的,为了试探尸毗王的修行,没想到尸毗王为了解救鸽子,也爱护鹰的生命,心态非常坚定,因此天人现身后,便恢复尸毗王健康的身体。

这段故事也是警惕我们,学佛也会遇上坎坷考验,既然已经发心发愿,无论任何灾难现前,都不要为了保命而迁就环境;因果报应很可怕,要坚持道心。

"是故净信善男子、善女人等,皆应受持药师琉璃光如来名号,随力所能,恭敬供养。"

净信善男子、善女人,就是赞叹为善不造恶之人;或是过去造恶而能改过自新者,这都是信仰正法的好人;这样的人都应该好好地受持诵念药师佛的名号。

业力现前时,任谁都会有番挣扎,亲属们应该以清净好身,为病者受持药师佛名号,再"随力所能",依照自己的能力尽心付出,恭请高僧大德等众前来诵经,还要庄严道场,供养明灯、神幡、香花等等,重要的是在于一颗尊重敬仰之心。

明延寿仪

尔时,阿难问救脱菩萨曰:"善男子!应云何恭敬供养彼世尊药师琉璃光如来？续命幡灯，复云何造？"

释迦牟尼佛宣讲《药师经》时，场面庄严盛大，文殊师利菩萨在场启机，释迦牟尼佛为像法转时的众生，开启药师法门。

药师法门正符合现代人的根机。现在常听闻"社会病了"、"人心病了"，无论身心等病，都需要药师佛的教法来启发教导我们。人最关心的就是身体，《药师经》除了启发人的善心，弘扬东方琉璃世界的美好庄严之外，也指引众生解脱身体病痛的方法。

在救脱菩萨和佛陀的谈话中，特别强调如何救拔病痛。一旁的阿难听了，心里仍然记挂着未来众生，希望救脱菩萨能够解释得更加清楚，因此又为在场听经的人及未来众生提问。

阿难请教救脱菩萨："如何供养药师佛才真正如法？续命幡灯该如何设置？"

救脱菩萨言："大德！若有病人，欲脱病苦，当为其人，七日七夜，受持八分斋戒，应以饮食及余资具，随力所办，供养苾刍僧；昼夜六时，礼拜供养彼世尊药师琉璃光如来；读诵此经四十九遍；燃四十九灯；造彼如来形像七躯,一一像前各置七灯,一一灯量大如车轮,乃至四十九日光明不绝。造五色彩幡,长四十九搩手；应放杂类众生至四十九,可得过度危厄之难,不为诸横恶鬼所持。"

之前阿难称救脱菩萨为"善男子",此处救脱菩萨则称呼阿难为"大德",这是因为救脱菩萨示现在家菩萨相,为了表达对出家比丘的尊重,就尊称阿难为大德。

救脱菩萨回答阿难："如果有人在生死边缘挣扎,他的家属或亲友想要为他解除病苦,可以在七日七夜中受持八分斋戒,以虔诚敬仰的心为病患祈福。"俗话说："精诚所至,金石为开",有至诚的心,就能表达出虔诚的感动,所以一定要持斋戒。

"应以饮食及余资具,随力所办,供养苾刍僧",亲属们请大德高僧为病人诵经,应该供养僧众饮食及资生之具,譬如衣服、卧具、医药的供养。不过佛教强调平等观,生命更是平等的,为了求一个人脱离病痛而大肆铺张,负担太重,救脱菩萨慈悲地说明,只要衡量自己有多少力量,尽力供养就好。

"昼夜六时,礼拜供养彼世尊药师琉璃光如来",现在世界通用一天以二十四小时计,在古印度一天则分为"六时",白天分为上午、中午、下午,晚上分为初夜、中夜、后夜,合为昼夜六时。祈求者虔诚的心念日夜不间断,持斋、供养,勤加礼拜、供养药师佛。

虔诚地读诵《药师经》四十九遍,再点上四十九盏灯烛,还要造七尊药师佛的像,每尊佛像前置放七盏灯,每盏灯的亮光如同车轮一样大。车轮有大有小,当然点灯也是随分随力,主要目的是让整个环境散发光明。

"乃至四十九日光明不绝",灯光表示明亮、希望,同时展现出生命力,所以用七七四十九盏灯,点燃七七四十九天不熄灭,以凸显明亮的生命希望。

"造五色彩幡,长四十九拃手;应放杂类众生至四十九,可得过度危厄之难,不为诸横恶鬼所持"。除了燃灯之外,还要造五色彩幡。

五色彩幡是以五种色彩的布缝制而成,其长度约四十九拃手。古代印度人多以手量物,由拇指到中指的长度称为一拃手,以四十九拃手的五色彩幡庄严道场。

此外还要放生,"杂类众生"即天上飞的、水中游的一切众生,也就是解救四十九条众生的性命。因为虔诚供养与放生的功德,"可得过度危厄之难,不为诸横恶鬼所持",或许可以帮助病人度过危险的灾厄,从死神手中抢回一条命。

千万不要误解这段经文,并非每个人用此方式,就能起死回生。佛教强调的是虔诚敬仰,有了坚定的信念,在生死边缘时,业未尽的人还可能回复;假如业缘已尽,仍然不能违反生命的自然循环。学佛不能有迷信的色彩,应该深入佛经中含藏的真义,才能自在面对生死。

生命本来就有长短,端视个人和世间的缘有多长。常说生命很无常也很奇妙,有的人尽心照顾自己的身体,一辈子仍觉得有病;有的人生活很辛劳,从小做到老,也没有吃什么特别营养的食物,身体却很健康。

日本有位一百一十四岁的老先生,仍然耳聪目明。大家好奇地问他养生之道,他说平时都是吃稀饭,偶尔喝些牛奶,简单的生活,一百多岁了还很健康。

有些人生命就很短暂,看看在医院的小儿加护病房中,有些是早产儿,一出生就需要特别照顾,在层层保护之下,希望能留下小小的生命。

慈济医学中心曾经有一位"麻糬班长",她从一出生就住在加护病房,身上带着气切呼吸器,全身软绵绵的,无法起身坐着,她会听也会笑,整个加护病房的医师、护士都很疼惜、照顾她,昵称为"麻糬班长"。但是医护人员如此用心照顾,仍敌不过死神的召唤,只活了短短两年多,当然还有比她更短暂的生命。

世缘尽了,无论如何努力,生命总是留不住;缘若未尽,透过虔诚地祈求,病人也许还会清醒。我们对宗教要有正确、虔诚的信仰,但决不能迷信。

这让我想起三十多年前的花莲,有三位年轻人,根据自己的信仰开设一座神坛,专门为人消灾解厄,据说香火鼎盛,信众络绎不绝。

后来这三位年轻人来到精舍,和我聊了几回,所提的问题都很深奥,也问了有关"空"与"有"的问题,连续问了两天,第三天来时就要求皈依。

问他们为什么要来皈依?他们说:"今天我们来这里,第一是忏悔;第二是虔诚求皈依。其实前两天我们是来问难的,大家都说农场(编按:早期花莲当地人称静思精舍为"农场")的师父讲经讲得很好。我也每天讲经,就不相信有人会说得比我好,才会提出许多刁难人的问题,想要辩倒师父后,就能向众人宣扬。不过这两天,听了师父说的话,我们感到很惭愧、很忏悔,所以想请师父为我们皈依。"

后来才知道其中两人是姊夫与小舅子的关系,有个罹患重症的父亲,长年卧病在床,整条腿都溃烂了,住在神坛后面的房间,十多年来强忍病痛与恶臭。

经过数年,老人家即将临终,他的儿子、女婿们就按照《药师经》上所说的,点了四十九盏灯,并且造幡、诵经,经过四十九天,父亲仍未往生。有一天我出门到义诊所去,途中遇见他们,就对我说:"师父,您能不能去和我爸爸讲几句话? 我们都照《药师经》上说的去做,他还是'去'不了。"

我说:"尽孝吧,缘如果尽了,留也留不住,你们要让爸爸心安,他才走得了;他的心不安,你们却一直要赶他走,这是不孝。"

"我也不知道这样做,到底是孝顺还是不孝,看他病成这样,心里也很难过。"

那一天我去探望老人家。一看那个情形,令人十分震惊。当时天气很热,老人家躺在一个小小的房间里,又暗、又闷、又热,身上穿了七层衣服,而且已经穿了好几天;周围还设置幢幡,点了四十九盏灯。

我说:"天气这么热,你们怎么帮他穿了这么多衣服,又在他身边点了那么多灯。"他们说:"点灯不是代表光明吗?《药师经》上是这么说的。"看了真是很无奈。

我说:"你们要随缘,留得住就留下来,留不住要让他安心地去。"

我也对老人家说:"世间很苦,病痛更苦;儿孙再孝顺,人总是要离开的,世间情难断,真的很痛苦,一切都要随缘。"

我又对他们说:"可不可以将他衣服的扣子打开,再拿一些冰块,用电扇稍微吹一下,让他凉快一些,否则真的很难过。"他们才终于听话去做了。在我离开不久后,老先生就往生了。

信仰若是失于正信,有时自以为如法,实则不如法。为人子女者,心中总觉得照顾病人很难过,甚至抱着"老人家既然老了、病了,为什么不赶快去"的心态,这是罔顾人伦。

所谓"放生"就是表示爱惜生命,众生的生命都能够爱护了,何况是自己的亲人。因此面对亲人的病痛,首先以虔诚的心祈求,其次则要抱着随缘的心态,生死有命,不必太执著,也不要过于迷信。

对待父母一定要尽孝,父母缠绵病榻无论多久,还是一样以爱敬与孝顺悉心照顾;即使病人没有回应,仍有意识,此时要在他身边多说好话,安抚他的心,这样比诵经或做法会都要好。这种爱的孝道才是最重要的。

佛陀讲述《药师经》的时代,医学还不发达,很多情况只能依靠虔诚的信仰,使人心安定;现在的科学和医学都很发达,生病要就医,对父母要以爱、以敬、以孝尽心照顾,这就对了!若能虔诚地照顾好这念心,周围的恶鬼就无法靠近作怪。

常说"心正气盛邪不侵",只要培养这分正气、正信、正念,自然没有什么邪魔鬼神能近身。

国之安稳

药师经

"复次,阿难!若刹帝利灌顶王等,灾难起时,所谓人众疾疫难,他国侵逼难,自界叛逆难,星宿变怪难,日月薄蚀难,非时风雨难,过时不雨难。"

"刹帝利"指的是王族,"灌顶王"就是未来的国王。不只是一般民众要起恭敬尊重之念,即使贵如国王,也要有这分恭敬尊重的心。

过去君权时代的印度,国王掌管天下,百姓的一切都视为国王所有;相对的,百姓们也很关心王宫中的事,一旦太子诞生,全国人民都会欢欣鼓舞,将满心期待寄托在太子身上,但愿太子将来成为一位仁王,施以仁政,以德待民。

当太子即将登王位时,都会先举行灌顶礼,就是取来东、西、南、北四方的海水,浇灌在太子头顶以示祝福。

人生,并非身为国王就完全没有灾难,尤其一国之君要承担很重的责任,全国人民的期待与寄望、幸福或苦难,都掌握在他手上,而国王和一般人一样,不小心就可能犯错,同样也会招致自身的灾祸。

在《太子慕魄经》中就有一段故事——

从前有个小国,太子慕魄生得非常潇洒,眼睛明亮有神,五官端正,人见人爱,只是到了十三岁还不曾说过话,虽然请了许多有名的宗教师前来指导,他还是不肯开口。

全国人民非常敬仰慕魄太子,却也很担忧。国王和皇后尤其担心,太子已经十三岁了,即将要为他举行灌顶仪式,还不曾开口说话,将来要如何处理国政?国王心急如焚,于是集合许多大臣与宗教师前来商讨对策。

其中就有信奉邪教者向国王建议:"太子生来体格和五官虽然端严,可惜天生哑巴,这对国家是不吉祥的。否则国王有那么多嫔妃,为何只传下他一个子嗣?这就是不祥的征兆。"

归附邪教的大臣也在一旁煽动:"一定要将太子活埋,国王才会再有子嗣。"

国王听了非常悲伤心痛,但为了国家大计,似乎唯有接受这项建议,于是就回到宫内,告知皇后此事。天下父母心,哪有母亲听到这样的决议会不难过?但是为了国家,皇后也只好忍痛同意活埋太子。

全国人民获悉消息后如丧考妣,哭声震天、哀伤逾恒,又无力改变事实。决定之后,就将太子所有的衣物、珠宝,连同太子本人交给负责掩埋的葬夫。太子坐在车内前往葬场,许多沿路送行的人民深感不舍,却无可奈何,便纷纷抢下太子美丽的衣物,想要留作纪念。

此时坐在车内的太子心想:人生就是这么苦,过去生因为一些无心之过,而造业受苦,现在又要被自己的父亲处死。看到大家在抢他的东西,他也拿了一套衣服下车,来到河边沐浴;沐浴完毕,就以香油涂身,换上干净的衣服往回走。

大家仍在为太子的衣物是埋、是留而争夺。慕魄太子走过去,开口问道:"你们在做什么?"

民众多不识慕魄太子面貌,但见一位庄严安详的年轻人突然出现,顿时鸦雀无声,目不转睛地看着他。直到年轻人再度问起:"你们到底在做什么?"

一旁的葬夫说:"我们的太子今年已经十三岁了,还不会说话,国王为了能再出子嗣,要将不吉祥的太子活埋。我们奉命掩埋,不过有些人舍不得,想要留下太子的衣服。"

太子很慈祥地对大家说:"我就是慕魄太子,你们掘的墓地,就是要让我用的。"大家都觉得惊异,赶紧向大臣通报。

大臣确认是慕魄太子。大家高兴得欢呼跪拜:"太子会说话了!我们的太子会说话了!"大臣也赶紧向国王禀报。国王听到消息简直不敢相信,高兴地和皇后一起赶来,准备迎接太子回宫。

太子见到国王便上前行礼,叫了一声"父王"。国王很高兴:"原来你会说话,为什么不早一点开口?"

慕魄太子回想过去生因缘,不由得叹了一口气:"禀告父王,过去几世以来,那些可怕的经历都清楚地记在我的脑海中,我很害怕,所以不敢开口说话。"

国王问:"到底发生过什么事?"

太子就说:"过去生我也曾经为王,施行仁政、爱民如子,四海之内风调雨顺、国泰民安,受到人民的爱戴。有一回因有急事出城,街道上人群聚集,身边的大臣一急,就大声喊叫,同时车子也奔驰得很快,民众因而惊慌大乱,有人跌倒、有人被推挤受伤,引起了人民的埋怨。"

不久这位国王去世,由于惊扰人民的罪过堕入地狱,受尽许多苦报,地狱的境界非常可怕!经过漫长的时间,才又投生为慕魄太子;因为记得自己的过去,所以从小禁口不语,担心万一说了话又会犯错。

慕魄太子接着说:"感恩父王、母后的疼爱,以及全国人民的爱戴,让我在这几年中享尽人间福乐。我有一个心愿,从今以后想要出家修行,过着清净的生活,请父王母后允许。"

国王觉得很后悔,明明是一位有智慧的好太子,自己却听信邪见要将他活埋,实在罪过。现在太子既然决定不再回去皇宫,要求出家修行,国王就答应他,并为他祝福。太子出家后,果然清净修行,精勤教化、说法,度人无数。

佛陀所说的这段经文,表示在人世间,即使贵为灌顶王,也有灾难临头的时候。所以领导国家的国王和继承的太子,假使有了灾难,除了自己受苦,对国家的政事也有密切关系。

无论古今,国家领导者要统领民众,若是广施仁政、本身又具有福德,自然人民安乐,国家风调雨顺;假使国王福薄缺德,倒行逆施,就容易紊乱民心,上下无法团结,自然互争互斗、纷扰不休,整个国家社会就容易生出祸端;有了人祸,慢慢地累积就会形成天灾。

国以民而立,所以国家领导者与人民的关系非常密切,若是领导者心态偏差,国政方针稍有偏差,酿成社会动乱之后,灾难就慢慢而生,这就是业累。有了恶业的累积,"灾难起时",国运衰退,灾难逐渐发生,就会形成恶性循环。

灾难又可分为三大类:第一类就是"人众疾疫难"。一个国家要健全,需要全体人民身心健康。假设将国家比喻为人体,人民就是国家的血气,气血不调和,人就会生病,甚至死亡,所以人民健康,就是国家的安全与兴旺。

"人众疾疫难",就是在人群聚集处生瘟疫,这在佛教的说法属于小三灾之一。若瘟疫持续扩散,全球都将面临危机,非常可怕。

佛陀在世时,身在印度,却能预言全球,令人不禁感佩佛陀的智慧。如今"世界地球村"的观念渐受全球重视,只要有一个国家爆发传染病,其他国家都会很紧张,尤其现代交通方便,距离拉近,地球好像变小了,人人更应该有"生命共同体"的意识。

想起当初慈济前往卢旺达救灾,当地也是因为在战乱逃难中,爆发传染病,死亡人数与日俱增,甚至有一天中死亡人数多达上千人的纪录;后来往生者只好以卡车运载,再用推土机推入挖好的大坑集中掩埋。这种死亡景象确实恐怖。传染病蔓延，实为国家的危机。

第二类就是国难。包括"他国侵逼难"与"自界叛逆难"。一个国家的领导者，应该照顾人民的平安，使人人生活、财产有所保障；然而领导者的心念一有偏差，就会招致外国的侵略，届时人民就苦不堪言了。

"他国侵逼难"，比如众所周知的以巴战争，以色列和巴勒斯坦长年冲突不断，两国人民互相排斥、对立，引发许多自杀性的恐怖行动，造成人人恐慌。

又如苏联入侵阿富汗时(注)，根据当地人民的说法，当时的大肆轰炸简直是"铺天盖地"的灾难；这就是"他国侵逼难"，造成阿富汗境内人心涣散，经济一蹶不振。公元二〇〇一年的九一一事件后，美国出兵攻打阿富汗，阿富汗人民再度饱受战火威胁，看到他们逃难时历经千辛万苦，还有多少难民营中的老人、幼童，受不了风雪侵袭而生病死亡。

"自界叛逆难"，就是国内自家人的纷争，譬如种族纷争、宗教对立、党派倾轧等等，造成本国人民的死伤、仇怨，

注：苏联于一九七九年十二月武装入侵阿富汗，干预其内政；至一九八九年撤军。

这就是"自界叛逆难"。人类历史上可说屡见不鲜,起因仍是由于人心不调,彼此之间无法敞开心怀互相包容。

第三类则是种种"星宿变怪难,日月薄蚀难,非时风雨难,过时不雨难"。"星宿变怪"意指天象的变化,宇宙间的星球必须依照轨道运转,假使星际间的引力有了变化,其中一颗星球脱离原来的运行路线,整个宇宙都会产生危机。

"日月薄蚀难",过去科学不发达,若出现月蚀,人们就以为是天狗食月,赶紧拿着锅碗瓢盆,不停地敲打呼喊,要吓走天狗救月亮。现在科学昌盛,已经明白当地球和月球运转到某个位置时,地球会遮断阳光对月球的照射,月球无法反射光线就形成月蚀的现象。日蚀的起因也类似,这都是星球的自然运转,只是古代的人对星象还不清楚,就被认作不祥的征兆。

"非时风雨难,过时不雨难",两者则为气象的变化;该下雨时不下雨,不该下雨时又倾盆而下,发生土石流或山洪暴发,危害生灵。若气候不调顺,大地万物就不得安稳生活。

国家如果能风调雨顺,就没有非时风雨或过时不雨之难;四时调顺,万物就能得到平安。

白天清凉无雨,方便大家做事;晚上要休息了,下一点雨可以滋润大地，这在古时称为"大舜天"，"舜"即舜帝，舜帝当初是以德施政，那时气候良好，人心平和，以现在的话来说，真是一个"大同世界"。

我们生活在天地宇宙间，天时、地利很重要，因为大自然同时滋养人的生命与天下万物，人类应该时时疼惜万物，才能维护大自然的正常运作。

近来臭氧层破洞，是地球的一大隐忧；臭氧大量分解而致稀薄，无法有效阻挡紫外线侵袭地球，导致生物皮肤产生病变。空气污染则造成严重的"温室效应"，全球气温不断地升高，万物生态遭遇重大威胁，这些隐藏的危机不在远方，就在你我身边。

以上这三大类的灾难，有天灾也有人祸，天灾的起因与人为破坏息息相关；因此若想要远离灾难，就要当下从自身做起。

"彼刹帝利灌顶王等，尔时应于一切有情起慈悲心，赦诸系闭；依前所说供养之法，供养彼世尊药师琉璃光如来。由此善根，及彼如来本愿力故，令其国界即得安隐；风雨顺时，谷稼成熟，一切有情无病欢乐。"

国家万一同时生起上述种种灾难,怎么办?此时刹帝利、灌顶王等国家领导者应该对一切众生起慈悲心,设法为人民解除痛苦,自己也要以虔诚恭敬的心,请求佛菩萨护佑国境安泰。

见诸人类历史,许多执政者往往只顾自己的利益,不为人民的生活着想;只顾自己的权力与霸业,致令人民受尽苦难,怨声载道。一个国家中,人心不平而发出诅咒,国运如何兴盛?自然灾难接踵而至,内外纷争。

想要国家兴盛,关键就在人心调和,全国上下合心、和气,自然就能做到互爱、协力,国家必定兴旺。希望人民和气,执政者必须真心对人民付出关怀;慈悲心就是爱的力量,在上位者以身作则,用爱心抚平人民的怨气,则能民心互爱,国运昌隆。

"舍诸系闭",国有国法、家有家规,人民犯了法就要入狱服刑。即使很小心也会有冤狱发生;有的人善根未泯,经过一段牢狱生活后,知道忏悔改过。作为国家领导者,应当尽力为有冤者洗刷清白,对已经改过的人也应多多赦免,让他们重获自由。

世间最痛苦的就是没有自由,有时看到鸟儿焦躁不安地待在鸟笼里,无法展翅高飞,或是白老鼠无奈地被关在笼里，不停地踩着轮圈，实在是不忍心。而人类就是有这么自私的行为，把小动物放在笼子里，只顾自己欣赏娱乐，何曾顾及动物的感受？

同样的情形，也会发生在人类社会，就譬如：执政者倘若施政不当使得人民互相敌对，或是为了自我利益导致两国相争，都是起于执政者偏差的心态。古云："宁作太平犬，不为乱世人。"由此可知，国家局势安定与否，对人民影响甚巨。

近年在中东地区的冲突中，"人肉炸弹"事件时有所闻，自愿者在身上绑了炸弹，就走向人潮密集处引爆，不仅自己炸死了，连带造成民众的死伤与恐惧。这也是受到领导者的影响，做出不智的举动。

领导者应该事事为大众福祉着想，以仁爱教育，才能使民心和气，进而感应天时顺遂。当然，我们对一切生灵都要同样尊重，让它们保有自由的生态，这也是"舍诸系闭"。

"依前所说供养之法"，依照前面说过的供养药师佛的方法，清洁环境、敷设高座、雕刻佛像、燃灯、造幡等，以虔诚的心表达最高敬意，自然种种灾难都能消除，国家安稳，农作物成熟、丰收。

"由此善根，及彼如来本愿力故"，这念善心一起，乘药师佛的愿力——只要一切众生称佛之名,如佛之教,药师佛就会闻声救苦,免去众生之难。

因为众生虔诚,佛就有感应,"令其国界即得安隐;风雨顺时,谷稼成熟,一切有情无病欢乐",令疾疫难、国难及自然界各种灾难远离这个国家。不只气候顺遂,大地万物茂盛,连人的身体也能得到健康。

气候变化,人就容易感染疾病。如能风雨顺时,四季运转自然和畅;人心没有烦恼,群体和睦共处,大家都会很欢喜、健康。若要如此,就要人人生起慈悲心,尊重大地的生态,让所有生物都能欢喜自在地生活。

能够互相尊重、敬爱,社会必定祥和,国家必定强盛。除了执政者之外,民众的心也很重要。

"于其国中,无有暴恶药叉等神恼有情者;一切恶相,皆悉隐没;而刹帝利灌顶王等,寿命色力,无病自在皆得增益。"

在一个国家中,上自国王下至全国人民,都有虔诚的信仰与善念,自然国中没有恶神、夜叉来扰乱一切众生;即使有不吉祥的境界,也立即隐没。

恶鬼、夜叉不只在阴间,世间有的人游手好闲,成日在黑暗的角落游荡、打架闹事，看不顺眼就要找人麻烦，或是职业打手替人寻仇，这都是扰乱社会秩序，困扰民众。社会有这样的人，一定不得安宁。

这样的人要用真诚的爱来感化，因为"人之初，性本善"，人人都有佛性，只是后天社会风气污染，才衍生种种恶习。既然人人本具善念，只要受到好的环境影响，就能熏习改过。

善恶就在每个人心中有如拔河一般，遇到坏朋友就被拉过去；遇到善知识的劝解，也能知错迁善，只是一旦再出现坏的引诱，内心把持不住，就又被拉过去。

大爱剧场曾播出"小莲的故事"，这是一个真实的案例。小莲幼时因为父母离异，无法接受父亲再娶的阿姨，自幼就对人群生起怨恨心，加上青少年时期交友不当，于是她慢慢地成为问题少女；赌博、吸毒样样来，甚至还杀了人，七次进出监狱。

后来有位好心的豆浆店老板娘，感觉她好像很不快乐，就送给她一本《静思语》。

小莲把《静思语》带回去翻看，每当心情平静时，觉得每句话都是好话，也知道自己应该要照着做；当她毒瘾发作时，就会和《静思语》对骂，无法接受其中的道理。譬如看到

"好人不能少我一个,坏人不能多我一个",她就骂:"骗人,鬼才会相信真的有人能做到!"拿起红笔、黑笔在书上乱画,然后照样吸毒。

等到清醒了再翻开《静思语》,又会很忏悔:这回我一定要改过。在与《静思语》的拉锯战中,她的心灵也在善恶间挣扎,时而重见希望,时而掉回罪恶深渊。

她来到精舍,见到知客师父就坦诚地自我表白:"我是一个吸毒的人,坐过牢、杀过人,但是我要改,想在这里住几天。"知客师父答应了她,并且安排一位资深委员专程陪伴、辅导她。

经过几天,委员和她建立了友谊,也让她真正下定决心。为了改变,她到老人院照顾重病老人,除了身体辛劳之外,也受尽心灵折磨,知道她过去的人都不放心她照顾自己的父母,因此想尽办法排斥她。

身心的挣扎,考验着一个人的决心和毅力。她尽管遭受排斥,仍不隐瞒自己的过去,希望在不断地忏悔中,彻底净化自己。

终于她像一朵污泥中绽放的莲花,以自身的故事感召许多人,同时度化类似遭遇的年轻人。她曾经到监狱中探看一位死刑犯,把她的《静思语》送给他,分享自己在善恶间挣扎的心路历程,衷心希望能在对方的心田中播下一颗善种子。

小莲在慈济道上精进,甚至为了多存一些钱帮助别人,常常刻苦自己,以简单的面包、泡面解决三餐。这一朵火焰化成的莲花,在二十九岁那年突发心肌梗塞,带着坚定的善念,告别了短暂的一生。

人人带着自编自导的一出剧本来到世间,我们都要尽力扮演好自己的角色,假使过去写错了剧本,现在就要及时改过,为下一幕将上演的剧场,重写一出绝佳好戏。

阴间有暴恶的药叉、鬼神扰乱有情众生;其实在人间,也有人和药叉、鬼神一样扰乱社会,引诱人步入罪恶的陷阱。若能以虔诚的心改过自新,还是有许多机会可以行善;选择好的环境并不困难,若能如此,"一切恶相皆悉隐没",一切坎坷的道路都会过去。士农工商能各司其职,人民没有疾疫之难,也没有他国侵逼,天时地利人和,这就是国泰民安。

"色力"就是面容和精力都很健康;国家兴盛,国家的领导者自然没有烦恼,身心健康自在,当然就能长寿了。

国以民而立,民依国生存,人民是国家的血轮,国家是人民的保障,有健全的国家,人民才有安定的生活;因此国境安康、人民善良,即"皆得增益",种种好事就会不断增益。

人人守好自心,注意自己的行为,每个人的方向没有偏差,整个国家必定是风雨顺时、谷稼成熟、安和乐利。一切还是着重在人心,人人合心、和气、互爱、协力,从领导者到人民,上下心力一致、虔诚为善,国家一定健全,就是人间的净土。

"阿难!若帝后、妃主、储君、王子、大臣、辅相、中官、彩女、百官、黎庶,为病所苦,及余厄难,亦应造立五色神幡,燃灯续明,放诸生命,散杂色华,烧众名香,病得除愈,众难解脱。"

这段经文还是救脱菩萨对阿难所说,前面谈到执政者要有福德,才能使全国平安。这里还提到宫中许多人,古代的国王拥有很多妻妾,帝后就是皇后,其他就称为"妃主"。

"储君"就是能够继承王位的太子;其他宫妃所生的,也是国王的儿子,统称为"王子"。除了皇族之外,就是和国王关系密切的"大臣、辅相",这些是帮助国王处理国政的幕僚。

"中官、彩女",宫中也需要佣人整理宽广的宫殿,以及侍候众多宫妃、王子;不但要有主管宫中事务的太监"中官",也要有服侍、娱乐宫中皇族的"彩女"。

"百官、黎庶"就是各地的地方官、有名望的地方人士和士农工商一般百姓。

前面提到"人众疾疫难",这里将国家的组成分子具体化,强调天降灾难时,上自皇族百官,下至黎民百姓,都逃不过疾病的威胁。

"为病所苦",因为疾疫传染而受尽苦难,"及余厄难",遭遇其他天灾或人祸、意外等等,一切不愉快的事,都叫做厄难,"亦应造立五色神幡,燃灯续明,放诸生命,散杂色华,烧众名香",也应该以虔诚的心备办五色幢幡,点亮七七四十九盏灯,日夜不得熄灭,然后放生惜命,可见放生惜命功德甚大,这也就是尊重生命。

一般人常为自己祈求无病痛,也应懂得重视其他生命。佛陀的教育是爱己及人、爱人及物。我们爱自己的生命,知道病痛是苦,就该替别人着想,进而普及到所有生命。

除了放生,还要遍撒种种香花,燃烧各种珍贵香木,用来庄严道场、表达虔诚,若能如此,"病得除愈,众难解脱",因为发挥了爱心,以此功德能够使生病的人恢复健康;有其他厄难、意外,或是种种不如意,也尽能解脱。

不经九横

尔时,阿难问救脱菩萨言:"善男子！云何已尽之命而可增益?"救脱菩萨言:"大德！汝岂不闻如来说有九横死耶？是故劝造续命幡灯,修诸福德；以修福故,尽其寿命,不经苦患。"

救脱菩萨对阿难解释之后,阿难心想,未来众生看了这段对话一定会产生疑问,于是再度请问救脱菩萨:"生老病死是人生的自然法则,生病的人以恭敬心向药师佛虔诚祈求,真的就能延年益寿吗?"

救脱菩萨就说:"尊者,您没听过'九横死'吗?"所谓"九横死",就是有九种意外死亡的情形,有的婴儿出生几天就夭折了,根本来不及长大,这也是横死的一种。当然"如是因缘,如是果报",每个人的寿命长短不尽相同,重要的是把握当下,才不负得此人身。

有一则小故事,隐含着大道理。在日本,有些父母会将想出家的孩子送到别的寺院,请和尚来教导。有个孩子就跟随丛林老和尚学习。

老和尚稍微懂得面相,这个孩子随他一段时日后,他看出孩子近期有个劫数,恐怕不久人世,便对孩子说:"你来这么久都没有回家,现在放你一个月的假,回去探望一下父母亲。"

孩子非常高兴,整理好行李,就拜别师父出山门去了。一路上,边走边欣赏风景,悠哉游哉地走到一条河沟,想去舀些水来洗洗脸,远远地就见到一个很大的蚂蚁窝掉在水中,他想:任由它一直流下去,窝中蚂蚁必死无疑;当下就卷起裤管、袖子,下水打捞蚂蚁窝。

这个孩子踩在水里还险些滑倒,幸好捞到了蚂蚁窝。他小心翼翼地捧起蚂蚁窝回到岸边,还稚气地和蚂蚁说话:"幸好我救了你们的命,我也差点没命,不过,你我都平安了,彼此祝福吧!"

他回到家中,父母也觉得很高兴;等到假期结束,他又高高兴兴地回到寺院。老和尚乍见孩子平安回来,心感诧异;再仔细看清楚,孩子的相貌已经改变了,满面春风,显现长寿之相。老和尚就问:"回家你都做了些什么事?"

"回家见到父母很开心呀!"

老和尚又问："那么，路上有没有发生什么事？"

他想了想，就把冒险解救蚂蚁的事告诉老和尚。

老和尚欢喜地摸摸他的头："对，时时要培养这分放生、爱惜生命的心，这样你才能健康长大。"

人性本善，人对人、人对物命都有那分爱，无形中的善行也会成就功德。所以分秒不离一念爱心，放生就是修福，修福就是添寿。

"横死"就是不应死而死。若平时能修福德，即使大难临头，也能乘着往日虔诚供养诸佛、慈心布施众生所累积的福业，化解危厄，自然能健康平安，安度应尽的寿命，也不会再遭受苦难。

修福不一定是金钱上的大布施，布施如果只是为了得到夸赞、获取声名，就不是福德。真正的福德，就是守本分、勤付出，人前人后一致的形态，以平常心尽本分。若能如此，即使命中有业数，也会不知不觉地度过，"尽其寿命，不经苦患"。

阿难问言："九横云何？"救脱菩萨言："若诸有情，得病虽轻，然无医药及看病者，设复遇医，授以非药，实不应死而便横死。又信世间邪魔、外道、妖孽之师，妄说祸福，便生恐动，心不自正，卜问觅祸，杀种种众生，解奏神明，呼诸魍魉，请乞福祐，欲冀延年，终不能得；愚痴迷惑，信邪倒见，遂令横死，入于地狱，无有出期——是名初横。"

阿难要让大家更清楚九种横死的内容，因此再问："到底什么是九种横死？"

救脱菩萨回答："假使有众生病况轻微，却缺乏医药及妥善照顾，或是遇上医师诊断错误，致使原本不该死的人因而丧失性命，这就是横死。"

有些病患起初不觉得自身病情严重，等到成了重症才就医，甚至严重到连医师也束手无策；当然也有医师疏忽病情，不能真正发现病灶对症下药，以致延误治疗。所以医师的爱心与经验很重要，碰到细心的医师，一些疑难杂症就有得救的机会。

花莲慈济医学中心收治过一位患者，他住在山上，工作勤奋，生活节俭、饮食也很简单，唯一的困扰是山居生活交通不便、医疗不足，万一病了需要长途跋涉才能就医。有一回他病倒了，送到医院时已骨瘦如柴，做了许多检查都查不出病因，甚至病情危急必须转入加护病房。

慈院的医师很用心，仔细询问他的病史及生活状况，于是从他的饮食习惯中发现,应该是体内长期缺乏某种维生素所致,就赶紧为他补充这种营养。这么简单的治疗,就让他迅速复原,隔天就移出加护病房。经过一段时间的调养,医师特别叮嘱他饮食要均衡,才不至于营养失调,最后他健康、欢喜地出院了。

这则案例并不是什么大病,只是长期饮食不均衡,导致身体不堪负荷而形容枯槁,以为病入膏肓,若不是医师用心追问,以丰富的经验判断病因,这个人实在是生死难料。

有的人很迷信,身体稍有不适,就认为是犯冲或流年不利,非得问神卜卦不可,这就是信奉世间邪魔、外道、妖孽之师,种种不正确的信仰。

大林慈济医院有件急诊案例,一位老太太被她的先生送来,医师为她急救,同时诊断出老太太并发败血症,于是送入加护病房,发出病危通知。老先生不相信太太即将弃世,就对赶到医院的儿女说:"妈妈不会死,神明会保佑她,你们在这里好好照顾她。"说完就匆匆前往神坛祭拜。

自从太太病后,他四处求神问卜,所有问过的神明都说他的太太不会死,因此拖延了治疗的时机,到了病危时才送医。甚至在送医前,还要掷筊询问神明送哪家医院,即使医师宣告病危,他仍迷于邪信;当老太太在医院不治往生时,他还满怀希望地跪在神坛里祈求。这真是迷信!

生病了应该及时送医,也许还有希望救治,如果不肯就医,反而迷信邪魔外道,无疑是拖延时间白白葬送性命,这也是横死。

"心不自正"而"卜问觅祸,杀种种众生解奏神明",迷于邪信,杀生备礼去祭神,为了挽回自己的生命,却伤害其他生灵,如此非但不能增福,反而多添恶业、多造祸端,怎能求得福佑?

学佛要学得正信,绝对不要迷信;平时就要修福,不是灾难临头才要造福。就如种菜,即使是成长速度最快的菜,播种之后,也需要时间发芽、茁壮才能收成;不可能临下锅才去种菜,这绝对是来不及的。

想要延年益寿,平时就要多造福,培养正确的信念,日常生活中事事"利己及人"——能以平常心看待世间的人事物,就是利己,付出则是及人;利人即造福,利己即成慧,这就是福慧双修。内心平静,没有烦恼与贪求,自然能身心轻安。

以迷信邪思祈求,是没有智慧的人,也就是"愚"人。"痴"就是心地黑暗,找不到正确的方向;"迷"即是迷失道路,"惑"是不智,该做的不去做,不该做的反而去做,随波逐流、道听涂说,心中充满疑惑。

这种愚痴迷惑的人,就是"信邪倒见"。不能自主;没有方向的人容易迷惑,沉迷在虚幻不实的邪道,无法面对现实的境界,就叫做"信邪";"倒见"就是颠倒的见解。学佛者要有正知正见,若缺乏正知、正见、正思惟、正念,观念就偏邪颠倒了。

"遂令横死",这种人容易遭遇横死;因为迷信而拖延病情,在拖延中又多造杀业,结果不只横死,还要堕入地狱,到时候要脱离就不容易了。以上所述种种是"初横",就是第一类的横死。

"二者、横被王法之所诛戮。三者、畋猎嬉戏,耽淫嗜酒,放逸无度,横为非人夺其精气。四者、横为火焚。五者、横为水溺。六者、横为种种恶兽所啖。七者、横堕山崖。八者、横为毒药、厌祷、咒诅、起尸鬼等之所中害。九者、饥渴所困,不得饮食而便横死。是为如来略说横死,有此九种,其余复有无量诸横,难可具说。"

"二者、横被王法之所诛戮。"过去王权时代,在上位者可以凭片面的判断入人于罪,甚至一人犯罪,株连九族。现在已是民主时代,虽有司法保障人民权利,不过还是会有遭人诬陷的冤狱发生。无论是触犯国法罪至死刑,或是判决有了差错而受冤,都是横死。

"三者、畋猎嬉戏,耽淫嗜酒,放逸无度,横为非人夺其精气。"第三种就是放逸无度所致,譬如"畋猎",也就是打猎,有人是为了谋生,有的人则是出于娱乐的心态。

记得慈济医院也曾收治一名伤患,他在钓鱼时,正高兴鱼儿上钩要赶紧收线,谁知半途鱼儿挣脱了,鱼钩甩上来反倒勾住自己的喉咙。送到医院挨了一刀,才将鱼钩取下,喜爱钓鱼却乐极成悲。

还有人开设钓鱼场,前来消费的人只顾自己嬉戏娱乐,不知道鱼儿被钩住时的挣扎痛苦;把自己的快乐建立在众生的痛苦上,难道真有那么快乐吗?

"耽淫嗜酒,放逸无度",沉迷酒色,放纵自己不能自我节制的人,"横为非人夺其精气",精神和体力都耗费在纵欲中,自然精气亏损。

尤其是许多声色场所,除了女色、酒气之外,还有禁药。有位年仅二十岁的年轻人吃了两颗摇头丸后,摇了一整夜,最后引发高血压,脑血管破裂送医不治。在歌舞场所,或是酒色眩惑之处,很容易迷失自我。

还有一位三十多岁的青年，突然间全身僵硬，送医急救也是回生乏术。医师发现他的身上，到处都是施打海洛因的针孔，毒品已经将他全身破坏殆尽。

古代医学不发达，遇到这种情形以为是犯冲，整个人不断虚脱；其实以现代医学观点，这是放逸无度，以致耗尽精神体力，或是自作孽吸食禁药，毒品就慢慢蚕食身体的机能。

还有自己的心理不健全，造成生活上错误的行为，消耗自己体力而横死的，譬如近来学者也发布，现代有一种"懒惰病"，一年当中，甚至有两百万人死于这种"身体缺乏活动"的现代疾病。到底什么是"懒惰病"？不工作、不想动，即使很简单的活动都不愿去做；这对身体也会造成很大的损失。

"四者、横为火焚。"第四种横死是火烧。水火无情，现代化的生活稍有不慎，电力负荷过量导致电线走火而引发火灾，火势一旦失控，人命、财产的损失也很可怕。这是现代生活所隐藏的危机，我们在日常生活中要时时小心。

战争也是酿成火灾、伤害生命的原因之一。我们参与国际赈灾的经验中，看到许多国家的人民在炮火下骨肉离散，真是惨痛不堪的景象。

"五者、横为水溺。"就是跌入水中失去性命；也许是乘船远行，或是在水边游玩被水流卷走，也有人为了谋生，一不小心就容易溺水。现在时有所闻的水灾、土石流等，也都是水所引发的威胁，这就是"水溺"。

"六者、横为种种恶兽所啖。"古代的人开垦山林种植，或是以打猎为生，也有许多交通要道经过山区，往往会碰上各种恶兽，遭遇攻击而甚至死亡。

还记得关山慈济医院的一则案例，有个人在山上工作，忽然间跑出一只山猪。他想逃跑，山猪却追上来将他撞倒，咬伤他的手、脚、身上多处，甚至整块肉都被咬下来。

平时觉得很温驯的动物，有时发起狂也会有攻击行为，何况在原始山林中，各种各样的恶兽。

"七者、横堕山崖。"第七种横死就是跌入山谷中；现在也常听到这样的灾难。现代交通虽然很方便，山路也都开通了，但是遇到山上雾气重、弯度大或是落石等等，还是会有坠落山谷的危险；尤其是载客的大客车，一旦意外翻车坠崖，就会死伤惨重。

佛经中有段故事，叙述佛陀于过去生中修行，曾出生为一只猴子。这只猴子住在宁静的山林中，渐渐觉知堕入畜生道的痛苦，便下定决心努力修行。

有一天,一个路人经过山林时,不慎跌落山崖,在深谷中不断地哀叫、求救。猴子听到了,赶紧前来探看,心想:山谷这么深,不知要如何救起这个人?但是深山中人迹罕至,如果自己不去救,谁去救他?

山谷中布满嶙峋的尖石,山壁陡峭,几乎没有可供攀爬之处,只有几处零星的草丛,猴子冒着生命危险,惊险万状地下到山谷中。跌入山谷的人脚受伤了,于是猴子背起他,缓缓地往上爬;它费尽力气,几次险些掉了下去,好不容易才将这个人背上来。

耗尽体力的猴子,将路人放在安全的地方之后,累得倒头在树底下休息。

被救起的人此时脱离险境,定下心来,才发觉兼程赶路,又在山谷中呼喊了许久,早已饥肠辘辘。他见到猴子躺在树下睡觉,心想:我虽然安全了,但是要走到山外,不知道还要走几天?现在饿得发慌,不如将这只猴子杀来吃;吃饱了,我才有体力走出山外。

心念一动,就捡了一块石头,往猴子头上砸。血流满面的猴子惊醒过来,赶快爬到树上。

猴子抚着鲜血直流的头心想:愚痴的人真可怕。不过我发愿修行,绝对不起一分瞋恨心,还要怜悯这个人。我要赶紧精进,将来若能完成道业,来生我还要再救他、度他。

佛陀讲完过去因缘,就对大众说:"可知道过去生那只猴子,就是现在的我,而那个被救的人,就是现在的提婆达多。"伟大的佛陀果然不违誓言,尽管提婆达多屡次设陷,慈悲的佛陀还是愿意原谅他、救度他。

"八者、横为毒药、厌祷、咒诅、起尸鬼等之所中害。"第八种是服毒或种种邪法而亡。有的人是自杀,有的则是他杀,被人下毒,甚至也有人以邪法来伤害他人。

"九者、饥渴所困,不得饮食而便横死。""而便横死",即是本来不应该死,而死于非命。看看有多少贫穷国家,人民因缺乏粮食而饿死,还有许多人因为战争而成为难民,不但无法回到自己的家园,还必须面临饥荒、疾疫的威胁,人命处于生死边缘中,这就是"饥渴所困",真是很无奈的事。

"是为如来略说横死有此九种,其余复有无量诸横,难可具说",救脱菩萨慈悲,为我们解释这九种横死,这只是大略的分类,如果要认真解释,实在无法一一列举。

为了令众生加深印象,避免自我作孽而意外横死,救脱菩萨又重新为我们分类说明,使众生知所警惕而远离厄难。

"复次,阿难!彼琰魔王主领世间名籍之记,若诸有情,不孝五逆,破辱三宝,坏君臣法,毁于性戒,琰魔法王,随罪轻重,考而罚之。是故我今劝诸有情,燃灯造幡,放生修福,令度苦厄,不遭众难。"

"彼琰魔王主领世间名籍之记",琰魔王就是世俗所谓的"阎罗王",经文上说"主领世间名籍之记",并非阎罗王总管世间的人,而是掌管众生的善恶名册,因此我们来到琰魔法王面前,生前的善恶行为历历分明,为善、造福,他都很清楚。

"若诸有情不孝五逆,破辱三宝,坏君臣法,毁于性戒",这里提出来的,都是一看就明白的重罪。"不孝父母"是人伦间最重的罪。我们是父精母血结合而来,母亲怀胎守护及临产受苦,出生后洗濯不净、回干就湿、咽苦吐甘、哺乳养育的恩情,待子女慢慢长大,父母又得承受远行忆念的担忧。

这样的恩情,子女到底以什么态度回报父母?不但不孝还忤逆。时常听到世间父母慨叹子女不听话,令人操心;也常在医院里看到老人家生病,没有子女陪伴,一个人孤单地来就医;孩子对父母的病痛和生活起居漠不关心。更有甚者,不但不奉养父母,反而向父母要钱,假使不给就拳脚相向,逆子殴打或杀害父母的事件时有所闻,这是很重的罪业。

有一件发生在花莲的案子,一个忤逆的孩子回家向母亲要钱不成,愤而砍伤母亲三十多刀。这位母亲被送到慈济医院急救,医护人员好不容易将她从鬼门关前救回;她虽然全身伤痕累累,躺在加护病房里,心中还念念不忘她的孩子,担心孩子有没有被警察抓走?会不会有事?这分妈妈心,不只无怨无恨地原谅孩子,还不断地关怀,但是忤逆的不孝子,仍然心无悔意。

对父母不孝,即五逆罪之一,五逆就是有五种逆举,"逆"就是不顺,不按照道理,逆理而行。

五逆:第一是杀父。第二是杀母。第三是杀阿罗汉,修行者与世无争,即使是独善其身的修行,都大大超越了世俗闲人,如果不拥护他还加以伤害,这也是五逆罪之一。

第四是出佛身血。佛世时,提婆达多为了反叛佛陀,想领导僧众晋身为新佛,想尽办法多次刺杀、迫害佛陀。有一次,佛陀坐在山下,他从山上推下大石,意欲砸死佛陀;未料中途石头破碎,小石头砸伤佛陀的脚而流血,这就叫做"出佛身血"。

第五是"破和合僧"。丛林中修行的僧众,虔诚地奉献身心，一定要先清净自己的内心，完全去除贪、瞋、痴、慢、疑等烦恼，才能在佛门中自修度人。假使彼此生起痴迷、我慢、怀疑之心，就无法融洽相处，更不能合心、和气、互爱、协力，因而破坏丛林祥和的气氛。一个丛林中有了人我是非，就无法祥和；所以破和合僧就是扰乱僧团。

古云："宁动千江水，勿扰道人心。"当然一个人的心谁动得了？都是自己的道心不坚固，受人挑拨，轻信是非而被扰动了；不仅会扰乱自己，也会扰乱他人。

除了僧团，也不能扰乱社会的团体，一个社会必定包含各类组织与团体，好的团体对社会很有帮助，假使轻易听信负面的批评，对一个真正和睦的团体造成伤害，最后还是社会大众的损失。

是非止于智者，社会上如果人人有智慧，对于好事、好的团体，就应该好好拥护，甚至踊跃参与，如此对社会的帮助力量就大了。

丛林的团体、社会的团体，我们要能择善从之，最重要的是不受是非影响，这才是有智慧的人。

"破辱三宝，坏君臣法，毁于性戒"，如今正处末法时代，正法微末，就多遇迫害正教的人。看看现在世界上有多少宗教冲突，因而造成社会、国家的混乱？可见末法时代，心念恶浊的人愈来愈多。学佛者一定要好好保持自己的心念,提倡净化人心,教导人人懂得孝顺父母、护持三宝;三宝的存在,就是真理的存在。

"坏君臣法",民依国而生存,国依民而建立,国君领导人民,人民应该守法服从。若人人都能够守法,君君臣臣,国家就能健全;假使君臣不合,国家就容易产生叛乱。

现在虽是民主时代,却常见国家的首长、内阁官员互相排斥,内争外斗,如此混乱的景象,如何使国家祥和太平?

《大学》云:"修身、齐家、治国、平天下。"我们知道一切出于人心,若能持续推动祥和人间的行动,每个人都从自身做起,守法、守规矩;上至领导者,下至全民都能修身,就能齐家;家庭和谐,社会就能祥和;要有祥和的社会,当然国家的领导者必须负起责任,还要全国民众上下合心,天下才能得到一片祥和。

领导者有其责任,以仁德疼爱民众、守护国家;做部属的则应做到尊重、敬仰与服从,以爱辅佐政事,这就是贤臣。一个国家有仁君、贤臣,就是人民之福,社会安定之源。假使内争外斗而扰乱国家,这也是极恶罪之一。

"毁于性戒","性戒"即杀、盗、淫、妄四戒,无论是否受戒,触犯就有罪过。因为这是本性应守的道德规范,该守而不守，做出伤天害理的逆伦罪过，是天地所不能容的。

"琰魔法王，随罪轻重，考而罚之"，有人会说，因为还有习气无法改正，所以不敢受戒，以为这样就不会犯戒造罪。其实琰魔法王完全"主领世间名籍之记"，一切开口动舌、举手投足，无论心中生起什么恶念，造作什么恶业，都会巨细靡遗地记录下来。届时，琰魔法王会随着个人生前所造罪业轻重，铁面无私地详细考核，重罪重罚，决不轻易放过。

"是故我今劝诸有情，燃灯造幡，放生修福，令度苦厄，不遭众难。"若是犯了以上这些恶业，便要重罚堕落地狱，因为地狱时日长，一堕地狱，难得超生。

正因如此，救脱菩萨时时劝导众生，平时谨言慎行，更要起信仰心，以这分虔诚、恭敬燃灯造幡。"放生修福"，就是尊重所有众生的生命，发出爱心爱护一切生灵，这就是修福。

"令度苦厄"，若能改往修来、及时悔过，好好以爱与尊重处世，以往所造的、已定的罪业，就能慢慢度过而"不遭众难"，这就是救脱菩萨的慈悲爱心。

学佛，就是要学菩萨的爱心，救脱菩萨不但参与盛会，前来聆听佛陀说法，而且起身补充证明，使众生更能掌握离苦得乐的方法，这是我们要学习的。听到好的法，应该赶紧身体力行，有了感受进而度化众生，这就是净化人心。

救脱菩萨再度提醒大家，人生应该守好本分，对父母、对三宝一定要心生敬重，这就是人伦道德；若是脱离正规的宗教，不生敬仰，就容易犯下错误。

说得更明白些，父母给我们生命，这分养育之恩，一定要回报；而三宝成长我们慧命，这分生生世世的恩德，当然更要知恩报恩，才顺乎人伦。

许多恶业都是逆伦而造成，救脱菩萨清楚地分析人道的伦理，人人若能依道奉行，就不会犯错；若是违背，错误就大了。因此救脱菩萨劝戒有情众生，假使犯了错，也要赶紧悔过；要悔过，就要及时发露忏悔。

虽然造恶者受恶业的罪报，必定面临许多困难，常见到人间的炼狱、饿鬼，就是过去生中造恶所致；但是能够及时反省，自然就能度过重重难关。

有一次到慈济医院，走过一间病房，刚好出来两位身材魁梧的年轻人，看似便衣警察，既是有警察看守的病房，里面多半是受刑人。

我和他们打过招呼，进入病房探视。原来他是在工作时，被机器绞断手掌，救治后只剩下一截，已经无法复原。

见到他时,我以乐观的口气鼓励他:"不要紧,虽然断了一只手,四肢还有三肢。"

他满面笑容地回答我:"是啊!我的内心还是四肢健全,师父您说的话我都听进去,我知道要有'好手好脚'比较重要。"

听了他的话,真令人震撼!他是位受刑人,在监狱中也能听到"好手好脚不在于形态,而是在内心"的《静思语》。他又说:"感恩师父!我知道以后该如何做一个'好手好脚'的人。"

虽然不知道他犯了什么罪,但是看到他善良与清秀的面貌,还有那只永远接不回去的手,真是于心不忍;又听他说要做一个"好手好脚"的人,则令人深感安慰。

倘若能好好地改往修来,即使遇到困难,相信也能度过;这就是救脱菩萨提醒我们:须知人生谁能无过,犯了过失,能及时反省、改过,就能远避灾难;即使灾难降临,也会很快地过去。

药叉誓护

尔时,众中有十二药叉大将,俱在会坐,所谓:宫毗罗大将,伐折罗大将,迷企罗大将,安底罗大将,頞尔罗大将,珊底罗大将,因达罗大将,波夷罗大将,摩虎罗大将,真达罗大将,招杜罗大将,毗羯罗大将。此十二药叉大将,一一各有七千药叉以为眷属。同时举声白佛言:"世尊!我等今者,蒙佛威力,得闻世尊药师琉璃光如来名号,不复更有恶趣之怖。我等相率,皆同一心,乃至尽形归佛法僧。誓当荷负一切有情,为作义利饶益安乐。"

释迦牟尼佛宣讲《药师经》时,场内聚集许多会众,除了出家的比丘、比丘尼之外,还有诸大菩萨,诸天、龙、药叉等莅临会场聆听佛陀说法。

所谓"药叉",也译作"夜叉",属于鬼道中的一员,因为曾经修集福德,是鬼中之福者。一般人听到药叉,就觉得是很凶恶的鬼,其实虽然列入鬼道,当中也有善恶之别。善良的药叉十分善顺柔和,听闻佛法后柔软了内心,还能发心护持佛法。这里所说的十二位药叉大将,都已经成为佛的护法,尤其是对《药师经》更加护持。

在古印度,人民对药叉十分敬畏,相信药叉的力量很大。他们属于毗沙门天王所管辖,遍布于天上、山谷中、海岛上,与世间众生关系密切。为善者,能获得药叉等神的拥护；为恶者，药叉鬼神就现出怒目金刚相制伏众生。

为什么经中要特别宣讲这十二药叉大将？因为他们也是领导者，"一一各有七千药叉以为眷属"，每位药叉都领导七千名药叉眷属。

十二药叉及其眷属与大众同时在此听法，首先听闻佛陀解释药师佛为人间所发大愿；接着，阿难尊者为未来众生再度启请；尔后则是救脱菩萨提醒大家，应该如何修福。整部《药师经》的条理分明，这是一个很完整的讲经场合，

其他的听众，如十二药叉大将，也想表达他们的感动，在此同时发露心声，"同时举声白佛言：'世尊！我等今者蒙佛威力，得闻世尊药师琉璃光如来名号，不复更有恶趣之怖。'"

鬼神也会犯错或造福；造福就能延长福报，若是造恶，就要堕入更深的地狱苦报。因此药叉鬼神全体，在此时出来表达感恩之意："正因为佛陀慈悲的愿力，我们才能参与这个盛会，听闻琉璃世界这尊药师佛的名号与功德。我们以后一定会时时提醒自己，不再造作其他恶业，好好地改往修来，忏悔过去造了鬼道的业，希望受完鬼道业报后，能再生于人间。"

虽然药叉大将们住在天上、海中孤岛、山林深谷中，但

仍处于恶趣,尽管有缘听闻佛法,内心变得柔和善顺,仍是有所恐惧,不知道自己还要在鬼道中多久,更担心万一不慎堕入更可怕的三途中,轮回不断。

他们听过释迦牟尼佛说法之后,了解药师佛慈悲荷负众生,只要称念其名号就能得救,令药叉大将们安心了;只要依佛陀教导,即使现在处鬼趣中也不怕,因为有药师佛的德号,作为心灵的依靠。

听了这部经,他们知道要改往修来,也明白修行及脱离恶道的方法,所以"不复更有恶趣之怖",再也不会有堕落恶趣的惊惶,这就是在法会中药叉大众的共同心声。

佛的慈悲,在每场说法的法会中,三界六道的众生都会前来听法,每一回都能应机得教,降伏许多人,转变他们的观念;每场说法中也都会有人发心,这十二位药叉大将就在药师法会中,真正获得教化。

"我等相率,皆同一心,乃至尽形归佛法僧。"这十二位药叉大将的根机听闻《药师经》就起欢喜心,他们感恩佛陀的威力,使他们能听闻药师佛的名号,知道只要虔诚称念,身心诸多灾厄苦难就能得到解脱,于是请求皈依。

既然心开意解,不再害怕堕落恶趣,药叉大将们即刻发愿:"现在大家都很虔诚,相约同一条心,以现在药叉的身形,尽此形态与寿命皈依佛、法、僧。"

做人也是一样,无论生命长短,同样要尽形寿上报佛恩、下化众生。就像资深的慈济委员——九十岁的静奂老居士,她七十岁时才接触慈济,了解慈济后就发愿:尽形寿投入且护持慈济;而且还有一个愿:生生世世都要跟随师父。她发愿一期的寿命结束后,还要再来人间做慈济,往生之后,家人也照她的心愿,从台北千里迢迢送她回到慈济人的心灵故乡——静思精舍;而后转回慈济大学当无言老师,将大体奉献出来。她不仅生前竭力付出良能,即使往生后,这个躯体还有利用的价值,仍付出给医师、学生做"模拟手术教学"之用,这就是尽形寿。

李宗吉居士在社会上的地位、名望很高,对慈济的拥护、付出更是不遗余力。从他六十岁那年来见师父,开始投入慈济,他也发愿这辈子尽形寿,甚至生生世世都要跟随师父。他七十七岁往生,也回到心灵的故乡,将最后的躯体奉献给医师、学生做模拟手术,当位无言的老师。

还有一位陈灿晖教授,他学识丰富,一生教学认真;虽然是天主教徒,但是非常护持慈济,也支持他的太太:"你安心去做慈济,我在背后拥护你。"甚至藉由慈济而认识佛法,后来他说:"我一半是天主教,一半是佛教。"

当他往生那一天,有神父为他做弥撒,慈济人为他念佛,最后遗体运回花莲送到慈济大学,让学生们上最后一堂无言老师的教学。他生前凭借着他的知识、才华及爱心从事教育,有很多学生;认识慈济之后,则以实际行动来鼓励,最后的归宿还是回到心灵的故乡。

人生一期的寿命,各人长短不尽相同,北区慈诚副大队长张顺得,四十六岁生命就结束了。在他投入慈济的这十多年,对于慈济大小事不遗余力,坚守自己的岗位,哪个地方有灾难,就迅速投入救难指挥工作。平时身体健壮的他,因急性心肌梗塞逝世。

生命何其无常,真的很令人不舍。但是每个人来世间时,就已经决定这一世的寿命,我常说人生如舞台,上台前剧本到底多长,都是自己在过去生写好的。

我们若有因缘听闻佛法,将人生方向对准所要追求的菩萨道,便能够有所转变。成佛的道路很漫长,凡夫学佛已经十分辗转坎坷、进进退退,能否真正深入佛法还不一定,也许结束了一世的寿命,都还未能决定走入佛门;甚至还有人未曾听闻佛法。这段人生在无明的作祟下,懵懂度日,茫茫然不断地造恶。

寿命可以成就一切,也会令人堕落。有的人在懵懂无知中,寿命愈长,造的恶业愈多;有的人虽然过去生中,生命剧本写得太短了,不过今生能及早听闻佛法,启发善根,就能把握人生方向,发挥生命的精华。

"誓当荷负一切有情,为作义利饶益安乐。"十二药叉大将及其眷属一同发愿,将来必定肩负起弘扬教法的重任。

佛陀来人间的目的,就是救济一切众生;既然是皈依三宝的佛弟子,就必须共同负起责任。就像社会各阶层人士,许多人了解慈济、接触佛法之后,都会虔诚地发愿:除了入佛门,还要行菩萨道。他们投入慈济四大志业、八大脚印,用心地拥护与付出,这就是接触之后启发人心,自然就会身体力行。

还有我们的"慈青"(慈济大专青年联谊会),他们有很好的读书环境,以及所追求的学业;除此之外,还有人生的真理等待发掘。这群年轻人选择了慈济,走入慈济之门追求与了解真理,进而发心立愿将来能奉献付出、利益人群。

如今慈青回归社区,带动年龄比他们小的"慈少",也就是中学的学生,在青少年阶段,就由年轻人"同事度",安定年轻飘浮的心,及时指引正确的人生方向。虽然他们年纪还小,经过佛法的熏陶,也能发出救济众生的誓愿。

药叉大将也是一样,"誓当荷负一切有情,为作义利饶益安乐",立愿使一切众生人生方向正确,所做所为都合乎正义、没有偏邪,而且是利益大众的事,让每个人都能平安、快乐。这就是皈依佛法僧之后,人人应有的心态。

"随于何等村城、国邑、空闲林中,若有流布此经,或复受持药师琉璃光如来名号恭敬供养者,我等眷属卫护是人,皆使解脱一切苦难;诸有愿求,悉令满足。"

无论是在乡村、大城市、国家的首都,或是人烟稀少的旷野山林中,只要有人流布这部《药师经》,或是受持药师佛的名号,虔诚发心供养,药叉大将及其眷属皆发心守护,使这些善信者消灾免难。

药师法门是一个很好的法门,不论何地何人,只要虔诚念诵经文,就能了解经中的教义;持念佛号,就能知道药师佛的德行。心中念佛,自然就会去除恶念,减少和人结怨的机会,自然能逢凶化吉。

释迦牟尼佛提倡药师法门,甚至苦口婆心讲经,或是介绍药师佛的崇高德行、大悲发心,无非是让我们体解道理,向圣人看齐,这就是佛陀净化人心的方法。因为众生的根机不同,所以他宣扬诸佛及其殊胜的行门,好让大家选择。

佛陀大力提倡和呼吁药师佛的法门,连药叉大将们在会中都受到感动,于是率领他们的眷属来皈依、发愿、拥护这部经。

"我等眷属卫护是人,皆使解脱一切苦难","我等"除了十二药叉大将,还有每位大将所领导的七千眷属、数万人保卫拥护受持药师法门的人。众生多苦难,平时能多发心助人,自然就有佛、菩萨、天、龙、鬼神来拥护,所以我常说"救人即自救"。

在《六度集经》中有一则故事——

某个国家中,有位长者非常富有,除了有形的财富之外,最难得的是富有大慈大悲的心,愿意救济苦难。

有一天他在市集上,看到有人在叫卖,一只鳖被绳子捆住倒吊着,叫卖的小贩不断地叫喊:"大家来买!这只鳖很补,吃了鳖肉能够延年益寿。"

长者见到这只鳖痛苦挣扎,很不忍心,就去询问小贩:"这只鳖多少钱?我要买下它。"小贩知道他是一位乐善好施的长者,就故意开出高价,说:"你如果舍得给一百万,这只鳖就让你带走;如果舍不得,我可要抓回去煮汤了。"

长者一听,二话不说便出了钱买下这只鳖,用双手小心翼翼地捧回去。这只鳖身上被钻了孔,又痛苦挣扎了许久,折腾得遍体鳞伤。长者赶紧将它全身洗净,又帮它擦药疗伤,才将这只鳖带到水边放生:"好好去吧!希望你多保重,再也不要落入渔夫手中。"

送走这只鳖后,长者很欢喜,当下便发愿:"大地的众生,无论是人类或畜类,若是遇上大地干旱,我愿以最虔诚的心,祈求上天普降雨露滋润大地。若有贫穷饥饿的人,我愿意倾尽家产,使饥困的众生得到饱足。若有寒冷冰冻之处,我愿尽己所能,使他们得到温暖。设若还有其他意外灾难,我都愿意尽一切力量去付出。"

之后有天晚上,更深夜静时,长者听到敲门声,就叫佣人出去开门,门一打开,竟是一只鳖。

这只鳖看到长者竟然流露出感恩之情,不断地向长者叩头,开口说:"感恩您救了我的命,今天是来报恩的;我在水中生活,知道水的变化,再过不久这个城市会淹大水。请您准备船只,到时候我会来带路。"

这位长者认为天下众生没有他不能信任的,就去向国王报告此事,请国王向人民宣告。国王一向很敬重这位长者,于是下了一道命令,将住在低处的人民迁移到高处。

长者开始准备船只,不久,果真淹大水,这只鳖也赶来带领长者脱险,长者坐在船上,随着鳖所引领的路线走。船行之际,有只狐狸向他们求救,长者就将狐狸救上船。船又继续向前行,一条蛇载浮载沉地求救,长者也把蛇救上来。

又继续前行时,听到有个人在求救,长者也要救他,这只鳖就说:"这个人不能救。"

长者说:"狐狸能够救,蛇能够救,为什么人不能救?"

鳖就说:"其他的动物心念单纯,唯有人心最复杂,还是不要救的好。"长者于心不忍,还是把他救上船。

到了安全的地方,鳖要离去前还提醒长者:"最不可靠的就是这个人,请您要提高警觉。"

长者向鳖道了感恩,蛇和狐狸也向长者感恩后,大家就各自离去了。

狐狸想找个安身的洞穴,结果在一个洞穴中发现许多金银珠宝,就赶紧通报长者。长者不知道这些金银的来历,不敢随便取用。

狐狸就说:"这应该是久远前古人陪葬的东西,您放心拿去做救人的工作。"长者想想也对,就接受了,打算布施给穷困人家。这时被救的那个人起了贪念,大言不惭地说:"这么多金银财宝,最少要分一半给我,否则我就向官府告发,说你盗取墓地。"

长者认为这些钱应该用来利益大众,不能藏私,因此没有答应他。这个人怀恨在心,就去通报官府,长者因而被关进牢狱。

蛇知道后,收集了一些草药,溜进牢狱中向长者说:"您把这些草药好好保存着,有一天您将用得到。"

后来从皇宫中传来太子被毒蛇咬伤的消息,伤口不断地恶化,群医束手无策。长者心想:那条蛇给我的药,难道就是用来医治太子的吗?于是就请狱卒将这些药呈上,以治疗太子的伤,果真治愈了。国王非常高兴,又得知这位长者的仁心,就分一半国土给他,两位国王共同以仁德来掌理国政。

这是一则很简单的故事,同时也是在启发我们:心存好念,能为救人而付出,其实是自救。学佛,心要随时自我净化,培养爱心,就是拥护佛法,也是保护自己。

"诸有愿求,悉令满足",众生遇到灾难时,当下都会说:"平安就好。"觉得什么都不重要,只要眼前平安就是福。但是平安之后,还是会有所求,有的想赚钱或是要求子孙等等,许多的人生梦想,实是无穷尽。但是"诸有愿求",只要众生心中有所求,药叉大将都尽力令其满足。

"或有疾厄求度脱者,亦应读诵此经,以五色缕,结我名字,得如愿已,然后解结。"

"或有疾厄求度脱者","疾"是疾病;包括身体和心灵的疾病,只要身心不调和都叫做"疾"。"厄"是困厄,有形的灾难是天灾、人祸;无形的灾难,就是人与人心灵的明争暗斗、人我是非,不调和的人生就是人间的厄难。

面对芸芸众生,包括一切动物,都要抱持平等心,发挥一己之爱;爱人的同时,还要去感化人。就如慈济人在付出的同时,还要说感恩;给对方物质的同时,还给予拥抱,以陪伴、肤慰、爱洒人间的身行,影响社会大众。

"亦应读诵此经,以五色缕结我名字,得如愿已,然后解结。"若人有了疾病或是危难时,想要求得解脱,十二药叉大将也教授一个方法:除了读诵《药师经》之外,也可以称念十二药叉大将的名号,每念一个名号,就用五色丝线打一个结;等到病好了,或是解脱厄难,再将这十二个结解开。

这十二药叉大将,虽然身在鬼道,但是听闻这部经后受到感动,除了立誓彻底改变过去,更学习药师佛的精神,发愿护覆众生,只要称念其名,他们便会前来护持。

就如人间有许多讲义气的朋友,只要朋友有困难,就会挺身而出说:"没关系,有什么事我一定帮你。"其实药叉大将要大家称念其名,用意也是如此。

为什么要打结、解结,药叉大将才会前来?这表示,遇到困难时内心虽然急切,但是这念祈求的心还是要很虔诚,愿望才会达成。

印公导师早年在善导寺也讲述过《药师经》,他说以前的人大多不识字,所以药叉大将就沿用古人结绳记事的方法,教人每称念一位药叉大将的名号,就用五色丝线打个结,表示请其护持,他们就知道要来解救。

这令我想起慈济小学的杨校长和老师们,参观马来西亚慈济幼教后,回来所做的分享。他们到了学校,由幼稚园的孩子当主人接待,老师藉由开店做生意的方式,教育孩子们如何接待客人、如何点菜、算账,将生活教育与数字概念自然融入教学中,真的教导得有模有样。

客人光临时,小朋友就在门口整齐列队,诚挚地欢迎客人,然后招待客人入座、点菜。

刚开始,杨校长和老师们以为是孩子们办家家酒,随口点了不少菜,没想到,不久一道道的菜就端出来,而且都是孩子们亲手做的。校长和老师们看了很惊讶也很感动,只是后来肚子都吃撑了。

吃饱了要结账。有的孩子还不会写数字,就在菜单上画线,一道菜画一条线,两道菜画两条线,每道菜十元,算算共有几条线,就知道要收多少钱;不会写字也有应变的方法。

同样的道理,从前的人不会写字,最简便的方法就是用五色线打结作记,药叉大将就会前来救拔。

持念药叉大将的名号就有如此感应,何况是念佛菩萨的名号?药叉大将们在法会中,聆听佛陀的教法,解开心中许多烦恼迷惑,豁然开朗、轻安自在,如何报答佛陀这分宏恩?最好的方法,就是帮助佛陀拯救众生,于是在佛前发愿:众生有困难,他能够及时帮助,这就是负责任的态度,也是报答佛恩。

学佛,一定要报佛恩,在印公导师的《药师经讲记》里,也提及佛教徒有两种,一种是"报佛恩",一种是"欠佛债"。

接受佛陀的教法,从中得到心灵解脱,应该知道如何修行,在自修的同时,必定要兼利他人。佛陀的教法这么好,不只是听讲而已,还要身体力行。所谓"内修外行"。内修就是净化自我心灵、通达道理,不再有烦恼染著;外行则是众生有困难,我们及时去拯救,这就是在报佛恩。

报佛恩,也是成就自己。得遇佛法,如同一颗好的种子在八识田中种下;而所谓"未成佛前先结好人缘",所以我们还要再造缘,将来才有"有缘众生"可以度化。

有一类的人却不是如此，明知佛法很好，但是一心只想成就自己，不管他人受苦难，这种人不懂得回报，就叫做"欠佛债"。

在自然界中，有一种鸟名叫中杜鹃，俗名筒鸟(注)，这种鸟自己懒惰不筑巢，也不养育幼鸟，常常把蛋下在别种鸟类巢中。有位经常拍摄鸟类生态的爱鸟人士拍下一段影片，发现有只母鹪莺筑好巢、生了蛋之后，中杜鹃便趁其不意，在鹪莺巢中生蛋。鹪莺回巢后，看到巢里多了一颗蛋，也不以为意，仍发挥母爱去孵蛋。

中杜鹃的孵化期较短，因此比其他鹪莺幼雏早破壳，竟然就趁母鸟外出觅食时，将其他的蛋一一往巢外挤出去，不愿意让其他兄弟同享母爱。

这只毫不知情的母鹪莺虽然失去自己的幼鸟，还是努力觅食喂养这只霸道的中杜鹃幼鸟。

那只幼鸟长得很快，即使体形已经是养母鹪莺的三倍大，母鸟仍是喂养着它。有一天幼鸟翅膀硬了，就此飞得不知去向。

注：中杜鹃又称筒鸟或公孙鸟，为台湾常见的夏候鸟，是鸟类世界有名的寄生家族，特别适应寄生生活的习性。

鸟类的世界也有明争暗斗，有母鸟生了蛋就飞走，也有慈悲的鸟孵育其他的蛋；还有刚孵出来的小鸟就有嫉妒心，要独占爱，翅膀硬了却毫不回头地飞走。

众生世界很奇妙，佛陀要来救济众生，一切众生都在他所爱的范围之内。鬼道的药叉大众都能在法会中得到利益，而懂得报佛恩，何况我们是人，要时时养好这念心，用充分的爱回报佛恩，同时也能成就自己，不要像那只残酷又不知回报的中杜鹃鸟。

尔时，世尊赞诸药叉大将言："善哉！善哉！大药叉将！汝等念报世尊药师琉璃光如来恩德者，常应如是利益安乐一切有情。"

释迦牟尼佛见到会中的听众有如此反应，非常欢喜。佛陀说法无非要净化人心，听了之后有人能接受，受到感化，佛陀当然欢喜。

慈济人用心投入，经常带领大众回花莲，见证慈济志业。由于我们的慈善工作已经国际化，每次他们到静思堂参观，看到国际上慈济人的投入，了解我们如何从台湾跨出国际，大家都受到很大的感动与震撼。

参观医疗志业，看到花莲慈济医学中心里，无论是轻安居、心莲病房或其他各科室，患者都带着笑容，和志工们打成一片，甚至和医师、护士亲如一家人，无不深受感动。

看看教育，到慈济大学、慈济技术学院与中小学走一圈，就知道我们的教育志业为社会未来的希望而付出的心血。

人文方面，无论是平面文宣或广播、电视，大家都感受得到慈济人文。

因此许多人了解四大志业之后，都会发心要落实社区，和委员、慈诚一同努力实行和推动。

有位旅法人士来精舍住了几天，并且投入医院做志工。要回法国之前，就对我说："师父，我很忏悔。十多年前我从台湾移民法国之后，才知道慈济的好；回台湾投入的这几天，这种体会更是深入。回法国，我一定要好好地向当地人宣说慈济。"

听他这番话，我也很欢喜、很高兴，他愿意将慈济精神，原原本本地带到遥远的国度。

佛陀在这场讲经中，宣扬东方琉璃世界药师佛的精神，启发大众发心。如今见到药叉大将愿意发挥他们的力量，净化鬼道并且照护人间，这不就是佛陀的心愿？由这段经文,可以看出佛陀畅演本怀的欢喜。

佛陀赞扬药叉大将,也如实表达内心的欢喜:"很好!很好!药叉大将!你们发心是为了报恩,知道药师佛为娑婆众生立下十二大愿,你们能明白他的苦心,就要时常做利益安乐众生的事,这就是最好的回报。"

"常"的意思是不间断,不只这一世尽形寿而已,还要生生世世。能终其一生,就已经很难得了,大多数人发心容易,恒持初发心就比较困难;佛陀说,来生来世也要坚持佛法,这才是真正的报恩。

真正坚持佛法的人,就是能够利他、利己。利益自己就是修行,学佛让我们知道人生原本一无所"有",空空地来、空空地去,名利、地位都不恒"常";一旦无常来临,还是万般带不去。世间一切本来就"非常",只有修行是"常"。

有修就有得。德者,得也;德行是修行之所得,修德是真正的自利。所造的一切业,都是我们所得,无论为善为恶,都会成为一颗种子,永远存在八识田中,这一生结束后,又带到下一世去,这就是"唯有业随身"。

修行就要时时提高警觉,要知道"未生善令速生,已生善令增长",这是我们该做的;行善就是利益他人,同时也是利己,如果已经做了就不要间断。

修行还有不可做的恶，须"已生恶令速断"。我们都是凡夫，过去不懂道理时，也许曾经造恶，现在知道了，不好的习气或行为就要赶紧断除，这也是修行。

如果从未犯错，就要照顾好这念心，不要让自己造恶，这就是"未生恶令不生"，能明辨善恶，绝不做不该做的恶事；该做的善行则积极去做，付出自己的力量。对方得救了，他所得到的是物质，能够维持生命，我们所得到的却是因缘种子，能够延续慧命。

佛陀再次叮咛："想要报答药师佛的恩德，就应该常常去做利益安乐一切有情的事。"人人平时都有行善的心，人间才能祥和。

像现在慈济人普遍各地，形成一股稳定社会的力量，无论国内外，同时推行为善合心，都是真正要报佛恩的人。

【流通分】

阿难听到佛陀细心叮咛十二药叉大将，知道这场宣讲即将告一段落。

尔时，阿难白佛言："世尊！当何名此法门，我等云何奉持？"

为了将来要集结经典，将经法流布下去，赶紧请问佛陀："世尊宣说了这么好的法，这个法门要叫做什么名字？我们又要如何受持？"

佛告阿难："此法门名说药师琉璃光如来本愿功德；亦名说十二神将饶益有情结愿神咒；亦名拔除一切业障，应如是持。"

佛陀回答，说起这部经的法门，可以有三个经题：第一个是《药师琉璃光如来本愿功德经》，这是一般所用的名称。另外也可称为《十二神将饶益有情结愿神咒》，着重在十二药叉大将发愿护持的意义，对众生一样有大利益。第三称为《拔除一切业障》，若能受持这部经，就能够拔除一切业障。

后人多以《药师琉璃光如来本愿功德经》为题，因为这

流通分

个经题包括了全经的意旨：药师法门的重点，就在弘扬东方琉璃世界。药师佛关怀娑婆众生，尤其在众生刚强、多灾多难的末法时代，我们更应虔诚诵持这部《药师经》。

时薄伽梵说是语已，诸菩萨摩诃萨，及大声闻；国王、大臣、婆罗门、居士，天、龙、药叉、健达缚、阿素洛、揭路荼、紧捺洛、莫呼洛伽，人、非人等，一切大众，闻佛所说，皆大欢喜，信受奉行。

在一般经典中，听经者大部分都是人、天龙八部，此处的"健达缚"，即平时常见的"乾闼婆"，就是奏乐的神。"阿素洛"即阿修罗，阿修罗有天福无天德，虽然有福，但是欠缺修养，因此时常发脾气。

"揭洛荼"就是迦楼罗，意为大鹏金翅鸟。"紧捺洛"即紧那罗，就是能歌善舞的舞神，外形像人，头上有一支角，究竟是人是神，令人莫辨，称为"疑神"。"莫呼洛伽"即摩睺罗伽，就是大蟒蛇。

佛陀讲法时，人间的人以及菩萨、天龙八部，都会集会来听法，每一回都能感化很多人或天人，菩萨也受用良多，这就是佛陀净化、教育人心最大的功能。

"一切大众闻佛所说皆大欢喜,信受奉行。"佛陀在人间,为了教化众生,不畏劳苦一生说法,每部经都是应时代、应众生根机而说法。身为佛弟子,听闻佛陀的教法,有那分欢喜的感受,就证明法已入心,欢喜之余要深信奉行,就如药叉大将们信受皈依,立愿发心。

"信为道源功德母,长养一切诸善根",心中有信,能滋养一切善根;善根一生,必定能对佛陀的教法拳拳服膺,应用在日常生活中,这就是报佛恩。

听经要起尊重心,不要有时间就听,没时间则不了了之。听经就是滋养慧命,若不肯认真听经,就像干旱的大地,尽管种子已经种下,若没有雨露滋润,种子还是会枯死。疼惜我们的慧命,对佛法一定要好好受教奉行。

像法转时,末法的世间,众生心性刚强难调难伏,我们更要发坚定的心,扩大心胸,要有一分大愿大力;若发了大心却没有大愿力,无法成就一切。所以要好好把握因缘,发大心、立大愿,这就是学法的目的,大家要多用心!

图书在版编目(CIP)数据

东方琉璃·药师佛大愿——《药师经》讲记(上下卷)/释证严讲述.—上海：复旦大学出版社,2013.6(2024.4重印)
(证严上人著作·静思法脉丛书)
ISBN 978-7-309-09399-5

Ⅰ.东… Ⅱ.释… Ⅲ.佛教-人生哲学-通俗读物 Ⅳ.B948-49

中国版本图书馆 CIP 数据核字(2012)第 292787 号

慈济全球信息网：http://www.tzuchi.org.tw/
静思书轩网址：http://www.jingsi.com.tw/
苏州静思书轩：http://www.jingsi.js.cn/

原版权所有者：静思人文志业股份有限公司授权复旦大学出版社
独家出版发行简体字版

东方琉璃·药师佛大愿——《药师经》讲记(上下卷)
释证严　讲述
责任编辑/邵　丹
复旦大学出版社有限公司出版发行
上海市国权路 579 号　邮编：200433
网址：fupnet@fudanpress.com　http://www.fudanpress.com
门市零售：86-21-65102580　团体订购：86-21-65104505
外埠邮购：86-21-65642846　出版部电话：86-21-65642845
上海崇明裕安印刷厂

开本 890 毫米×1240 毫米　1/32　印张 17.625　字数 268 千字
2013 年 6 月第 1 版
2024 年 4 月第 1 版第 4 次印刷
印数 8 301—9 900

ISBN 978-7-309-09399-5/B·453
定价：53.00 元(上下卷)

如有印装质量问题，请向复旦大学出版社有限公司出版部调换。
版权所有　　侵权必究